Sadguru's Bestowal

Erster und Zweiter Teil

Ratnakar Ramrao Nargundkar

CIP-Kurztitelaufnahme der Deutschen Bibliothek

Nargundkar, R. R.:
Sadguru's Bestowal: 1. u. 2. Teil / R. R.
Nargundkar. [Übers. aus d. Engl.: Horst Lozynski].
– Überlingen: Lozynski (Horst-Edition), 1987
ISBN 3-89316-003-5

ISBN 3-89316-003-5
© by Verlag Horst Lozynski (Horst Edition) 1987
© der 1. Auflage by Horst Lozynski 1979
Übers. aus d. Engl.: Horst Lozynski
Fotos: Shri Mohan Wagh
Herausgeber der englischen Ausgabe:
Dr. V. R. Nargundkar, Bombay

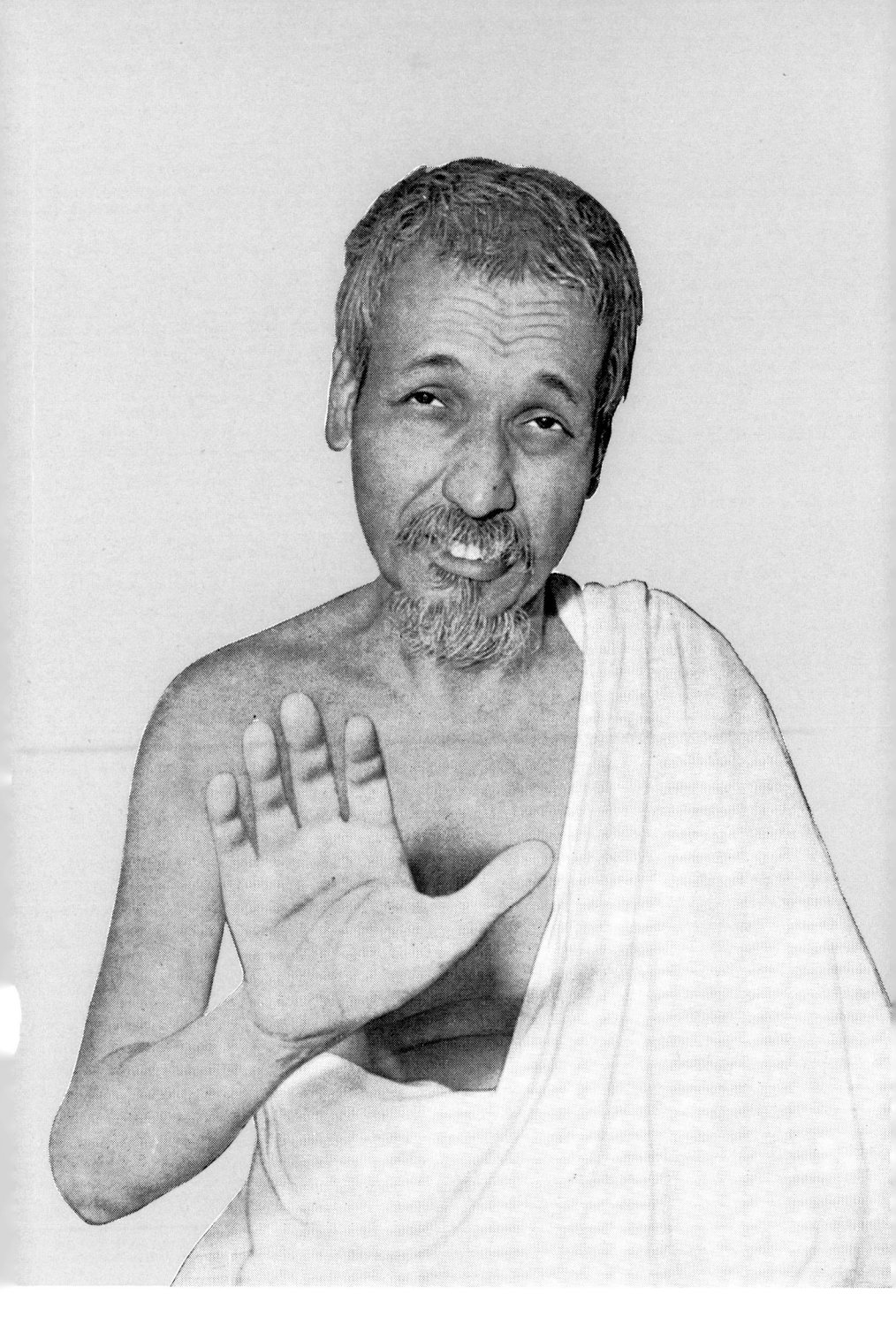

Param Sadguru SHREE GAJANAN MAHARAJ, Akalkot

Ich lege dieses Buch voller Hingabe zu Füßen meines hoch-
verehrten Sadguru, der mich aus dem Tal des Todes befreit
hat; der mich von weltlichen Bindungen gelöst hat; der mich
mit Liebe überschüttet hat, um mich ewiglich glücklich zu
machen; der mich dazu gebracht hat, in Seiner Anwesenheit
und unter Seiner gütigen Aufsicht Sadhana zu verrichten
und mich mit „Nirvikalpa-Samadhi" beschenkte, als eine
Gabe, ohne das Dazutun meinerseits.

Tatya

Inhaltsverzeichnis

Erster Teil

1. Einleitung

Niemals hätte ich mir träumen lassen, daß ich eines Tages eine Biographie über meinen geistigen Entwicklungsweg schreiben sollte, worin mein anfängliches Leben nur kurz erwähnt ist. Wie bei jedem anderen Durchschnittsmenschen hielten sich in diesem ersten Lebensabschnitt Freud und Leid die Waage. Vorträge zu halten, Vorlesungen zu geben oder Aufsätze für Zeitschriften zu schreiben, habe ich nie zuvor versucht. Der vorliegende Versuch ist somit ein Wagnis.

Man sollte nicht dem Allmächtigen die Schuld geben, wenn man sich Schwierigkeiten gegenüber sieht. Glückseligkeit oder Leiden sind die Früchte unserer eigenen Handlungen. Für die Selbst-Realisierung jedoch ist es von wichtiger Bedeutung, mit einem Sadguru in Kontakt zu kommen.

1960 erhielt ich zum ersten Mal geistige Unterweisung mit Mantra-Übungen von Swami Shri Shreedhar aus Sajjangad, welche ich regelmäßig übte. Danach versuchte ich noch zweimal vergebens, Swami Shreedhar in Poona zu begegnen. Ein anderer Eingeweihter in Poona gab mir neue Unterweisung, als ich nur noch wenig Fortschritte mit den ersten Übungen machte. Früher hatte ich ihn schon mehrmals gebeten, mir Mantra-Übungen zu geben. Er antwortete einmal: „Wenn du darum bittest, könnte ich dir im Moment statt dessen nur ein Handvoll Rupien geben". Obwohl ich dieses vernahm, erwiderte ich nicht ein einziges Wort. Jedoch durch meine Beharrlichkeit tat er mir den Gefallen und gab mir die Unterweisung zu einem späteren Zeitpunkt. Seine Übungen praktizierte ich regelmäßig von 1961 bis 1964. Sogar noch, als ich Akalkot besuchte, befolgte ich diese Übungsanweisungen. Etwa zu dieser Zeit sagte Param Sadguru SHREE GAJANAN MAHARAJ[1] :

---

[1] Sprich: Schri Gadschanan Maharadsch.

13

Wir möchten dich umwandeln in ein Meer der Ruhe und des Friedens

und dieses Buch ist eine Erzählung wie Wir es ermöglichten.

Etwa eine Woche nach dem Guru-Purnima 1961 hatte ich das große Glück, zu Füßen von Param Sadguru SHREE GAJANAN MAHARAJ Darshan zu haben. Ich erhielt seine Unterweisungen am 21. August 1964. Zur selben Zeit unterrichtete mich SHREE, welche visuelle Konzentration und welcher Gesichtsausdruck während der von ihm gezeigten Übungen beizubehalten sind. Zwischen 1961 und 1964 besuchte ich Akalkot etwa viermal. Ich erinnere mich nicht, SHREE während dieser Zeit irgendein Ansinnen vorgetragen zu haben, mich oder mein materielles Wohlergehen betreffend. Jedoch jedesmal hatte mein ältester Bruder Prabhakar einige Anliegen oder andere ließen sie durch mich überbringen.

Bei solch einer Gelegenheit machte SHREE die Bemerkung:

Warum stellst du derartige Fragen, wo Wir dich in ein Meer der Ruhe und des Friedens umwandeln können?

Diese einfache Bemerkung rüttelte mein Bewußtsein wach, und ich sagte: „Ich bitte freundlichst um Nachsicht, wenn es nicht ganz richtig war, denn ich wünsche nichts so sehr, als direkt zu erfahren, daß ich niemand anderes bin als die allgegenwärtige höchste Seele des Allmächtigen! Ich sehne mich nach Selbst-Realisierung. Dies ist meine innigste Bitte". SHREE segnete mich. Dann verließ ich Seinen Raum. SHREE hatte mir eine rechtzeitige Ermahnung gegeben, nicht vom Weg abzugleiten!

Eine Zeitlang machte ich Übungen mit einem aus dreizehn Buchstaben bestehenden Mantram und wiederholte singend oft den mir so heiligen Namen von Param Sadguru SHREE GAJANAN MAHARAJ. Manchmal übte ich bis spät in die Nacht hinein.

In der Nacht zum 15. Juni 1964 lag ich in meinem Bett in

14

unserer Wohnung in Belgaum und sang wieder einmal SHREE's Namen. Da, ganz plötzlich und ohne jegliches Vorzeichen, hörte ich deutlich SHREE's Stimme:

Beobachte ES! Beachte ES sorgfältig. Du mußt ES verwirklichen!

Dreimal fühlte ich einen Atemhauch in Höhe der Nasenwurzel. Irgend jemand hatte jetzt die Kontrolle über meinen Körper. Mein Atem war kaum noch spürbar. Mir eröffnete sich höchste seherische Schau: – SAMADHI!
In einem unendlichen Meer der Seligkeit, voll Ruhe und Frieden, waren gigantische Wellen wunderbar sanften Lichtes, und augenblicklich tauchte ich als eine dieser Wellen ein und wurde selbst zum Meer. In einer halben Minute hatte ich N I R V I K A L P A – SAMADHI erreicht! ! !
Wenige Zeit danach kam die normale Empfindung zurück, zuerst in den Füßen. Der Atem wurde wieder normal. Schnell sprang ich aus dem Bett, schaltete das Licht an und suchte SHREE vergeblich überall im Zimmer. Meine Frau Kumud und die Kinder schliefen fest. Ergriffen warf ich mich vor SHREE's Foto nieder. Ich hatte die höchste kosmische Schau erlebt. Niemand würde es mir glauben. Noch einmal vergegenwärtigte ich mir das eben Erlebte und versank in Glückseligkeit bis zum frühen Morgen. Mein Gefühl drängte mich, SHREE sobald als möglich aufzusuchen. Er hatte unser Haus in unsichtbarer Form besucht! Er war in feinstofflicher Gestalt in meinem Körper!
Meine geistigen Übungen begannen 1964 und waren 1971 beendet. Einige Tage nach Erhalt der Mantra-Übungen machte ich schon die Erfahrung mit übernatürlichen Kräften. Im Anfangsstadium war ich noch für etwa zwei Jahre mit Arbeiten für die Justiz beschäftigt, die mir nicht genügend Zeit für meine Mantra-Übungen ließen. Mein Vater Nana starb am 6. April 1966 und damit nahm meine Arbeit in dieser Zeit etwas zu. SHREE sorgte dafür, daß ich einen großen Teil meiner Übungen in Seiner Gegenwart praktizieren konnte.

Am 18. Dezember 1964 sagte SHREE zu mir:

Du hast noch die erste Stufe zu erklimmen.

SHREE bemerkte des öfteren:

Du bist beschenkt worden mit „ES", ohne Berücksichtigung deiner guten oder schlechten Handlungen. Wir haben dein Karma beiseite gestellt. Dein Weg ist geebnet. Sadguru hat keinerlei Erwartungen. Er ist imstande, dir die glückselige Vision zu zeigen, ohne jegliche Gegenleistung zu erwarten. Er erwartet von niemandem einen Dienst. Jedoch wenn Er jemandem eine Arbeit überträgt, bedeutet es, dieser Person ist eine goldene Gelegenheit gegeben worden.
Sadguru hat vollkommene Einswerdung mit dem Allmächtigen erreicht.
Ein verlorener Augenblick ist nicht mehr zurückzuholen. Das Ticken der Uhr mahnt uns, daß die Zeit verrinnt.

Später versicherte mir SHREE bei zwei oder drei Gelegenheiten, daß ich mit meinen Übungen schnellen Fortschritt gemacht hätte.

Dir ist die glückselige Vision gezeigt worden, unter Berücksichtigung deiner geistigen Anlagen.

Im August 1971 erklärte mir SHREE erstmalig, meine Übungen würden sich der Vollendung nähern.

Sadguru übernimmt die Kontrolle über das Gemüt des Schülers und führt ihn in seinen Träumen und durch geistige Schau. Er wählt diesen Weg, weil Lehren, die in der herkömmlichen Weise gegeben werden, ziemlich nutzlos sind. Wissen ist endlos.
Die glückselige Vision kann mit offenen Augen gesehen werden. Daher wird „ES" Selbst-Realisierung genannt.

16

Mein Interesse wurde aufgewühlt, als ich diese Tatsache erfuhr, von der ich bis dahin keine Kenntnis hatte. Am 4. September 1971 sagte SHREE:

Der Körper muß vollkommen vorbereitet sein, die glückselige Vision zu erhalten. Nur ein geringer Mangel an Vervollkommnung würde sich folgenschwer auswirken und die Last wäre unerträglich.
Ein hauchfeiner, halbdurchsichtiger Vorhang ist mit einer bestimmten Absicht übriggeblieben. Wenn Vollkommenheit erreicht ist, wird dieser Vorhang gelüftet werden.

SHREE hatte meine Schwiegermutter und mich eingeladen, bis zum 25. September 1971 in Akalkot zu bleiben. Aus gesundheitlichen Gründen wollten wir beide mit SHREE's Einwilligung zurück nach Belgaum. Am 22. September meditierte ich in SHREE's Gegenwart und ging in den Savikalpa-Samadhi. Bevor wir Akalkot verließen, sagte SHREE:

Du verläßt Uns als Ausgezeichneter und Gesegneter. Der Zweck deiner Berufung nach Akalkot vor zehn Jahren ist erfüllt. Darum stelle dich vor deine Mutter, die dir das Leben gegeben hat, und sage ihr: „Ab heute gehöre ich zu den Ausgezeichneten und Gesegneten."

In meiner Hand hielt ich ein großes Foto von SHREE's Mutter Sonamata, das ich als Prasad für meine Tochter Geeta[2] erhalten hatte. Morgens um sieben Uhr hatten wir SHREE's Darshan, wobei er sagte:

Dein Weg ist voller Licht und du hältst in der Hand das Foto von Sonamata als Prasad.

---

[2] Sprich: Gita.

17

Meine Schwiegermutter und ich brachen mit schwerem Herzen nach Belgaum auf. Ich war am 1. August 1971 mit dem Vorhaben nach Akalkot gekommen, bis zum Examen meiner Kinder im April 1972 hierzubleiben. Schon am 5. September 1971 sagte SHREE zu mir:

Laß dir klar machen, daß du heute vor Uns stehst als ein Siddha-Yogi! Man wird als solcher Mensch erst geboren nach einem Zyklus von 8 400 000 Geburten und erreicht diese Stufe nur durch ungeheure Bemühungen.

Zur selben Zeit gab SHREE die segensreiche Anordnung:

Du solltest deine Biographie schreiben, eine Zusammenstellung der Umwandlungen, die dir von Zeit zu Zeit und an verschiedenen Örtlichkeiten gezeigt wurden. Deine Aufzeichnungen würden ein Geschenk für die Menschheit sein.

Dieses Buch ist aus Ehrerbietung gegenüber diesen Anordnungen geschrieben worden.
Es ist nicht so, daß mein Param Sadguru mir geistige Übungen gab und sich dann fern von mir hielt, sondern er führte mich wie versprochen bis zur letzten Stufe an der Hand.

Es ist ein Unterschied zwischen dir und den übrigen. Andere kennen ihre Bestimmung nicht. Deine Bestimmung wurde deutlich. Sie ist dir schon gezeigt worden.

Ohne jegliche Erwartung mir gegenüber und ohne Berücksichtigung meiner guten oder schlechten Handlungen schenkte mir SHREE den NIRVIKALPA-SAMADHI.
Während der kurzen Spanne von sieben Jahren, in der Zeit von 1964 bis 1971, führte mich SHREE an der Hand zur jetzigen Stufe. Die vorliegende Biographie ist eine Zusammenstellung des Gesagten und der „Glückseligen Vision", die SHREE gegeben hat.

Das Buch trägt den Titel „Sadguru's Bestowal"[3], weil mein Param Sadguru mir den NIRVIKALPA-SAMADHI zum Geschenk machte.

Welchen Nutzen haben die verschiedenen Zutaten für einen schlechten Koch? Es ist viel Material vorhanden, aber ich bin kein erfahrener Schreiber. Andererseits ist in meinem Leben etwas der Mühe wert, darüber zu schreiben, ausgenommen meiner Erwerbung, den Param Sadguru?

3360, Gondhali Galli,
Belgaum, 16. 11. 1971   Ratnakar R. Nargundkar

Weitere Erfahrungen bis zum Datum der Drucklegung sind im Text enthalten.

Belgaum, 21.9.1972   R. R. Nargundkar

Anmerkung:
Die vorliegende deutsche Übersetzung entstand mit SHREE's Segen; allein über den Weg der Intuition, als freie Übersetzung und mit Absprache des Autors, dem der Übersetzer während häufiger Besuche in Akalkot begegnete.

Der deutsche Übersetzer hat bewußt auf einige stilistische Feinheiten verzichtet, um den Sinn und die Ausdrucksform zu wahren. Dieses trifft besonders für alle Redewendungen von Param Sadguru SHREE GAJANAN MAHARAJ zu.

Der Übersetzer

---

[3] Bestowal = Gabe, Geschenk.

Shri Ratnakar Ramrao alias Tatya Nargundkar

2. Mein Vater Nana, der juristische Genius

Unser Großvater, Dattatreya Laxmanseth Nargundkar, war Gerichtsschreiber in Nandgad, einem Dorf im Bezirk Belgaum. Zusätzlich unterhielt er ein Vorratslager. Sein Einkommen war dürftig zu nennen. Er war ein vortrefflicher Sänger, schrieb ein Schauspiel und betätigte sich manchmal als Schauspieler. Zu jener Zeit konnte nur ein Einkommensteuerzahler Bürge sein. Daher ließ er eine jährliche Einkommensteuer in Höhe von fünf Rupie⁴ eintragen.
Unsere Großmutter war eine sehr einfache Frau. Sie hatte sieben Kinder.
Nana's (meines Vaters) Eltern und seine Geschwister starben während seiner Kindheit an den Folgen der Pest. Er und sein älterer Bruder Keshavrao waren die einzigen Überlebenden. In jenen Tagen galt die Pest als schreckliche, unheilbare Krankheit. Viele Leute verließen das Dorf, als die ersten Fälle auftraten. Nana und Keshavrao wurden von einem liebevollen Menschen aufgenommen, der sich auch weiterhin um sie kümmerte. Mein Onkel Keshavrao bestellte, als er herangewachsen war, unsere ererbten Reisfelder.
Meine Mutter stammt aus Sirsi. Sirsi liegt im Nord-Canara-Bezirk und ist bekannt durch Betelnüsse und Pfeffer. Zur Zeit ihrer Hochzeit war Mutter gerade dreizehn Jahre alt. Ihr Mädchenname war Anusuya. Nach der Hochzeit erhielt sie den Kosenamen Janakibai. Im Anfang konnte sie noch nicht kochen, war aber später eine ausgezeichnete Köchin. Nana aß vegetarisch, meine Mutter bevorzugte gemischte Kost.
Meines Vaters voller Name ist Ramrao Dattatreya Nargundkar. Er wurde bekannt und berühmt als N. Ramrao. Da er von Nandgad abstammte, nannte man ihn auch scherzhaft Nandgadkar. Nandgad liegt etwa 25 Meilen von Belgaum entfernt

---

⁴ Fünf Rupie = etwa 1,15 DM (1979).

und befindet sich in Khanapur Taluka. Wir nannten Vater alle liebevoll Nana.

In Nandgad gab es zu dieser Zeit keine englische Schule, und mein Großvater konnte es sich nicht leisten, irgend jemanden zur Ausbildung in eine auswärtige Schule zu schicken. Nana blieb gerne dem Unterricht fern. Dann kamen Jungen, die sich einen Spaß daraus machten, ihn zur Schule zu zerren. Sie benutzten zur Fesselung ein besonderes Seil, das man Ghodi nennt. Der Klassenlehrer verdrosch sie manchmal dafür. Der Direktor, Mr. Bawadekar, war ein angesehener Mann. Täglich besuchte er Großvaters Lager und beklagte sich, daß Nana's Teilnahme am Unterricht unregelmäßig sei. Wenn Großvater heimkam, stellte sich Nana schlafend, um der Strafe zu entgehen.

So erreichte er die sechste Klasse. Anläßlich der Hochzeit seines älteren Bruders Keshavrao zog er nach Sirsi und genoß hier eine höhere Schulbildung. Inzwischen war Nana sechzehn Jahre alt und wohnte bei seinen Verwandten. Nana war in der Familie der erste, der die englische Sprache erlernte. Irgendwie schaffte er es, seine Ausbildung in einem Zeitraum von drei Jahren zu vervollständigen. Später ging er nach Belgaum und bestand sein Immatrikulations-Examen mit doppelter Auszeichnung.

Nana war sehr aufbrausend, aber er besänftigte sich schnell wieder. Meine Mutter und Nana waren von Natur aus Gegenpole. Mutter hatte ein ruhiges, ausgeglichenes Wesen. Ärgerlich zu werden war ihr fremd. Uns liebte sie sehr. Zu ihrer Zeit war es nicht üblich, Mädchen eine gute Schulbildung angedeihen zu lassen. Mädchen heirateten sehr früh.

Unser Großvater mütterlicherseits, Shri Venkatrao Madgeri, war Rechtsanwalt. Seine Praxis ging nicht besonders gut. Er kannte sich in der Astrologie sehr gut aus. Seine Todesstunde sagte er zutreffend voraus.

Wir waren fünf Brüder und drei Schwestern. Mein ältester Bruder Prabhakar lebt in Bombay. Er handelt mit Nichteisenmetallen. Einige Jahre lang praktizierte er aufgrund seines Jurastudiums in Belgaum als Anwalt. Sadanand, mein zweit-

24

Ramrao Dattatreya Nargundkar
(Nana), Vater des Autors

Die Mutter des Autors

ältester Bruder, ist in Belgaum verheiratet, ich bin der dritte, Ramesh der vierte. Er ist Elektronic-Ingenieur in der Computer-Abteilung bei der Firma Tata in Bombay. Vijay, der fünfte, ist Beamter in einer wissenschaftlichen Abteilung, ebenfalls in Bombay. Indumati, die älteste Schwester, arbeitet als Lehrerin in Ratnagiri. Suman, meine jüngste Schwester, hat ein Staatsexamen in Bombay abgelegt. Sulochana alias Tai starb 1967 bei einem Autounfall. Auch sie besaß ein Staatsexamen.

Nana teilte sein Geld sorgfältig ein, half aber jedem persönlich, wenn es seiner Ausbildung förderlich war. Wenn jemand eine höhere Schulbildung wünschte, die ein Studium außerhalb der Stadtgrenzen erforderlich machte, half Vater so gut es ging. Ein Jurist war wegen der Heirat seiner Tochter in finanzielle Verlegenheit geraten. Als dieser deswegen an Vater herantrat, half Vater ihm ohne Zögern sofort mit Geld aus. Nana lebte ein einfaches, regelmäßiges Leben. Morgens stand er um halb fünf auf, ging noch etwas spazieren und war pünktlich um sieben in seinem Büro, wo bereits eine Reihe Klienten auf ihn wartete. Elf Uhr war die festgesetzte Zeit für den Gerichtshof und abends gegen sechs spielte er Tennis und Karten. Tag für Tag, immer das gleiche. Im Alter spielte Vater nur noch Karten. Die letzten drei Jahre litt er an einer Krankheit, die ihn an das Haus fesselte. Sein sehnlichster Wunsch war, alle seine Kinder mögen eine sehr gute Ausbildung genießen. Das führte er durch, mich inbegriffen!

Nana begann als Hochschullehrer in Sirsi mit einem Monatsgehalt von fünfzehn Rupien. Zu Hause studierte er Jura. Wie er es schaffte, weiß er selber nicht. Ihm wurde die Genehmigung verliehen, als Verteidiger am Hohen Gerichtshof zu plädieren. Diese Genehmigung wurde sonst nur nach Erreichung des Immatrikulationsexamens vergeben, deshalb beschäftigte ihn auch der Gedanke, seine Stellung als Lehrer aufzugeben, um mit den hochqualifizierten Staatsanwälten aus Belgaum Schritt halten zu können. Fünfhundert Rupien waren seine Ersparnisse. Zwei Jahre hatte er dafür in Sirsi Jura praktiziert.

Nana verließ Sirsi 1911 und kam nach Belgaum, um hier sein Glück zu versuchen.

Nana beherrschte die englische Sprache, Marathi und Kannada.[5] Geschickt verstand er, sofort die grundlegenden juristischen Punkte der Dokumente zu erfassen. Wenn er über die Erfolgsaussicht im Zweifel war, riet er dem Klienten ab, die Angelegenheit vor Gericht zu bringen. Normalerweise gibt ein Anwalt nicht solche gutgemeinten Ratschläge. Demgegenüber besteht bei einigen Anwälten die Tendenz, das Verfahren zu verlängern, um das Maximum an Honorar zu erwirken.

Einmal bestritt Nana die Kandidatur städtischer Wahlen in Belgaum und wurde Präsident. Er hatte bald das Gefühl, der Posten sei für ihn nicht geeignet und legte nach einiger Zeit das Amt nieder. Zeitweise war er der Vorstand einer Bank und Direktor zweier anderer Bankinstitute. Später quittierte er auch diesen Dienst und war für einige Jahre Vorsitzender des Anwaltschaftsverbandes in Belgaum.

Jeden Rechtsfall, den er übernahm, durchdachte er sehr gründlich, weil es sein Bestreben war, wirklichen Erfolg für seinen Klienten zu erzielen. Er gab sich große Mühe. Zuversichtlich pflegte er zu sagen: „Ich habe den Fall übernommen und werde ihn gewinnen." Einige seiner Fälle sind mir bekannt. Ich las auch etliche Gerichtsurteile. Stets hatte der Gerichtshof eine hohe Meinung von ihm. Kaum erreichte jemand seine Sachkenntnis in der Behandlung von Fällen des Rechnungswesens! Unnachahmlich war er beim Kreuzverhör.

Den Gerichtshof fürchtete er nicht. Einmal wurde ein Mordfall behandelt. Nana stellte eine Frage an den Angeklagten, gegen die das Plenum Einspruch erhob. Nana sagte: „Ich bestehe auf dieser Frage, sie ist von äußerster Wichtigkeit. Wenn Euer Ehren dagegen Einspruch erhebt, braucht sie der Angeklagte nicht zu beantworten. Für diesen Fall beantrage ich einen Eintragungsvermerk in die Akten, daß der Einspruch sich gegen die Antwort richtet, ebenso daß ich Einspruch gegen

---

[5] Marathi, Kannada = indische Landessprachen.

27

den Einspruch Euer Ehren erhebe. Deshalb sollte dieser Vorfall sorgfältig registriert werden." Das Gericht entschied, die Frage sei belanglos und somit wäre kein Grund vorhanden, eine entsprechende Aktennotiz zu machen, woraufhin Nana heftig konterte: „Hohes Gericht, darf ich Sie daran erinnern, daß es eine Ihrer Pflichten ist, die Vorgänge sorgfältig in den Akten festzuhalten. Sie wurden für diesen Zweck ernannt und werden auch dafür bezahlt." Nach dieser strengen Ermahnung gab das Gericht nach und notierte alles sorgfältig. Für den Rest der Verhandlung wagte niemand mehr, an Nana auch nur eine einfache Frage zu richten.

Nana sprach bei Gericht nur, wenn es notwendig war. Seine Ausführungen erfolgten mit knappen Worten und waren immer sachbezogen. Er schätzte kein unnötiges Gerede, erschien jeweils pünktlich bei Gericht und beantragte auch keine Vertagungen. Sein Gedächtnis war bemerkenswert. Waren die Unterlagen durchgearbeitet, erinnerte er sich an jedes Detail. Er pflegte zu sagen: „Ich brauche keine Gesetzbücher, sie sind in meinem Kopf." Oft gab es Rededuelle mit den Gegenanwälten. Jedoch verließen sie gemeinsam den Gerichtssaal, Hand in Hand und mit einem Lächeln im Gesicht. Viele Anwälte sagen noch zu mir: „Dein Vater war der Schrecken des Gerichtes. Er war wie ein Löwe."

In einem besonderen Fall waren Nana und ein ortsansässiger Anwalt Kontrahenten. Dieser Anwalt war sehr stolz und von sich eingenommen. Durch bestimmte Äußerungen in Nana's Klageschrift fühlte er sich angegriffen. Er wandte sich mit folgenden Worten an das Gericht: „Ich beantrage vom Kläger wegen Verleumdung einen Schadensersatz in Höhe von zehntausend Rupien." Nana war sofort auf den Beinen und sagte: „Ich habe die Klageschrift verfaßt. Mein Klient ist Analphabet. Er hat lediglich auf meine Anweisung hin unterschrieben. Wenn sie eine Verleumdungsklage einreichen wollen, dann nicht gegen meinen Klienten, sondern gegen mich. Ich bin gewillt, zehntausend Rupien sofort in bar zu begleichen. Lassen sie uns jedoch gleichzeitig festhalten, daß ich mich in der Lage fühle, zwanzigtausend Rupien als Schadensersatz zurück-

28

zuholen." Während einer öffentlichen Verhandlung war das für den betreffenden Anwalt eine Herausforderung. Die im Gerichtssaal Anwesenden brachen in Gelächter aus. Der Gerichtshof kicherte ebenfalls. Der Anwalt war sprachlos. Ich brauche nicht hinzuzufügen, daß er seine Verleumdungsklage nicht aufrechterhielt!

Einmal nahm Nana einen höheren Beamten ins Kreuzverhör. Nana war ein Kreuzverhörexperte. Einer meiner Freunde war zu dieser Zeit als Staatsanwalt in Belgaum tätig. Nana nahm ihn zur Seite und sagte ihm: „Ich zeige dir, wie man einen Zeugen ins Kreuzverhör nimmt. Heute vernehme ich einen höheren Beamten." Innerhalb von fünf Minuten ertastete er gewisse Lücken in der Aussage. Nana ließ ein Sperrfeuer von Fragen auf ihn los. Diesen „Angriff" konnte er nur schwerlich aushalten und wurde im Zeugenstand ohnmächtig. Er mußte herausgetragen werden. Man fächelte ihm frische Luft zu und benutzte eine Zwiebel zur Wiederbelebung. Als er ein Glas Wasser getrunken hatte, kam er wieder in den Zeugenstand. Die erste Frage, die Nana ihm stellte, war: „Wurden Sie ohnmächtig im Zeugenstand? Waren Sie nicht gerade bewußtlos für zehn Minuten?" Der Beamte bejahte. Nana bemerkte zu meinem Freund: „Es war notwendig, diese Fragen zu stellen, damit eine entsprechende Aktennotiz erfolgte." Durch diesen Vorfall wendete sich alles zugunsten Nana's und von weiterem Beweismaterial wurde abgesehen.

Bei einer anderen Verhandlung hatte ein jüngerer Bruder seinen älteren Bruder wegen einer ansehnlichen Summe verklagt. Beide handelten mit Textilien. Nana plädierte für den ältern Bruder. Der Anwalt des Klägers forderte eine übertriebene Geldsumme für jeden einzelnen Posten, um damit sein Honorar entsprechend zu erhöhen. Er war ein sehr erfahrener Anwalt. Seine Sicherheit, den Prozeß zu gewinnen, wie auch seine Forderungen, gründeten auf dem Vertrauen dem Kläger gegenüber, der bereits zwanzig Tage lang vernommen worden war. Schließlich war der Kläger nicht in der Lage, Nana's Fragen zu beantworten. Nana bemerkte dazu: „Von nun an können Sie sich bei jeder Frage zuerst mit ihrem Anwalt beraten. Dann wiederholen Sie, was Ihnen Ihr Anwalt geraten hat. Ich habe nichts dagegen einzuwenden, diese Aussagen aktenkundig werden zu lassen." Der Kläger war sprachlos. Er fiel Nana vor dem anwesenden Gerichtshof zu Füßen und bat ihn inständig, ihm zu helfen. Nana schlug zur Streitbeilegung einen Kompromiß vor und riet seinem Klienten, dem jüngeren Bruder zu verzeihen.

Ein gewisser Shri Kallappa Bidkar aus Nandgad wurde zweimal wegen Mordverdacht vor den Untersuchungsrichter geführt. Ich weiß, daß bei diesen Gelegenheiten, nach sorgfältiger Prüfung des Untersuchungsmaterials, Nana Bidkar versicherte: „Ich werde Sie aus der Schlinge des Henkers befreien." Er hielt sein Wort. Nana war Experte in Zivil- und Kriminalfällen. Einmal saß ich in unserem Juweliergeschäft in Belgaum. Ich sah, wie Bidkar in Handschellen von der Polizei abgeführt wurde. Er kam an unserem Geschäft vorbei und bat mich um zwei Rupien. Ich tat ihm den Gefallen. In unserem Geschäft hing eine große Fotografie von Nana. Bidkar zeigte darauf und sagte dem Polizisten: „Er stammt aus meinem Geburtsort und ist für mich wie ein Gott. Selbst wenn ich jemand in Ihrer Gegenwart erschießen würde, wäre er fähig, mich vor der Schlinge zu bewahren. Prägen Sie sich das in Ihr Gedächtnis ein." Ich war von Ehrfurcht ergriffen. Diese Übertreibung spiegelte seine absolute Zuversicht wider, die er in Nana setzte.

Shankar diente Nana etwa vierzig Jahre lang als Büroangestellter. Während dieser Dienstzeit hatte er genügend Erfahrung gewonnen, um selbst in der Lage zu sein, geringfügige Klageschriften für die frischgebackenen Anwälte anzufertigen. Er erzählte oft: „Ich besuche keinen Tempel. Jeden Morgen zolle ich Ihrem Vater meine Hochachtung. Ich verehre ihn wie einen Gott." Als Nana sich bereits schon in den Ruhestand begeben hatte, besuchte er uns häufig. Nana half ihm bei vielen Gelegenheiten.

Als Nana sich zur Ruhe setzte, hatte er einundfünfzig Jahre juristischer Praxis hinter sich, nämlich in der Zeit von 1911 bis 1962.

30

3. Meine Ausbildung und Karriere

Am 8. Juni 1926 wurde ich in Belgaum geboren. Mein voller Name ist Ratnakar Ramrao Nargundkar. Die Grundlage meiner Ausbildung erfolgte in Marathi, die auch meine Muttersprache ist. Beide, meine Mutter und Nana, sprachen Marathi so gut wie Kannada[6]. Das wenige, das meiner Mutter an Ausbildung zuteil geworden war, lernte sie in Kannada. Sie sprach sehr gut Konkani[6]. Wir gehören zu den Goud-Saraswat-Brahmanen. Nana war strikter Vegetarier, die anderen aßen gemischte Kost.

Ich besuchte die Sadar's Hochschule in Belgaum. In Arithmetik war ich nicht besonders gut und konnte nur bestimmte Aufgaben lösen. Bei einer Abweichung von der üblichen Aufgabenstellung glaubte ich ständig, eine Geheimschrift vor mir zu haben. Ich erreichte einen Rekord an schlechten Zensuren, bis auf das Englisch in der dritten Klasse! Während dieses Jahres wurde an unserer Schule ein Lehrerseminar eingerichtet. Infolge von Platzmangel gab der Direktor die Anordnung, daß jeder, der unter einem gewissen Zensurendurchschnitt liege, die Schule verlassen solle. Nana schrieb als Kommentar in mein Schulheft: „Mein Sohn wird niemals durchfallen". Der Klassenlehrer amüsierte sich über diese Bemerkung. Nur ein Vater hatte Zuversicht gezeigt, während der Rest der Eltern lediglich die Umstände akzeptierte. Wie selbstverständlich bestand ich das Examen. Ab der vierten Klasse war ich von Arithmetik befreit, weil ich nun Algebra und Geometrie zu lernen hatte. Da ich diese Lehrfächer gut beherrschte, bestand keine Möglichkeit, durchzufallen. Wir wurden jeden Samstag in der Schule geprüft. Nach den ersten beiden Stunden war für zwanzig Minuten Pause und im Anschluß daran begann die Prüfung. Während der Pause besuchte ich den

---

[6] Indische Landessprachen.

nahegelegenen Ganapati-Tempel, IHM das Anliegen vorzubringen, mich die Prüfung bestehen zu lassen.

Im letzten Schuljahr fing die erste Stunde für gewöhnlich mit Marathi an. Das war für mich die langweiligste Zeit. Mehrmals machte ich inzwischen ein ruhiges Nickerchen. Manchmal kam dann gegen Ende der Stunde der Lehrer zu mir und sagte: „Rao-sahib, du kannst jetzt wieder aufwachen. Die Marathi-Stunde ist zu Ende." Dann wendete er sich mit etwa folgenden Worten an die anderen Jungen: „Rao-sahib hatte einen gesunden Schlaf, und es war wirklich schade, ihn zu stören." Die Jungen brachen in Gelächter aus!

Geschichtsvorlesungen besuchte ich nicht. Wir wurden unterrichtet in der Marathi-Zeitepoche. Ich hatte mir das alte Ashoka-Zeitalter[7] ausgewählt und studierte diese historischen Ereignisse zu Hause mit wachem Interesse. Obwohl ich in Marathi studierte, beantwortete ich doch alle Prüfungsfragen außer in Marathi auch in englischer Sprache. Nana erzählte ich, daß ich fünfzig bis sechzig Prozent mit guten Noten rechnete. Ich erreichte fünfzig Prozent.

Heller Jubel erfüllte mich, als ich mein Immatrikulationsexamen bestanden hatte. Doch war die Freude nur von kurzer Dauer. Ich konnte mir nicht darüber klar werden, ob ich mich im nächsten College für Kunst oder Wissenschaft entscheiden sollte. Nana hatte seine bestimmte Ansicht: „Bevor die erste Klasse nicht absolviert ist, ist der Gesichtskreis noch zu eng." Ich fragte meine Verwandten in diesem Fall um Rat, aber sie überließen mir die endgültige Entscheidung. Ob ich mich nun aber für Kunst oder Wissenschaft entschied, – ich war nicht überzeugt, die erste Klasse mit Erfolg abzuschließen. Ich entschloß mich für die Wissenschaft und besuchte das Lingaraj-College in Belgaum, alles einer unbestimmten Zukunft überlassend. Bestand ich die erste Klasse, so war der Weg frei für das Ingenieur- oder Medizinstudium. Jedoch war für das Ingenieurstudium eine gute Note in Mathematik Voraussetzung, und gerade hier war mein schwächster Punkt.

[7] Etwa 300 v. Chr.

Gott aber hatte bereits mein Schicksal anders festgelegt.
Zu dieser Zeit besuchte ein gewisser Herr Shri Sadekar meinen Vater Nana. Dieser war ein Angestellter in einem Juweliergeschäft. Er war geschäftstüchtig und bereits mit Nana bekannt. Seine Idee war, selbst ein Juweliergeschäft zu eröffnen. Dieser Plan wurde von allen gutgeheißen, und bald darauf wurde in unserem Hause das Geschäft eröffnet. Wir fertigten Gold- und Silberschmuck und versendeten diesen über ganz Indien. Zusätzlich beschäftigten wir zwei Reisende. Später, im Jahre 1944, wurde das Geschäft umbenannt in Vijay Buildings, Ganapat Galli, welches zu unserem Besitz gehörte. Parallel zu diesen Geschehnissen verliefen meine Examen. Ich hatte als Zusatzfach Englisch anstelle von Marathi gewählt. Für dieses Fach war ein schwieriges Textbuch „Citizen of the World" zum Studium vorgeschrieben. In den anfänglichen Monaten blieb ich den Englischstunden fern. Als ich dann das erste Mal zum Englischunterricht erschien, gab mir der Professor eine mündliche Verwarnung. Als er mich aufrief, hatte ich aufzustehen. Überrascht blickte er auf mich und bemerkte: „Sie werden nicht bestehen." Bis zum Abschlußexamen waren es bloß noch drei Monate. Ich machte den verzweifelten Versuch, das Buch zu lesen, wobei ich aber betrübt feststellen mußte, daß es wohl kaum eine größere Plage gab als dieses Buch. Ich engagierte einen Nachhilfelehrer eigens zum Studium dieses Buches und besuchte ab sofort alle Englischstunden. Es war eine harte Studienzeit. Als das Examen näherrückte, war ich fast überzeugt, daß die Prophezeiung meines Professors richtig sei. Ich hatte sehr wenig Hoffnung zu bestehen. Letztlich jedoch ging ich ins Examen und bestand! Erneut tauchte die Frage auf: Was soll ich weiterhin tun?
Nana hatte den ganzen Ablauf meiner Ausbildung genau verfolgt. Die Zukunftsaussichten waren nicht rosig für jemanden, der jedes Examen gerade mit Mühe und Not bestand. Nur wegen ein Prozent verfehlte ich das Ziel der zweiten Klasse. Nana trug mir an, gemeinsam mit Shri Sadekar die Leitung des Juweliergeschäftes zu übernehmen, da auch unsere Kapi-

talanlage inzwischen fünfzigtausend Rupien erreicht hatte.
Ich verließ ziemlich widerstrebend das College, denn gerne
hätte ich noch das Abschlußexamen gemacht. Schließlich
übernahm ich die mir übertragene Verantwortung für das Ju-
welengeschäft.
Shri Sadekar war leicht aufbrausend. Wenn ich die Buchfüh-
rung durchsah, machte ich häufig noch Fehler. Dann bat ich
ihn, mir alles richtig zu erklären, was er auch tat. Manchmal
jedoch befolgte ich seine Anweisungen nicht genau, worüber
er sehr ärgerlich wurde und seiner Zunge freien Lauf ließ.
Er war vierzig Jahre älter als ich. Oft genug hatte ich ihn gewarnt und mir sein Aufbrausen in Gegenwart von Untergebe-
nen verboten; aber vergeblich. Noch einmal verhielt er sich
1946 mir gegenüber sehr unbeherrscht. Dieses Mal war es
schwerwiegend. Augenblicklich schloß ich das Geschäft und
reagierte mit Schärfe: „Von jetzt an leitet nur noch einer von
uns das Geschäft."
Als ich nach Hause kam, erzählte ich Nana die ganze Begebenheit. Shri Sadekar konnte man nicht ändern. Nana hatte
zu mir unbedingtes Vertrauen, obwohl ich gerade erst zwanzig Jahre alt war. Er erkundigte sich: „Wirst du in der Lage
sein, selbstständig zu handeln?" Ich bejahte und somit wurde
Shri Sadekar entlassen. Zwischen 1946 und 1948 unternahm
ich zwei Geschäftsreisen nach Nordindien. Inzwischen hatten
sich die Aufträge vervierfacht! Bis 1951 versah ich weiterhin
alle Angelegenheiten des Juweliergeschäftes.
Ich litt unter sehr heftigen Rückenschmerzen und konsultier-
te verschiedene bekannte Ärzte, bisher ohne Erfolg. 1951
ging ich nach Bombay, wo der berühmte Arzt Dr. A. R. Ran-
ganekar nach gründlicher Untersuchung auf den Grund des
Übels kam. Das Röntgenbild zeigte eine Fraktur der Wirbelsäule und die Verschiebung von drei Wirbeln. Vielleicht war
die Ursache ein Unfall, der sich vor zwei Jahren zugetragen
hatte, als mich ein Lastwagen zur Seite schleuderte. Es war
wohl anzunehmen, daß ich behandelt werden mußte. Ich
suchte daher Dr. A. V. Baliga auf, einen bekannten Chirurgen
aus Bombay. Er riet mir, mich einem chirurgischen Eingriff

34

zu unterziehen und überwies mich bald darauf in ein Krankenhaus. Nach der Operation erfuhr ich, daß ein Stück der linken Seite meines Hüftknochens entfernt werden mußte, um als Verbindungsstück in der Wirbelsäule zu dienen. Die Operation hatte eine etwa fünfzig Zentimeter lange Narbe hinterlassen. Vier Monate lag ich in Gips. Meine jüngere Schwester Suman kümmerte sich in dieser Zeit sehr um mich. Nach der Genesung kehrte ich nach Belgaum zurück.

Im Jahre 1951 heiratete ich in Belgaum Kumari Kumud Venkatesh Heble. Am selben Tag heiratete auch meine Schwester Suman.

Meine Frau Kumud hatte die englische Sprache bis zur dritten Klasse gelernt. Wir haben eine Tochter und zwei Söhne. Geeta wurde am 2. September 1953 geboren. Sie hat inzwischen ein wissenschaftliches Abschluß-Diplom. Uday, mein ältester Sohn, wurde am 16. Juli 1958 geboren. Er geht zur Zeit in die achte Klasse. Girish wurde am 3. Mai 1961 geboren und ist jetzt in der fünften Klasse. Beide Söhne besuchen die Sardar's Hochschule in Belgaum.

Nach sorgfältigem Lesen und Studium der Bhagavat Gita (ind.: Geeta) erreicht man Weisheit und wird eins mit Lord Girish[8], das höchste Ziel des Menschen. War nicht in den Namen der Kinder bereits mein Lebensweg angedeutet?
Im Zaveri Bazar in Bombay eröffneten wir 1952 ein neues Juweliergeschäft. Hier arbeitete ich etwa sechs Monate. Aufgrund von Verlusten im Außenhandel mußten wir 1969 das Geschäft wieder aufgeben. Kurze Zeit davor hatten wir einen Tee-Großhandelsvertrieb in den Bezirken Nasik, Khandesh, Diu und Daman errichtet. Für anderthalb Jahre war ich in Nasik zuständig. Wegen unbefriedigender Verkäufe lösten die Teeproduzenten unsere Agentur jedoch wieder kurzfristig auf. Wir leiteten alles ein, das verbleibende Lager zu verkaufen, konnten aber trotzdem die Rückstände damit nicht decken. Es war ein beträchtlicher Verlust. Nach Belgaum zu-

---

[8] Christusbewußtsein.

Kumud, die Frau des Autors

Uday, Geeta und Girish, die Kinder

rückgekehrt, arbeitete ich von 1954 bis 1956 als Versicherungsagent.

Als ich 1954 wieder in Belgaum ankam, erfuhr ich, daß das Einkommensteueramt meinem Vater Nana großes Unrecht zugefügt hatte. Vater überreichte mir einen ganzen Stapel Bücher und Dokumente über Einkommensteuergesetze, wovon ich nicht das geringste verstand. Nach eingehendem Studium und mit Hilfe einiger Steuerexperten verstand ich jedoch Nana's Situation hinsichtlich der Einkommensteuer bis ins letzte. Shri J. P. Pandit aus Bombay war uns dabei als Sachverständiger eine große Hilfe. Durch die Gnade des Allmächtigen waren wir dem Staat gegenüber sehr erfolgreich. Ich erinnere mich an einige Gelegenheiten, wo die Meinungen der Steuerexperten und mir auseinandergingen.

Schließlich erhielten wir Recht, denn meine Gegenzüge erfolgten immer erst nach sorfältigen Erwägungen und Zuziehen der entsprechenden Gesetzesunterlagen. In den grundlegenden Gesetzesbestimmungen behielt ich Recht.

In den Jahren 1958/59 versuchte ich immer wieder, eine Manganmine zu pachten, jedoch ohne Erfolg. Zu einem späteren Zeitpunkt eröffnete ich zwei Büros, eines in Bombay und ein anderes in Dharwar, und arbeitete als Filmverleiher. Dieses Abenteuer schlug ebenso fehl.

Einer meiner Freunde stellte mich 1969 einem Fabrikanten von ayurvedischen Heilmittel-Erzeugnissen vor. Ich erklärte mich bereit, das Geschäft zu führen und dreitausend Rupien zu investieren. Wir kauften Flaschen und andere Ingredienzien ein. Alles war geklärt, aber im letzten Moment änderte ich meine Meinung und entschied, mich nicht an diesem Geschäft zu beteiligen. Er war bereit, mir den Prozeß der Medizinherstellung zu erläutern, und wollte sich selbst um den Verkauf kümmern. Hätte ich diese Arbeit übernommen, wäre keine Zeit mehr für meine Sadhana[9] geblieben.

Bei dieser Beschäftigung konnte ich nur ganze einhundertundfünfzig Rupien verdienen. Für jemand, der mich früher

---

[9] Geistige Übungen.

zweimal täglich besuchen konnte, fand sich kaum noch einmal am Tage Zeit. Ein Verlust von dreitausend Rupien war eine neue Lehre des Schicksals. Es war nicht das erste Mal, daß ich bittere Medizin schlucken mußte. So machte ich manche Erfahrungen. Nur weil ich im richtigen Augenblick jeweils die richtige Entscheidung traf, machte ich auch Fortschritte bei meinen geistigen Übungen. Das erinnert mich an ein Sanskritwort:

को न याति वशं लोके मुखे पिण्डेन पूरित: ।
मृदंगोऽपि मुखलेपन करोति मधुरध्वनिम् ॥

(Jeder Mensch hat seinen Preis, der bei Bezahlung alles zu deinen Gunsten ändern kann.)

Diese Beobachtung machte ich während meines ganzen Lebens. In Notzeiten erinnert man sich an Gott. Geht es einem wieder etwas besser, so kehrt man zu alten Gewohnheiten zurück. Darum sind die Grundursachen des Zurückfallens in dem Maße zu finden, wie jeweils die sechs Hauptübel dominieren.

4. Die Notwendigkeit eines Sadguru

Jeder Mensch sieht sich in seinem Leben einigen Begebenheiten gegenübergestellt, die ihn ernsthaft über die Erlösung nachsinnen lassen. Das ist eine goldene Gelegenheit, sein Schicksal zu formen. Man kann Vollkommenheit erreichen, ohne sich in eine Meditationshöhle zurückzuziehen oder seine Familie zu verlassen. Jeder Mensch hat ein Recht, Vollkommenheit zu erlangen. Den Erlösungsweg zu praktizieren, sogar innerhalb des normalen Familienlebens, ist die größte von allen Sadhanas.

Jeder erntet die Früchte seiner eigenen Taten. Man kann weder die Verantwortung für seine Handlungen zurückweisen noch kann man irgend jemand anderen dafür haftbar machen. Für sein Tun trägt man selbst die Folgen. Es gibt nicht nur Menschen. Jedoch ist nur der Mensch in der Lage, den Allmächtigen zu erkennen. Als solcher sollte man sein bestes versuchen, geistigen Fortschritt zu erzielen. Niemand kann von den Banden seines Tuns befreit werden, es sei denn durch Auslöschen der Ursachen, und diese können nur durch intensive Sadhana ausgelöscht werden. Dafür braucht man in erster Linie feste Entschlossenheit.

Man sollte Sadhana von Sadguru annehmen, der das absolute Wissen der Veden besitzt und unbedingtes Vertrauen in die allgegenwärtige kosmische Seele. Er hat eine Stufe erreicht, seine Schüler wirklich lenken zu können. Im anderen Falle wäre es, als würde ein Blinder einen Blinden führen. Wir übergeben Sadguru unser Schicksal und gehorchen ihm vertrauensvoll. Jedes seiner Worte ist wie ein Befehl für uns. Aus genau diesem Grund sollen wir erst von seinen Fähigkeiten überzeugt sein, bevor wir unser Schicksal ihm überlassen. Ein Schüler erreicht solange keinen Fortschritt, bis er sich an Sadguru's Anweisungen hält. Sadguru ist unvergleichlich. Der „Stein der Weisen" hat die Eigenschaft, bei Berührung Eisen in Gold zu verwandeln, jedoch kann er keinen neuen „Stein der Weisen" erzeugen. Nur ein Sadguru vermag seinen Schüler auf seine Stufe zu erheben. Ein Neuling wäre nicht in der Lage, zwischen Schüler und Sadguru zu unterscheiden. Dies beweist, daß sie ununterscheidbare Identität erreichen. Oft wird eine Kerze durch eine andere entzündet. Wenn beide Kerzen nebeneinanderstehen, ist es identisch, gerade wie Sadguru und sein Schüler. Sadguru ist eine unfehlbare Macht. Seine Kräfte sind unbegrenzt. Er kann nach Belieben etwas tun oder es unterlassen. Bei Befolgung von Sadguru's Wünschen, erhält der Schüler weiteren Erfolg und kürzt den Weg für die nächste Stufe. Nur durch Auftragen von Zinnoberrot auf einen Stein, könnte Sadguru ihn in eine Gottheit verwandeln, denn dahinter steht die verborgene Kraft von Inkarnationen.

Swami Shivanand pflegte zu sagen, daß niemand nur durch Färben seiner Kleidung in einen Heiligen verwandelt werden könne. Param Sadguru sagte des öfteren:

Sanyas[10] ist keine Handlung, sondern ein Zustand, der erreicht sein muß. Solange man nicht von den Banden seiner Handlungen frei ist, kann man diese Stufe nicht erreichen. Nur durch das Tragen von orangen Kleidungsstücken, das Abrasieren der Kopfhaare oder Tragen eines Stabes, kann man die Stufe eines Sanyas nicht erreichen. Wenn dies so einfach zu erreichen wäre, und man würde diesen Sanyasi durch fünf Dinge verehren, dann wäre der Friseur, der ihn rasiert und zu dem gemacht hat, einer sechzehnfachen Verehrung wert. Das ist es, warum solche Leute nicht ohne den Dienst des Friseurs Sanyasi werden können.

In Shivapori, in der Nähe von Akalkot, wurde im Jahre 1969 ein SOMYAGA[11] durchgeführt. Ich trat an viele Personen in Belgaum heran, um dafür Spenden zu sammeln. Etliche

---

[10] Stadium der Vollendung.
[11] Spezielle Feuerzeremonie.

steuerten etwas im guten Glauben dazu bei. So sprach ich auch einen Pundit[12] an. Er äußerte sich: „Niemand wird Ihnen Beachtung schenken, weil Sie ein normales Oberhemd und Hosen angezogen haben. Zuerst rasieren Sie sich alle Haare ab, umgeben sich mit einem Dhoti[13], und dann erst sprechen Sie Leute an. Ich bin ein Pundit, der sich anbot, die Veden kostenlos zu lehren, und habe doch keinen Zuhörer. Gibt Ihnen das eine Vorstellung von der Reaktion, die Sie erleben werden?" Ich hatte meinen Beitrag geleistet und ging freiwillig von Tür zu Tür. Der Kommentar des Pundit war eine Spiegelung unserer traurigen heutigen Gesellschaft.

Ich möchte noch eine andere Begebenheit erzählen. Ein Herr fragte mich: „Was ist Adhyatma[14]?" Ich erklärte es ihm. Er erwiderte: „Das ist nicht Adhyatma. Das kann nur deine Motievierung sein." Dann rezitierte er einen Sanskritvers über Adhyatma. Dazu bemerkte ich einfach: „Adhyatma muß erfahren werden und ist kein Gegenstand von Diskussionen." Er zeigte mir eine Urkunde, die an der Wand hing, mit einem kleinen Foto von ihm. Ich zollte dem meine Bewunderung, mußte aber inwendig lächeln. Wenn es möglich wäre, Adhyatma durch Diskussion zu verstehen, würde es Vollendete geben wie Marktschreier in jeder Gasse.

---

[12] Gelehrter heiliger Schriften.
[13] Wickelgewand.
[14] Geistiges Wissen.

5. Auf der Suche nach dem Sadguru

Seit meiner Kindheit hatte ich beschlossen, Sadguru zu finden und von ihm Sadhana zu erhalten. Ich kann nicht sagen, warum sich die Idee in meinem Gemüt verankert hatte, es wäre nicht möglich, geistigen Fortschritt ohne Sadguru zu erzielen. Als ich noch zur Schule ging, verehrte ich Maruti[15] und hatte ein Bildnis von ihr in meinem Zimmer. Samstags fastete ich und rezitierte aus der Marutistotra.[16] Später hatte ich ein Bildnis von Lord Shankar und verehrte ihn. Als mir bewußt wurde, daß Lord Shankar auch jähzornig war, begann ich Vishnu zu verehren.

Schon während meiner frühesten Jugendzeit hatte ich eine Schwäche für die Astrologie. Wenn ich Astrologen ausfindig machen konnte, fragte ich sie, ob ich in Adhyatma Fortschritte machen würde. In großer Anzahl lud ich Yogis in unser Haus ein, bat sie aber nur dann um Sadhana,wenn ich völlig überzeugt von ihnen war.

Zum ersten Mal erhielt ich 1948 in Bombay Saptashati-Sadhana[17] von einem Bediensteten der Eisenbahn. Ich hatte ihn aufgesucht, weil er auch etwas von Astrologie verstand. Im Nu war mein Horoskop überprüft, und danach, ohne ihn darum gebeten zu haben, gab er mir Saptashati-Sadhana. Er hielt mich an, diese Übungen, die er auch von einem Guru erhalten hatte, regelmäßig für zunächst ein Jahr, unter Geheimhaltung zu praktizieren. Dann versicherte er mir noch, ich ginge einer rosigen Zukunft entgegen.

Als ich 1952 von einer Dame erfuhr, die einige übernatürliche Kräfte besitzen sollte, reise ich zu ihr nach Andheri, in der Nähe von Bombay. Meine erste Frage an sie war:

---

[15] Eine indische Heilige. Ähnlich wie in der röm. kath. Kirche gibt es auch in Indien viele Heilige.

[16] Indische heilige Schrift.

[17] Spezielles geistiges Übungsprogramm.

„Wann werde ich einem Guru begegnen?" Sie antwortete: „Wir sind in der Ära des Kaliyuga. Im Kaliyuga ist es nicht möglich, einen Guru zu finden, aber im Gegensatz dazu kann man Betrügern begegnen, die sich nur die Taschen füllen. Sie sind Ihr eigener Guru." Die Frage, sie noch einmal aufzusuchen, kam nicht mehr auf. Letzten Endes fand ich im Kaliyuga sogar den Param Sadguru!

Mein ältester Bruder Prabhakar lud einen Sanyasi in unsere Firma nach Bombay ein, den ihn einer seiner Bürogehilfen vorgestellt hatte. Der Sanyasi blieb etwa einen Monat. Seine Mahlzeiten nahm er sehr unregelmäßig ein. Sie bestanden meistens aus einigen Arten von Porridge, unter Verwendung von Weizen. Ich war von ihm nicht sonderlich beeindruckt und schenkte ihm daher auch keine weitere Beachtung.

Wir hörten von einem Heiligen namens Pedukar Maharaj, der in Alibag leben sollte, etwa eineinhalb Tagereisen entfernt und nur mit einer Barkasse zu erreichen. Nach Voranmeldung schickte ich meinen Bruder Ramesh zu ihm, eine Einladung in unser Haus zu überbringen. Bei seiner Ankunft begrüßten wir ihn überaus herzlich und hängten ihm eine Girlande erlesener Blumen um.[18] Er blieb nur kurze Zeit. Bei seiner Abreise gab er mir auf dem Weg einen freundschaftlichen Knuff in den Rücken und sagte: „Du wirst ein Yogi." Für jedermann, mich inbegriffen, war es sehr schwer zu fassen.

Im Jahre 1959 luden wir Bal Maharaj aus Kolhapur in unser Haus ein, der auch wie ein Heiliger verehrt wurde. Ich bat ihn nicht um Unterweisungen, er aber sagte ganz von selbst: „Du wirst sehr erfolgreich sein, wenn du dich nach Ganagapur oder Akalkot begibst." Sehr gerne hätte ich in dieser Zeit beide Orte besucht, aber die Gelegenheit dazu bot sich erst später.

Zuvor hatte ich zweimal Shri Harikaka Gosawi an seinem Wohnort in der Nähe von Belgaum aufgesucht. Auch ihn begleitete derselbe Ruf wie die beiden letztgenannten. Ich stellte ihm eine Frage in bezug auf die schwerwiegenden Steuer-

[18] Indischer Brauch sehr verehrungswürdigen Personen gegenüber.

probleme meines Vaters. Seine Antwort überzeugte uns nicht, und wir glaubten dafür unsere triftigen Gründe zu haben. Angesichts dessen war es für uns einfach nicht möglich, ihm zuzustimmen. Letzten Endes erwies sich seine Vorhersage buchstäblich bis ins Detail als richtig. Prompt schrieb ich ihm daraufhin. Kurz danach kam er wieder nach Belgaum, wo ich ihn sofort aufsuchen wollte. Durch besondere Umstände kam es aber nicht dazu. Erst später, gegen 1969, als er wieder einmal in Belgaum war, ging ich zu ihm. Ich verneigte mich ehrerbietig vor ihm. Er sprach zu mir: „Du kannst mich um alles bitten, was du wünscht." Darauf antwortete ich: „Durch die Gnade meines Param Sadguru erfreue ich mich an allem im Überfluß. Selbst wenn Sie mir mittels der Wirkung ihrer Fähigkeiten das Königreich aller drei Welten anbieten würden, verlange ich nicht danach." Dann fragte er mich: „Warum bist du gekommen?", worauf ich antwortete: „Nur um Ihnen meine Ehrerbietung zu erweisen." Er deutete auf all die Leute um sich herum und sagte zu mir: „Alle diese hier versammelten Menschen sind wie eine Schafherde." Er griff nach vielen Früchten, die er mir liebevoll als Prasad in meine Hand legte. Als ich das Treppenhaus hinunterstieg und schon fast den Haupteingang erreicht hatte, kam jemand auf mich zu: „Sie werden nochmals zurückgerufen." Ich kehrte wieder um. Nochmals gab er mir reichlich Prasad. Dann legte er väterlich seine Hand auf meinen Kopf mit den Worten: „Das Mittagessen ist gerade fertig. Bleib noch zum Essen da, und nimm es als Prasad von mir." Seinem Wunsch gehorchend, blieb ich gern.

Von Shri Shreedhar Swamiji erhielt ich erstmals 1960 Sadhana. Diese Anweisungen befolgte ich regelmäßig, erzielte jedoch damit keinen Erfolg. Später versuchte ich zweimal Shreedhar Swamiji in Poona aufzusuchen. Jedesmal konnte ich ihn nicht erreichen. Ich finde es der Mühe wert, das Ereignis zu erwähnen, als ich das erste Mal Darshan bei Shreedhar Swamiji hatte. Das war am 21. Februar 1960, dem Dasnavami,[19] im Maruti-Tempel. Swami befand sich im

[19] Indischer Feiertag.

Obergeschoß, während eine Anzahl seiner Schüler unten wartete. Sie teilten mir mit: „Auch bei dir kann keine Ausnahme gemacht werden, den Swami während seiner Morgenandacht zu stören." Ich entgegnete: „Ich habe nicht vor, den Swami zu stören. Weder möchte ich ihm Fragen stellen, noch irgendwelche Anliegen vortragen oder mich gar mit ihm unnützerweise unterhalten. Ich möchte ihm meine Ehrerbietung erweisen und ihm bei dieser Gelegenheit einige Früchte überreichen. Wollen Sie dem Swami bitte diese Mitteilung überbringen?" Swami erhielt sie und fragte sogleich nach meinem Namen und der Wohnung. Wie gewöhnlich trug ich Oberhemd und Hose. Ich ging hinauf. Swami saß auf dem Boden. Ehrfürchtig verneigte ich mich vor ihm und übergab mein bescheidenes Mitbringsel. Swamiji war hocherfreut. Er lächelte, segnete mich und seine Worte waren: „Sei glücklich, sei gesegnet." Mein Herz war voller Freude. Ich sprach kein einziges Wort. Es waren noch andere Schüler von ihm gegenwärtig. Er wendete sich ihnen zu mit den Sätzen: „Ich sagte zu ihm: Sei glücklich, sei gesegnet; beides." Mit Prasad kehrte ich nach Hause zurück.

Ich erfuhr, daß Swami vorhatte, einer größeren Anzahl von Schülern die Initiation (Einweihung) zu geben. Am 26. Februar brachte ich ihn mit dem Auto zu uns. Wir bereiteten ein Puja[20] vor und feierten zusammen. Vor der Abreise umarmte der Swami Nana sehr liebevoll. Es war eine sehr rührende Szene. Ich trug mich ein zur Initiation. Am 27. Februar war es dann so weit. Mit Kumud und unserer Tochter Geeta, die gerade erst sechs Jahre alt war, wurden wir als Swamis Schüler initiiert. Es waren noch weitere Ehepaare gekommen. Einer der anwesenden Schüler bedeutete Swamiji: „Dieses Mädchen war während der ganzen Initiation anwesend." Swami erwiderte mit Bedacht: „Es lag in ihrem Schicksal!" Seitdem gebrauchte auch Geeta das gegebene Mantra.

Ich dachte daran, Akalkot und Ganagapur zu besuchen. In etlichen Artikeln des Magazins ‚Mauli' las ich einige Beson-

---

[20] Zeremonielle Festlichkeit.

derheiten über Param Sadguru SHREE GAJANAN MAHA-
RAJ, was meinen Entschluß noch verstärkte. Das Magazin
brachte aber auch interessante Berichte über Shri Gulawami
Maharaj aus Poona. Einige Artikel waren von Nyayaratna
Vinod aus Poona geschrieben. Mein Vorhaben stand fest,
auch diese beiden aufzusuchen. Nach und nach ergaben sich
zusätzliche Informationen, die mich veranlaßten, in Poona
auch noch Shri Joshi Kaka vom Vasudevanant-Saraswati-
Tempel in die Besucherliste aufzunehmen.
Einer meiner Freunde, den ich seit meiner Kindheit kannte,
war auch an Adhyatma interessiert. Er war zwanzig Jahre
älter als ich und hieß Ranganath Joshi. Ihm erzählte ich von
meinem Vorhaben, nach Poona und Akalkot zu fahren und
nicht eher zurückzukehren, als bis ich Sadguru gefunden hatte. Er nahm das nicht ernst. Auf mein freiwilliges Anerbie-
ten hin, alle Kosten zu tragen, war er bereit, mich zu begleiten. Es war ausgemacht, alle zuvor genannten Personen zu
besuchen, in der Hoffung, unter ihnen Sadguru zu finden.
Ebenso war der Besuch in Ganagapur beschlossene Sache.
Zuerst besuchten wir Nyayaratna Vinod mit einiger Litera-
tur von ihm. Monate später gab er mir Sadhana, die ich einige Jahre lang praktizierte.
Der nächste Besuch galt Shri Vamanrao Gulawani Maharaj.
Wir erzählten ihm, daß wir noch keinen großen Fortschritt
mit Adhyatma erzielt hätten. Darauf erkundigte er sich, von
wem wir Sadhana erhalten hätten und fragte auch: „Haben
Sie das Hindibuch „Yogvani" gelesen?" Wir verneinten,
worauf er entgegnete: „Lesen Sie dieses Buch zuerst, und
kommen Sie dann zwecks weiterer Unterweisungen wieder
hierher." Ich sagte zu ihm: „Wir verstehen kaum Hindi
(Landessprache) und würden es daher vorziehen, ein anderes Buch in Marathi zu lesen." Er bemerkte: „Dieses Buch ist
in sehr einfachem Hindi geschrieben und leicht verständlich."
Damit war diese Begegnung zu Ende und eine andere Gelegenheit hatte sich nicht mehr ergeben. Längere Zeit später
bestellte ich das genannte Buch.
Man erzählte uns einiges über Parnerkar Maharaj von Indore.

46

Wir standen uns noch nie gegenüber, korrespondierten aber miteinander. Auf meinen ersten Brief kam die prompte Antwort: „Setze deine jetzigen geistigen Übungen fort. Gott ist liebevoll. Er weiß alles. Habe unbeirrbares Vertrauen in ihn." Parnerkar Maharaj riet mir damals, einen Smaragd zu tragen, und meinem älteren Bruder Prabhakar zu einem Topaz. Dementsprechend kauften wir von ihm zwei Ringe zum Preis von sechshundert Rupien. Er hatte uns nicht gefragt, welche Art von Sadhana wir übten.

Wir gingen zu Shri Joshi Kaka in Poona. „Wo und wann finden wir einen Sadguru? Wir sind auf der Suche nach ihm", war unsere erste Frage. Er hörte sich unsere Geschichte aufmerksam an. Sehr zufrieden darüber fragte er mich: „Wie alt sind Sie?" „Fünfunddreißig", antwortete ich ihm. Dann bemerkte er: „Ihre Sehnsucht nach dem Allmächtigen in diesem Alter ist einfach verehrungswürdig. Ich werde Ihnen nicht sagen, wohin Sie gehen sollen, aber Ihre Suche wird von Erfolg gekrönt sein." Wir wurden von ihm zum Tee eingeladen und erfuhren einige interessante Begebenheiten. Danach fuhren wir direkt nach Akalkot.

Im Zug sah ich mich nach jemandem um, der uns sagen konnte, ob Param Sadguru SHREE GAJANAN MAHARAJ in seinem Math anwesend sei. In Sholapur stiegen zwei Herren in unser Abteil. Sie wollten nur einige Stationen weiterfahren. Das Guru-Purnima-Fest war gerade vorüber. Wir erfuhren von den beiden, daß SHREE anwesend sei, und waren darüber entzückt. In Akalkot-Road stiegen wir aus. Von hier betrug die Entfernung noch etwa sieben Meilen. Der Bus war bereits abgefahren. Die Dämmerung brach bereits herein und wir erfuhren, daß es weder Rikshas noch Tongas[21] zu mieten gäbe. Schließlich engagierten wir einen Kuli[22] und baten ihn, uns zu einem annehmbaren Hotel zu bringen. Unterwegs erwähnten wir ihm gegenüber, daß wir wegen eines Darshans bei SHREE GAJANAN MAHARAJ gekommen seien. Er in-

[21] Pferdewagen.
[22] Lastenträger.

formierte uns daraufhin, SHREE MAHARAJ wohne im Balappa-Math, und dort gäbe es auch Übernachtungsmöglichkeiten. Dort angekommen, erfuhren wir, SHREE sei da, nahmen unser Gepäck und gingen die Treppe hinauf. Nach kurzer Zeit wurden wir zum Essen eingeladen. Wir wußten gar nicht, daß man im Math auch verpflegt wurde, und hatten daher bereits im Zug gegessen. Nun erkundigten wir uns sehr genau, wo SHREE jetzt zu finden sei. Man sagte uns: „Während ihr zum Math hereinkamt, war SHREE an der Tür Seines Raumes und segnete euch." Keiner von beiden hatte es bemerkt. Später erfuhren wir, daß es Shri Mahadevappa Shabade war, der uns so freundlich bei allem behilflich war. SHREE hatte sich bereits in seinen oberen Raum zurückgezogen. Da wir für den nächsten Tag einen Besuch in Ganagapur vorgesehen hatten, brachten wir den Wunsch vor, eventuell doch noch SHREE's Darshan zu haben. MAHARAJ SHREE lud uns zu sich in den oberen Raum, der wunderschön dekoriert war. Auffallend einfach, aber alles sehr harmonisch angeordnet. SHREE saß auf dem schneeweißen Bett. Voller Ehrfurcht verneigten wir uns vor Ihm und setzten uns dann. Mein Freund stellte uns vor. Dann sagte ich: „Mein Name ist Ratnakar Ramrao Nargundkar aus Belgaum." Ich bin als Versicherungsagent beschäftigt. Wir kommen jetzt aus Poona. Ich bin überzeugt, daß ich durch Ihr Wohlwollen und Ihren Segen Selbstrealisierung erlangen kann. Deshalb bitte ich Sie um Ihren Segen und Ihr Wohlwollen." SHREE segnete mich und erkundigte sich, ob wir von irgend jemandem Mantra-Sadhana erhalten hätten. Ranganath antwortete verneinend. Ich erzählte von der Initiation bei Swami Shreedhar. Dann sagte SHREE:

Heute ist Dienstag, können Sie bis Donnerstag hier bleiben?

Der Inhalt meines Geldbeutels hatte schon ziemlich abgenommen. Bevor wir unseren Fuß aus dem Hause setzten, war es beschlossene Sache, Ganagapur zu besuchen. Es

48

war an sich nicht möglich, auch nur einen einzigen Tag länger zu bleiben. Ich blieb ruhig. Ranganath antwortete jedoch prompt bejahend. Als wir von SHREE's Raum zurückkamen, sagte er mir: „Mach dir keine unnützen Sorgen, ich habe noch etwas Geld bei mir." Bis dahin wußte ich von seinem Geld nichts. Außerdem wollte ich ja sämtliche Unkosten tragen.

Am Donnerstag ging mein Freund mit einigen Leuten in die Stadt. Ich blieb allein im Math. Gegen fünf Uhr abends kam jemand zu mir und fragte: „Wo ist ihr Begleiter? SHREE ruft ihn zu sich." Ich erwiderte: „Ich bin nicht sicher, wann er zurückkommt. Bitte fragen Sie SHREE, ob ich an seiner Stelle kommen darf." Nachdem er sich nach einer Weile noch einmal vergewissert hatte, daß mein Freund nicht da sei, dachte ich, SHREE ruft mich. Er sagte jedoch: „SHREE rief ihn ganz speziell. Sie sollen jetzt noch nicht kommen."

Als Ranganath abends zurückkam, erzählte ich ihm zunächst nichts. Nach dem Abendessen begab sich SHREE in seinen Schlafraum nach oben. Mein Freund sandte eine Nachricht an SHREE in Seinen Raum. „Sie hatten versprochen, uns am Donnerstag Antwort auf unsere Frage zu geben, haben uns aber noch nicht rufen lassen. Es scheint, als hätten Sie es vergessen. Können wir zu Ihnen kommen?" SHREE ließ daraufhin mitteilen:

Wir[23] vergaßen es nicht. Sie wurden gerufen, waren aber nicht anwesend. Sie können Ihren Begleiter aus Belgaum fragen. Es ist nicht notwendig, jetzt nach oben zu kommen. Wenn Sie nächstens kommen, werden Wir Ihre Frage erörtern.

Danach gab es keinen Anhaltspunkt mehr, an SHREE noch weitere Fragen zu richten. Mein Freund besuchte Akalkot nie mehr. SHREE war viermal in unserem Haus, aber mein Freund fand nicht einmal die Zeit zu einem Darshan. Viel-

---

[23] SHREE spricht von sich immer: „Wir". Im Marathi wird kein „ich" verwendet.

leicht hatte der Allmächtige das alles nur so eingerichtet, mich SHREE gewiß erreichen zu lassen.

Am nächsten Tag fuhren wir, wie geplant, nach Ganagapur. Wir erreichten den Ort erst in der Finsternis. Unser Gepäck brachten wir solange bei einem Priester unter, besuchten den Tempel für ein Darshan und kamen gleich wieder zum Haus zurück. Es gab in Ganagapur eine Menge umherstreunender Hunde. In der Dunkelheit trat ich einem von ihnen unabsichtlich auf den Schwanz. Aufjaulend biß er mich ins Bein. Sofort suchten wir einen Arzt auf, der auch gleich Erste Hilfe leistete. Nach Belgaum zurückgekehrt, waren noch weitere vierzehn Injektionen bis zur völligen Heilung erforderlich.

An ein Ereignis kann ich mich noch besonders erinnern, zumal es während unseres Aufenthaltes in Akalkot geschah. Während wir uns im Math aufhielten, kam ein Herr aus Goa an. So nebenbei erfuhr ich aus der Unterhaltung, daß er einen ansehnlichen finanziellen Verlust erlitten hatte. SHREE riet ihm, etwa sechs Monate dazubleiben. Er war sehr gespannt darauf, etwas über unser Gespräch in SHREE's Raum zu erfahren. So erzählte ich ihm: „Ich begehrte Selbst-Realisierung von SHREE." Da platzte er heraus: „Auch Sie haben großen finanziellen Verlust erlitten. SHREE könnte Ihnen jeden Geldbetrag ermöglichen, wenn Sie Ihn darum gebeten hätten. Sie haben drei Kinder. Warum brachten Sie in diesem Alter so ein unsinniges Anliegen vor SHREE? Sind Sie denn verrückt geworden?" Mit Entrüstung entgegnete ich ihm: „Ich habe genug Erfahrung von dieser Welt und auch nicht meine Sinne verloren. Wenn ich verrückt werde, so muß ich dabei feststellen, daß ich dem Allmächtigen doch einen Schritt nähergekommen bin, außerdem bin ich absolut überzeugt davon, SHREE das richtige Anliegen vorgetragen zu haben." Er erwiderte: „Diese Dinge sollten erst im Alter praktiziert werden. Jetzt ist die Zeit, Geld zu verdienen." Darauf entgegnete ich ihm: „Niemand weiß, wie alt er wird, daher sollte man so früh als möglich beginnen." Dazu hatte er keinen weiteren Kommentar.

Später unternahm ich einige Reisen nach Akalkot. Dann brachte ich die eine oder andere Frage für Prabhakar vor. Soweit ich mich erinnern kann, stellte ich nicht eine Frage, mich oder mein materielles Wohlergehen betreffend. Bei solch einer Gelegenheit machte SHREE die Bemerkung:

Warum stellst du derartige Fragen, wo Wir dich doch in ein Meer der Ruhe und des Friedens umwandeln können?

Diese einfache Bemerkung rüttelte mein Bewußtsein wach, und ich sagte: „Ich bitte freundlichst um Nachsicht, wenn es nicht ganz richtig war, ich wünsche nichts so sehr, als direkt zu erfahren, daß ich niemand anders bin, als die allgegenwärtige höchste Seele des Allmächtigen. Ich sehne mich nach Selbst-Realisierung. Dieses ist meine innigste Bitte." SHREE segnete mich und wies mich an, mich in jedem Moment ständig Seiner zu erinnern.

In jener Zeit reiste ich viel nach Poona, Akalkot und Ganagapur. Viele Sanyasi, Gurus, Yogi, Eingeweihte und Heilige hatte ich in unser Haus eingeladen und ich las täglich in den heiligen Schriften.

Eines Tages kam meine liebe Mutter mit Kumud die Treppe herauf, in meinen Raum. Mutter litt an Rheumatismus, und so war es etwas anstrengend für sie. Normalerweise kam sie nie hier herauf, daher war ich sehr überrascht, als sie plötzlich erschien. Irgend etwas mußte wohl geschehen sein. Nachdem sie sich gesetzt hatte, sprach sie in sorgenvollem Ton: „Ich möchte einige wichtige Dinge mit dir besprechen, deshalb bin ich hier." Sogleich war ich aufmerksam gespannt, – „Kumud hat nicht den Mut, dir dieses zu sagen, und sie befürchtet, du würdest ihren Worten keine besondere Beachtung schenken. Ich bin nun alt, und so solltest du mir ein Versprechen geben. Du schwimmst allmählich weg. Deine Aktivitäten erscheinen für uns nicht ermutigend. Die Kette deiner Maharajas und Sanyasis ist ohne Ende. Deine Frau hat keine genügende Ausbildung. Sie wäre nicht in der Lage, allein für sich und die Kinder zu sorgen. Die Kinder sind

51

außerdem noch klein. Eines Tages wirst du das Haus verlassen, um der Familie völlig zu entsagen. Du solltest ausreichende Vorsorgemaßnahmen treffen, dann würde Kumud beruhigter sein und schließlich nichts dagegen haben." Ich beruhigte sie beide wieder und erklärte ihnen: „Seid nicht in Sorge. Mein Ziel ist nicht, ein Asket zu werden und die Familie zu verlassen. Meine Suche gilt Sadguru, um von ihm Sadhana zu erhalten. Wo immer ich auch hingehen werde, stets werde ich bald zurückkehren." Darüber waren beide hocherfreut. Gott alleine kann ermessen, mit welchem Kummer und Sorgen sich Kumud abmühte. Bis zu diesem Tag bin ich nicht sicher, ob Kumud sich mit diesen Bedenken plagte, oder meine Mutter in ständiger Sorge war, vielleicht auch beide in dieser Angelegenheit häufige Beratungen abhielten.

6. Mein Nirvikalpa Samadhi und SHREE's ambrosische Unterweisungen

Oft benutzte ich SHREE's Namen, ihn vor mich hinsingend, um mich Seiner zu erinnern. Manchmal übte ich sogar bis spät in die Nacht hinein. In der Nacht zum 15. Juni 1964 lag ich in meinem Bett in unserer Wohnung in Belgaum und sang gerade wieder SHREE's Namen vor mich hin. Zwei Lämpchen standen in der Nähe vor SHREE's Fotografie. Sie gaben dem Raum eine spärliche Beleuchtung. Da, ganz plötzlich und ohne jegliches Vorzeichen, hörte ich deutlich SHREE's Stimme:

Beobachte ES! Beachte ES sorgfältig. Du mußt ES verwirklichen!

Dreimal fühlte ich einen Atemhauch in Höhe der Nasenwurzel. Irgend jemand hatte jetzt die Kontrolle über meinen Körper. Mein Atem war kaum noch spürbar. Mir eröffnete sich höchste seherische Schau: − SAMADHI !
In dieser gewaltigen kosmischen Vision war ein brillantes, überirdisches Licht, ein unendliches Meer der Seeligkeit, voll Ruhe und Frieden. Gigantische Wellen bläulichen sanften Lichtes, und augenblicklich tauchte ich als eine dieser Wellen ein und wurde selbst zum Meer. In einer halben Minute hatte ich N I R V I K A L P A − S A M A D H I erreicht. Gesehenes und Seher waren Eins geworden ! !
Wenige Zeit danach kam die normale Empfindung zurück, zuerst in den Füßen. Der Atem wurde wieder normal. Schnell sprang ich aus dem Bett, schaltete das Licht an und suchte SHREE vergeblich überall im Zimmer. Meine Frau Kumud und die Kinder schliefen fest. Ergriffen warf ich mich vor SHREE's Foto nieder. Ich hatte die höchste kosmische Schau erlebt. Niemand würde es mir glauben. Noch einmal

vergegenwärtigte ich mir das eben Erlebte und versank in Glückseligkeit bis zum frühen Morgen. Mein Gefühl drängte mich, SHREE sobald als möglich aufzusuchen. Er hatte unser Haus in unsichtbarer Form besucht! Er war in feinstofflicher Gestalt in meinem Körper! SHREE hatte mir versichert:

Wir wandeln dich um in ein Meer der Ruhe und des Friedens

und überraschend hatte er sein Versprechen gehalten. Erst etwa sechs Wochen später konnte ich nach Akalkot fahren. SHREE sah mich zum Eingang hereinkommen. Ich blickte zu Ihm hin. Lächelnd stand er da und schwenkte wellenförmig die Hand über Seinem Kopf. Damit erinnerte Er mich an das Erlebnis, das mir von Ihm geschenkt worden war. SHREE schwenkte seine Hand wie ein Schiedsrichter, der eine besondere Situation erklärt. Voll tiefer Dankbarkeit warf ich mich vor Ihm nieder.

Jetzt hatte ich die Erfahrungen der Schriften und Gurus an mir selbst erlebt. SHREE hatte mir durch dieses wellenförmige Schwenken Seiner Hand die Rückversicherung gegeben.

Später, als ich sah, daß SHREE frei war, erzählte ich Ihm die ganze Begebenheit. SHREE sagte, er hätte mir diese Erfahrung mit ganz bestimmter Absicht zuteil werden lassen. Es war keine Illusion. Ich war bei vollem Bewußtsein. Oft saß ich später in SHREE's Nähe, wobei er ab und zu einige Bemerkungen machte:

Heute bist du an einen Platz gekommen, wo dich weder Regen noch praller Sonnenschein belästigen können. Du bist unter dem Schatten eines Baumes und brauchst dir keine Sorgen zu machen. Wir halten Unsere Hand über deinen Kopf. Niemand wird es wagen, dich zu belästigen. Du hast Unseren Schutz.

Ich hatte ein paar Sandalen aus Sandelholz für SHREE anfertigen lassen. Der Kunsthandwerker hatte einige geschnitzte

54

Verzierungen angebracht. Da ich meinte, die Schnitzerei
könne bei längerem Tragen die Haut an den Füßen wundrei-
ben, ließ ich noch ein zweites Paar anfertigen. Beide überreichte ich SHREE. Die glatten Sandalen wurden im Obergeschoß des Tempels sichtbar aufbewahrt.

*Wir sind Fußgänger, deshalb hast du Uns Sandalen ge-
schenkt. Darauf stehen Wir in feinstofflicher Form.*

Bei einer anderen Gelegenheit sagte SHREE:

*Wir wollen dir eine besondere Wohltat erweisen. Du
magst um alles bitten, was dir beliebt.*

Ich bat jedoch um nichts. Am Abend wiederholte SHREE
seine Worte. Abermals bat ich ihn nicht. Ich konnte nicht verstehen, warum SHREE darauf bestand, daß ich von Ihm etwas erbitte sollte. Auch am folgenden Tag waren SHREE's
Worte erneut:

Wir haben den Wunsch, daß du dir etwas von Uns erbittest.

Wiederum tat ich es nicht. Aber schon nachmittags darauf
wiederholte Er:

*Wir wollen dir eine besondere Wohltat erweisen. Wenn
du dir ein Haus wünscht, könntest du es erhalten. Du
kannst um alles fragen.*

Noch immer beharrte ich auf meiner alten Einstellung. Für
einen Moment war ich völlig ratlos und schritt den äußeren
Flur auf und ab. Ich dachte auch, SHREE wollte mich prüfen. Mir fiel absolut nichts ein, um was denn zu bitten sei.
Schließlich ging ich in seinen Raum zurück und sagte: ,,Ihr
habt mir die gewaltige kosmische Schau geschenkt, wenn Ihr,
davon abgesehen, meint, ich sollte etwas für den materiellen
Wohlstand erbitten, dann . . . '' Ich hatte zu guter Letzt
doch um eine Verbesserung meiner finanziellen Situation ge-

beten. SHREE konstatierte meinen Wunsch mit einem geheimnisvollen

Ja.

Selbst bis zum heutigen Tage gerate ich in ziemliche Verlegenheit, wenn ich diesen Tag in meine Erinnerung zurückrufe. Ich hatte versagt! Es war meine Prüfung.
Später sagte SHREE zu mir:

Sei unbesorgt. Hier kannst du dieses und auch das andere haben. Wir beschenkten dich mit der segensreichen kosmischen Schau. Wir gaben dir alles. Niemand kann dich dieser Dinge berauben. Sie sind in deinem Griff.

Danach blieb ich noch für einige Tage in Akalkot. Wahrscheinlich wäre ich noch einen Monat geblieben.
Jedem erzählte ich, was sich zugetragen hatte. An SHREE erinnerte ich mich zu jeder Zeit. Tag und Nacht. Das Essen wollte nicht mehr so recht schmecken; denn den Stein der Weisen, der in meine Hand gegeben worden war, konnte ich nicht erkennen. Infolge dieser göttlichen Erfahrung war mein Denken nicht von Voreingenommenheit freigeworden. Das verwirrte mich völlig. Schließlich wußte ich nicht mehr, was ich tun sollte. Selbst der Schlaf wollte sich nur noch selten einstellen. Unaufhörlich verwarf ich mein Tun, bis ich eines Tages zu meiner Frau sagte: ,,So kann ich nicht länger leben. Es ist, als wäre ich bereits nicht mehr lebendig.'' Ich glaubte, ich sei bereits an der Grenze des Wahnsinns. Ständig schlug mein Gewissen wegen des so schwerwiegenden Fehlers, den ich begangen hatte, und es erschreckte mich sehr. Immer mehr erfüllte mich auch Besorgnis, ob es im Leben noch einmal eine Chance für mich geben würde. Das war mein einziger Hoffnungsschimmer. Zwei Wochen lang schlief ich sehr schlecht. Mein Kopf war wie taub. Da, am fünfzehnten Tag, als ich wieder ruhelos im Bett lag, hatte ich eine Vision. Ich sah SHREE, wie er liebkosend mit seiner Hand über meinen Kopf streichelte. Dann muß ich wohl für etwa sechs Stunden

geschlafen haben. Völlig erfrischt wachte ich auf und war befreit von aller Anspannung. Hocherfreut darüber packte ich meine Koffer und fuhr nach Akalkot, wo ich SHREE dann alles erzählte.

Ich bereute noch immer sehr, SHREE ein solches Anliegen vorgetragen zu haben und sagte: „Ich habe einen Fehler gemacht. Ihr wolltet mir eine große Wohltat erweisen und wünschtet, ich sollte Euch um etwas bitten. Statt desssen schwieg ich zwei Tage, weil ich nicht verstanden hatte. Vielleicht habe ich jetzt kein Recht, irgend etwas zu erbitten. Jedoch erlaube ich mir demütigst, ein neues Anliegen zu Euren Füßen zu legen. Ich möchte direkt erfahren, daß ich niemand anders bin, als die allgegenwärtige höchste Seele des Allmächtigen. Bitte helft mir, die Selbst-Realisierung zu erreichen."

Endlich hatte ich mein Gemüt bereinigt, und ich war wieder etwas beruhigter. Ich hatte keine Ruhe, bis ich nicht SHREE alles, was mich bewegte, erzählt hatte. Während meines Aufenthaltes in Akalkot wiederholte ich ständig meine Bitte. Einmal sagte SHREE:

Wir boten dir Shira[24] an. Du batest um Dung.

SHREE hatte unbedingt recht. Ich hatte einen Schnitzer gemacht. Nun war ich hilflos und mußte einen Ausweg finden. Ein Schüler kam in SHREE's Raum. In meiner Gegenwart sprach SHREE zu ihm, indem ich jedoch gemeint war:

Der Mensch macht keine Fortschritte wegen der Einflüsse früherer Leben auf seine Gedankenwelt. Wir zeigten ihm die Glorie des Yoga und wollten ihm größte Wohlfahrt erweisen. Er fiel jedoch in die vorherige Verfassung zurück. Das ist so wegen der Einflüsse aus vergangenen Leben.

---

[24] Leckerbissen, zubereitet aus Mehl, Zucker und Butterschmalz.

Zu einem späteren Zeitpunkt, es war am 21. August 1964, saß ich nach dem Darshan wieder in SHREE's Raum. An diesem Tage sagte Er:

Dieser Tag ist sehr wichtig. Wir geleiten dich an der Hand. Wir zeigten dir, was du erreichen sollst und lassen dich dort hingelangen. Du bist schon beschenkt worden mit ES. Nun ist ES in deiner Reichweite. Wenn die Zeit reif ist, wird ES in deine Hände übergeben. Zur rechten Zeit werden alle Tore geöffnet sein. Du wirst die Schale bereitstellen, die Wir dir nicht geben. Wir werden nur ES in die Schale einfüllen.

Gleich anschließend beschenkte mich SHREE mit einem sehr wirkungsvollem Mantra und unterrichtete mich, welche visuelle Konzentration und welcher Gesichtsausdruck beizubehalten sind; ebenso die genaue Position für die Meditation. SHREE riet mir, das Mantra Tag und Nacht zu üben.

Es kann mit geschlossenen oder offenen Augen geübt werden, beim Spazierengehen oder beim Ruhen.

In mir breitete sich heller Jubel aus, denn ich dachte, den Schatz verloren zu haben; aber er war noch unversehrt vorhanden. Infolge meines Schnitzers erreichte ich ES nun viel später, als ich ES sonst erhalten hätte. Nun aber gab es für mich die absolute Zusicherung, ES zu erhalten! So manche schlaflose Woche hatte ich verbracht, in dem Glauben an den großen Verlust.

Nach Erhalt des Mantra blieb ich noch etwa einen Monat in Akalkot. In den ersten zwei Wochen war ich ständig sehr müde und lag oft ruhend in meinem Zimmer, ein Buch neben mir. Vahini[25] kam zwei- oder dreimal die Treppe herauf, und als sie mich sah, erkundigte sie sich fürsorglich: „Sie schlafen noch, fühlen Sie sich unwohl?" „Gerade warf ich einen flüchtigen Blick in dieses Buch", antwortete ich ihr aus-

---

[25] Vahini: die Frau von SHREE.

58

weichend. Eine Weile später ging ich treppab um herauszufinden, wann es für mich möglich wäre, neben SHREE in
seinem Raum zu sitzen, was ich für gewöhnlich tat, wenn
SHREE nicht gerade sich seinen täglichen Andachten oder
Pflichten widmete. Gleich nach dem Erhalt der Mantra-
Sadhana von SHREE machte ich übernatürliche Erfahrungen mit der Vision von wunderschön farbigen, lichten Sphä-
ren. Es wirkte sehr lebensecht, und ich betrachtete alles mit
einiger Neugier. Hinzu kamen Erfahrungen mit dem „hörba-
ren Lebensstrom". Ab und zu hatte ich Visionen von mächtigen bläulichen Sternen, die ich hier und da scheinen sah. Ihre
Größe variierte. Sie waren hell leuchtend. Manchmal sah ich
sie sogar während eines Gespräches über der betreffenden Person. Diese Lichterscheinung war jeweils nur für einen kurzen
Moment sichtbar, aber auch in der Dunkelheit und sogar im
Badezimmer oder gar auf der Toilette. Wiederum nach einiger Zeit hatte ich die Vision hellaufleuchtender Sterne. Ich
brauchte nichts besonderes zu tun, um sie zu sehen. Sie waren da, selbst wenn ich mich nicht darauf einstellte. Plötzlich
erschienen diese Lichter, und ich erfreute mich daran. Außer
SHREE erzählte ich niemandem etwas davon.
Die ganze Zeit dachte ich, wann ich wohl meinen Schatz erhalten würde, der mir zugesichert worden war. Das waren
meine einzigen und unaufhörlichen Gedanken. Als ich eines
Tages wieder in SHREE's Raum saß, am 24. August 1964,
sagte er zu mir:

*Du brauchst dich nicht sorgen, wann du ES erhalten
wirst; denn ES ist dir bereits geschenkt worden; ein-
schließlich dessen, worum du gebeten hattest. Du er-
hältst ES zur rechten Zeit und wirst in der Lage sein,
ES dann auch anderen zu geben.*
*Von diesem Tage an sollst du dich um deine Frau und
Kinder mit gewissem Pflichtgefühl kümmern. Deine
Pflicht an ihnen wird dein Dienst an Uns sein. ES ist
dir geschenkt worden, ohne Berücksichtigung deiner
Sünden oder guten Taten. In Ausführung dessen haben*

Wir einige — zunächst ein Prozent — deiner Sünden genommen.
Wir haben deine guten und schlechten Handlungen beiseitegesetzt, Dein Weg ist klar. Dein Pfad ist geradlinig. Es gibt darauf keine Fallgruben und keine Dunkelheit, noch Furcht irgendwie zu fallen. Dies ist kein Fall, wo eine blinde Person eine andere führt und als Ergebnis beide fallen. Du bist sicher, Erlösung zu erreichen. Gibt es jemanden, der ES schenken kann, ohne Berücksichtigung deiner Sünden oder guten Taten? Wir gaben ES in deine Hände. Verglichen mit dem, was dir geschenkt wurde, ist Unmani[26] bloß eine Stufe. Lord Krishna bezeichnete ES als die Glorie des Yoga. Wenn du ES erreicht hast, kannst du seine Freuden genießen, sogar während du normale Tagespflichten verrichtest.
Welche Arbeit du auch in Zukunft tun wirst, du solltest sie ausführen als einen Dienst an Uns. Das würde bedeuten, du hättest damit alle Möglichkeiten ausgeschöpft.

SHREE wußte, was sich in meinem Gemüt zusammenbraute. Nach der segensreichen kosmischen Schau und dem Erhalt des Mantra brütete ich, wann ich die Glorie des Yoga erreichen würde. Ich hatte keine anderen Gedanken. SHREE wußte das und hatte mich demgemäß instruiert. Mir wurde versichert, daß der Pfad nicht nur erhellt, sondern auch geradlinig sei. SHREE hatte ES als Glorie des Yoga beschrieben, und ich würde ES erreichen. Als ich in Seinen Raum zurückkam, sagte Er zu mir:

Wir halten deine Hände, dich zu führen. Wir werden sehen, daß du ES erreichst. Sei unbesorgt. Unsere Hand liegt auf deinem Rücken, dich zu beschützen. Wir werden gegenwärtig sein, wenn immer du Uns brauchst.

Nach einigen Tagen:

[26] Yoga-Grad

Komm und setz dich jeden Tag hierher (in SHREE's Raum). *Du kannst alles erreichen, wenn du mit dir allein bist. Eben das ist genügend. Wir sind mit dir zufrieden. Wir haben dich gesegnet. Es gibt nichts mehr dazu zu sagen.*

Der Wohlgeruch der Blumen erfreut. Zucker schmeckt süß und erfreut. Jedoch gibt es eine davon völlig verschiedene Art der Freude. In den Schriften ist gesagt, daß diese Freude hunderte Male größere Freude sei. Du hast ES erfahren. Dieses ist das letzte Stadium der Erlösung, und ES soll erreicht werden. Anderen wurden irdische Reichtümer gegeben. Jemand erhielt hölzerne Sandalen, ein anderer eine Axt.[27] Du aber wurdest beschenkt von innen heraus, aus Unserem Herzen. Du weißt es. Dein Weg ist klar. Sei völlig unbesorgt.

Das letzte Stadium der Erlösung ist jenseits jeder Beschreibung. Worte können ES nicht erklären. Es geht über jedes Verstandes- und Begriffsvermögen hinaus und ist keiner Intelligenz erfaßbar. Wenn sich jemand rühmt, vermöge seines Verstandeswissens ES erreicht zu haben, so ist dies nicht möglich. Es braucht dazu die Segnungen eines Guru. Du bist damit begünstigt worden.

नायमात्मा प्रवचनेन लभ्य: न मेधया न बहुना श्रुतेन ॥
— (मुण्डकोपनिषत् ४-३)

(Die Seele wird weder durch Predigten, noch durch Intelligenz oder das Hören von weitschweifigen Vortragsreden erreicht.)

Mundakopanishad 4 - 3

SHREE hatte durchaus recht. Wie kann man die Seele durch die Sinne erreichen, wo sie doch jenseits dieser Bereiche liegt.

---

[27] Symbole geistigen Aufstiegs.

इंद्रियाणि पराण्याहुरिन्द्रियेभ्यः परं मनः ।
मनसस्तु परा बुद्धियों बुद्धेः परतस्तु सः ॥

—·(गीता ३-४२)

(Die Sinnesorgane sind höherstehend als das Physische;
der Verstand ist den Sinnesorganen übergeordnet; Intelligenz ist über dem Verstand stehend und die Seele steht
über der Intelligenz)

Bhagavat Gita III-2

Der Sprachbereich hat vier Ausdrucksformen. Man nennt sie
Vaikhari, Madhyama, Pashyanti und Para. Alles was über dem
Horizont von Para liegt, kann niemals mit dem Intellekt er-
faßt werden. Es braucht dazu die Segnungen eines Guru.
SHREE sagte mir am 25. August 1964:

*Die Kobra[28] gebraucht dieselben Sinnesorgane — die Au-
gen zum Hören und Sehen. Ähnlich hört und sieht der
Yogi mit den Augen. Die Kobra trägt ein Juwel auf ihrem
Haupt. Dieses strahlt Licht aus. Wenn sie das wahrnimmt,
ist sie hocherfreut. Sie dreht sich herum, um sich noch
mehr erfreuen zu können. Wenn sie sich aber dreht, so
dreht sich auch das Licht mit. Wieder wendet sich die
Kobra, aber ebenfalls das Licht. Die Kobra bewegt sich
im Zick-Zack, bekommt aber das Licht nicht voll zu
sehen.*

*Diese Kobra lebt, solange es ihr beliebt. Wenn ihr Körper
alt wird und sie fühlt, er würde nicht mehr arbeiten,
unterzieht sie ihn aus eigener Kraft einem verjüngenden
Verschmelzungsprozeß. In ähnlicher Weise ist der Yogi
unsterblich. Er kann leben, solange er wünscht, oder
willentlich seinen Körper abstreifen. Trotzdem erfreut
er sich ewiger Glückseligkeit. Dieser Seligkeit des Lichtes
erfreut er sich. Durch sein Haupt strahlt Licht aus. Die
Intensität ist viele Male größer als das Juwel der Kobra.*

---

[28] Kobra: geistige Kraft in der Wirbelsäule.

Es ist so ähnlich, als wenn eine Neonlampe durch sehr helles Sonnenlicht überstrahlt wird. Die Kobra fühlt sich dann von dem Yogi angezogen. Sie hält ihr Haupt über dem Kopf von Lord Shiva, denn sie erfreut sich nun der Seligkeit des Lichtes. Dies gibt ihr viel mehr Freude, als sie durch ihre eigene Ausstrahlung erlangt hätte. Wenn man alles in Erwägung zieht, kann man das als den Ganges[29] bezeichnen.

Zwei Personen mit ähnlichem Charakter oder gleichen Gewohnheiten finden zusammen. Ein Kinoliebhaber und ein Schauspielliebhaber können nicht zusammenkommen. Zwei Personen, die es lieben, zur Preisung des Allmächtigen irgendwo zuzuhören, können zusammenkommen. In ähnlicher Weise kommen Menschen, die den gleichen Wunsch haben, zu den Yogis und werden deren Schüler. Lord Krishna befreite sich vom Körperhaften, ebenso Lord Ramachandra. Lord Krishna machte Udhava unsterblich und Lord Ramachandra Hanuman. In ähnlicher Weise befreit sich der Yogi vom Körperhaften und macht seine Schüler unsterblich. Dies ist Unsere Segnung.

Ein Porzellan-Löwe, der im Tempel aufbewahrt wurde, zerbrach, als eine Katze gegen ihn stieß. Deshalb bat ich meine Mutter brieflich, einen silbernen Löwen und einen handgeschnitzten Elefanten zu besorgen. Bald darauf erhielt ich beides in einem Paket zugesandt. Am gleichen Abend sagte SHREE zu mir:

Erinnere dich, daß der Elefant und der Löwe zur gleichen Zeit und im selben Paket ankamen. Sie sind Feinde, lagen aber im gleichen Paket nebeneinander. Daraus sollte gelernt werden, Dualität aufzugeben und Einheit anzunehmen. Dieser Wonne sollte man sich erfreuen, Freund und Gegner zu vereinen. Die Unterschiede zwischen Glück und Sorgen, heiß und kalt sollen vergehen. Sei unbesorgt

---

[29] Nach der indischen Mythologie entspringt der Ganges (indischer Fluß) dem Haupte Shiva's.

und ohne Furcht. Unser Wohlwollen ist immer da, dich
zu beschützen und zu führen.
Du brauchst von niemandem etwas zu lernen. Du hast di-
rekte Erfahrung. Diese Erfahrung kann geschenkt werden,
aber du solltest ES jetzt selbst erreichen. Es besteht keine
Notwendigkeit, Bücher zu lesen. Diese Freude kann nicht
beschrieben werden. Du brauchst auch niemanden über
diesen Zustand auszufragen. Es ist ein Zustand, bei dem
sich alle Widersprüche begegnen und miteinander ver-
schmelzen. Elefant und Löwe, die geschworenen Feinde,
reisten miteinander im gleichen Paket. Daraus solltest du
alles lernen. Sei unbekümmert und furchtlos. Dies ist Un-
sere Segnung.

Ich sagte zu SHREE: „Mein einziges Ziel ist, meine Sadhana
zu intensivieren und diesen Zustand so bald als irgend möglich zu erreichen." SHREE antwortete:

Niemand auf der Erde kann sagen, er könne diesen Zu-
stand zeigen und es dementsprechend tun.

Darauf sagte ich zu SHREE: „Ich schätze mich sehr glücklich,
von Euch gesegnet zu sein. Während ich die sechs Kapitel aus
dem Ganyaneshwari las, fragte ich mich, ob ich wohl jemals
einem Heiligen begegnen würde, der mir diesen Zustand zeigen
könnte. Mein Wunsch ist erfüllt worden. Jetzt muß ich ES
erreichen."
SHREE sagte:

Dein geistiges Leben hat hier begonnen.

Und am 28. August 1964:

Die Kobra[30] ist ein bißchen gewandert. Ihre Füße waren
durch Dornen verwundet. Sie konnte das Licht nicht se-
hen und den Ort nicht finden. Schließlich fand sie den
Ort und kam hierher. Sie will sich unter keinen Umstän-
den mehr von hier entfernen.

---

[30] SHREE benützte das Wort Kobra an meiner Stelle.

Fahre fort, dein Mantra zu jeder Zeit zu üben. Vergiß es nicht. Nimm die korrekte Mudrahaltung ein, und konzentriere deinen Blick beim Üben des Mantra auf die Nasenspitze. Du wirst wundervolle Erfahrung haben, eines nach dem anderen. Übe unaufhörlich das Mantra beim Kommen und Gehen und wenn immer du frei bist. Fortan lies keine Bücher mehr. Du hast genug gelesen, aber es ist ohne Nutzen. Du solltest direkte Erfahrung haben. Versuche dein Bestes, das Mantra Tag und Nacht zu üben. Es ist sehr wichtig.
Du brauchst dir über nichts Gedanken zu machen. Alles wurde dir geschenkt. Es ist nichts übriggeblieben, was noch zu schenken wäre. Nach und nach wirst du alles erhalten.

SHREE hatte den Weg geebnet. Er hatte mich unterwiesen in Mudra, Konzentration, Meditation und Mantraübungen. Ich hatte ein neues Leben zu führen – SHREE zu dienen.

Einige Zeit später besuchte ich Akalkot mit meiner vollzähligen Familie. Mein jüngster Sohn Girish war gerade erst drei Jahre alt. Bevor wir SHREE's Raum betraten, hatten wir ihn instruiert, sich vor SHREE zu verbeugen. Aber vergeblich. Wir verneigten uns vor SHREE und setzten uns dann. Als wir Girish bedeuteten, sich auch zu verbeugen, sagte er laut: „Ich will nicht!" Wir sagten es ihm nochmals, aber er stand nicht auf. SHREE sagte:

„Laßt es sein. Laßt es sein".

Wir überredeten Girish nicht, weil wir fühlten, er war nicht in der Stimmung, auf uns zu hören. SHREE sagte:

Wir stehen hinter dir, um dich zu beschützen. Wir kamen nach Belgaum in dein Haus. Du hast Uns sehr deutlich gehört.

65

Sobald SHREE diese Worte aussprach, sprang Girish plötzlich vom Schoß seiner Mutter und verbeugte sich sehr artig vor SHREE! SHREE segnete ihn und sprach:

Dieser Junge hat verstanden, was Wir gesagt haben.

SHREE fuhr fort:

Überall, wohin du gehst, sind Wir dein Rückenschutz. Wenn du nach Belgaum aufbrichst, sind Wir bereits vor dir dort. Wir sind immer mit dir. Setze deine Sadhana fort. Du wirst ES ganz sicher erreichen. Sei ohne Sorge.

Am 29. August 1964 bedeutete mir SHREE, vor Sonnenaufgang aufzustehen und meine Sadhana auszuführen und auch zwei Räucherstäbe mit mildem Wohlgeruch zu entzünden (starker Geruch könnte störende Kopfschmerzen verursachen), bevor ich mich zum Meditieren hinsetzte. SHREE sagte mir:

Sehr wenig Menschen sind so glücklich, die segensreiche kosmische Vision wie du erlebt zu haben. Am Tage dieses Erlebnisses wurdest du von weltlichen Bindungen befreit. Unser Wohlwollen sichert dir vollkommene Garantie. Sei ohne Bedenken. Du hast mit Bestimmtheit diesen Grad erreicht. Wenn die Sushumna[31] für eine Stunde pulsiert, könnte die betreffende Person nicht überleben. Dieses Pulsieren ändert sich zu jeder Stunde.
Laß dich durch kein Ereignis erschrecken und in Sorge bringen. Erinnere dich ständig an Uns, und übe dein Mantra. Du wirst DAS erreichen, was dir gezeigt wurde. Höre nicht auf die Philosophie irgendeiner Person. Es gibt für dich keine Notwendigkeit, irgendwelche Bücher zu lesen. Andererseits solltest du fähig sein, es anderen zu erzählen. Habe volles Vertauen und setze deine Sadhana

[31] Latente Kraft in der Wirbelsäule.

66

fort. Aufkommende Schwierigkeiten aus irgendwelchen Ereignissen werden überwunden. Du hast keinen Grund, dir darüber Sorgen zu machen.

Bei einer anderen Gelegenheit sagte SHREE:

Es gibt in der Apotheke eine Anzahl verschiedener Medikamente, aber ohne Doktor findet keines die richtige Anwendung. Ähnlicherweise sollte Sadhana nur von einem Sadguru angenommen werden, weil nur er alleine weiß, welches Mantra segensreich ist, und er alleine gibt dieses Mantra.
Du kannst die Sadhana, die du von Uns erhalten hast, ohne Unsere Einwilligung nicht unterbrechen. Jede Sadhana, die du dir freiwillig ausgewählt hast, kann durch deinen Willen unterbrochen oder weiter praktiziert werden. Dazu bedarf es nicht Unserer Einwilligung.

Während meines Aufenthaltes in Akalkot stand ich vor der Morgendämmerung auf, badete und ging in den Tempel, um den Morgengebeten beizuwohnen. Ich ließ auch keine Abendandacht aus, ohne jeweils vorher zu baden.
Wenn jemand entweder die vier Veden oder alle heiligen Schriften, achtzehn indische Epen oder vierundsechzig Künste studieren wollte, würde seine gesamte Lebenszeit dazu nicht ausreichen. Erfährt aber jemand Selbst-Realisierung, so besitzt er alles Wissen und weiß über alles Bescheid.

ज्ञानं तेऽहं सविज्ञानमिदं वक्ष्याम्यशेषतः ।
यज्ज्ञात्वा नेह भूयोऽन्यज्ज्ञातव्यमवशिष्यते ॥
— (गीता ७-२)

(Ich werde dir alles Wissen veranschaulichen. Wenn jemand Wissen erhält, verbleibt nichts, was es noch zu wissen gäbe.)

Bhagavad-Gita VII - 2

7. Weitere Unterweisungen

Eines Tages begab sich ein Ereignis, bei dem SHREE sehr ärgerlich mit mir zu sein schien. Vier Tage lang wagte ich nicht,
Seinen Raum zu betreten. Während dieser Tage verneigte ich
mich außerhalb Seines Raumes vor ihm und unternahm Anstrengungen, in meinem im Obergeschoß des Tempels gelegenen Raum zu meditieren. Innerhalb weniger Minuten stellten
sich Kopfschmerzen ein und die Augen brannten. Es war unmöglich, den Blick auf die Nasenspitze konzentriert zu halten. Das bedeutete das Ende der Meditation. Normalerweise
übte ich täglich drei- bis viermal. Gerade hatte ich damit angefangen und wollte hinterher Mantra üben; aber ich brütete
wieder einmal — wann würde ich die segensreiche kosmische
Vision erlangen, die mir SHREE schenken wollte.

Am 5. September 1964, während eines Darshans, sagte
SHREE zu mir:

*Wir schenken den höchsten Bewußtseinszustand nur dem
Idealschüler, und dir wurde ES geschenkt. Die ES dir ge-
schenkt haben, können ES dir jederzeit schenken, heute
oder morgen. Du solltest deshalb unbesorgt sein, wann
du ES erlangen wirst. Es ist gezeigt worden, daß ES erreicht werden kann. Es kann vollendet werden und ist im
Augenblick der kosmischen Vision geschenkt worden.*
*Praktiziere richtige Mudra-Haltung und übe dein Mantra.
Versuche den Blick auf die Nasenspitze zu konzentrieren.
Das sollte ganz natürlich und ohne jegliche Anstrengung
geschehen.*
*Ein Mensch, der heute glaubt unglücklich zu sein, wird es
auch morgen glauben. Man sollte immer frohen Herzens
sein. Wenn du JENEN Zustand erreichen möchtest, solltest du immer frohgesinnt sein. Allein der Mensch, der*

immer frohgestimmt ist, kann Uns bitten, ihn ewig glück-
lich zu erhalten.
Die Kobra ist unsterblich. Sie überwindet den Tod. Sie
sollte den Tod wünschen. Sie hat keine Intelligenz.
Du brauchst keine andere Sadhana. Habe volles Vertrauen
zu Uns! Dein Weg ist vorbestimmt. Du hast deine letzte
Bestimmung gesehen und brauchst nur dem Pfad folgen,
der zum ES führt. Dein Fall ist nicht der eines blinden
Mannes, der einen Blinden führt. Es ist auch keine Frage
von „Habt Ihr ES gesehen und könnt ES mir zeigen." Das
ist, weil du ES selbst gesehen hast.
Über deine Sadhana bewahre Schweigen. Auf diese Weise
wird es machtvoll wirksam. Laß es niemanden wissen.
Mit der Mantraübung verhält es sich ähnlich. Bücher sind
nicht vollkommen. Wie kann jemals eine Person, die we-
der ES gesehen, noch ES erfahren hat, in der Lage sein,
über ES zu schreiben? Wenn du JENEN Zustand erfährst
und in ihm verharrst, wirst du fähig sein, über jede Sache
und jedes Ding, über welches du nachsinnst, sofort Wissen
zu erlangen. Lesen ist nicht notwendig. Du kennst dann
den Inhalt der Veden und der Bücher.
Der höchste Bewußtseinszustand ist auch der Zustand, in
welchem der Mensch alle Wünsche verliert, auch Verlan-
gen, Hunger und Durst. Er kann ewig in dem Zustand
göttlicher Glückseligkeit verbleiben. Dieses ist das letzte
höchste Ziel des Menschen. Wir haben ES dir bereits ge-
zeigt.

Ich war über das Gehörte sehr glücklich, und so war es an sich
für mich nicht notwendig, SHREE zu fragen: „Habt Ihr den
Allmächtigen gesehen?" Eine Frage, die von Swami Vivekananda an Shri Ramakrishna Paramahansa einst gerichtet wurde. Shri Ramakrishna Paramahansa hatte Vivekananda nicht
nur geantwortet, daß er den Allmächtigen gesehen hätte,
sondern zu ihm gesagt: „Ich habe den Allmächtigen gesehen
und werde IHN dir auch zeigen." Es war durchaus nicht
notwendig, diese Frage an meinen Param Sadguru zu richten.

Ohne mein Zutun hatte SHREE gesagt:

Beobachte ES! Beachte ES sorgfältig. Du mußt ES verwirklichen!

SHREE zeigte mir die kosmische Vision, aber nicht nur das, sondern er schenkte mir ES. Bis ich diesen Zustand verwirklichte, würde er immer bei mir sein. Solange die neun Tore des Körpers geschlossen sind, öffnet das zehnte sich nicht, weil JENER Zustand nur mit dem dritten Auge gesehen werden kann. Lord Krishna versicherte Arjuna (in der Bhagavad-Gita): „Ich werde dir die Glorie des Yoga zeigen." Da ES nicht mit normalen Augen gesehen werden kann, schenkte er ihm da nicht die Vision des dritten Auges?

न तु मां शक्यसे द्रष्टुमनेनैव स्वचक्षुषा ।
दिव्यं ददामि ते चक्षुः पश्य मे योगमैश्वरम् ॥
— (गीता ११-८)

(Du wirst mich nicht mit deinen Augen sehen können. Ich werde dir die himmlische Vision schenken. Du kannst die Glorie des Yoga in mir sehen.)

Bhagavad Gita XI - 8

SHREE hatte mich meditieren gelehrt, doch als ich begann, erfuhr ich erst, wie schwierig die Ausführung war. Die Augen begannen zu tränen und sich zu röten. Außerdem bekam ich Kopfweh, und Gedanken bestürmten mich innerhalb weniger Augenblicke. Ich mußte erkennen, daß dieser Weg so schwierig war wie der Gang auf eines Messers Schneide; wenn nicht gar unmöglich.

क्षुरस्य धारा निशिता दुरत्यया
दुर्गं पथस्तत्कवयो वदन्ति ॥
(कठोपनिषत् १४-१)

(Die Geübten haben gesagt, daß dieser Pfad so schwierig zu begehen ist, wie auf eines Messers Schneide.)

Kathopanishad XIV - 1

SHREE erzählte mir über Lord Ashwathama am 12. September 1964 eine interessante Geschichte:

In Gadag lebte einst ein Junge, der seit der Kindheit ein übermächtiges Verlangen nach der Höchsten Seele hatte, bedingt durch den Reinigungseffekt in seinen vorhergehenden selbstlosen Leben. Er hatte den sehnlichen Wunsch, einem Menschen zu begegnen, der ihn mit Gnade beschenken würde. Eines Tages hatte er die Vision, daß in einem bestimmten Tempel ein Suchender ein Kirtan[32] vortrug. Lord Ashwathama wohnte dem Kirtan persönlich bei. Durch eine Tür kam er herein und ging durch eine andere Tür als letzter hinaus. Hereingekommen war er als erster in der Gestalt eines Mannes, um dem Loblied zuzuhören. Nach Beendigung des Kirtan trug er Reliquien rund um den Altar herum[33]. Nach der Vision besuchte dieser Junge den Tempel zu einem Kirtan. Sorgfältig notierte er, welche Personen kamen, zu welcher Zeit sie kamen, von wo sie hereinkamen und wann sie gingen. Eines Tages stand der Junge Lord Ashwathama im Wege, der als letzter den Tempel verließ. Ehrfürchtig verneigte er sich und umfing seine Füße, zu ihm sagend: „Ich weiß, Ihr seid Lord Ashwathama persönlich. Bitte segnet mich!" Lord Ashwathama erkannte, daß der Junge ein reines Herz hatte und ihn durch die Gnade Lord Narayanas erkannt hatte. Lord Ashwathama segnete den Jungen und erhob ihn aufgrund seiner Würdigkeit in den höchsten Zustand der Erlösung.

Dann wandte SHREE sich mir zu und sagte:

Du solltest ES nun erlangen.

und fortfahrend:

---

[32] Eine Erzählung zum Lob des Allmächtigen mit Gesangsbegleitung.
[33] In Indien als Pradakshana bekannt.

Später riet Lord Ashwathama dem Jungen: „Verfasse in deiner Muttersprache ein Gedicht bis zu dem Abschnitt: Lord Ashwathama war siegreich." Er segnete den Jungen, der dementsprechend zu dichten begann. In seinem Vorwort ist die Begebenheit aufgeführt. Sie beinhaltet die ganze Geschichte außer dem Teil, wo das Juwel vom Kopf des Lord Ashwathama entfernt wurde. Das ist eine wahre Erzählung. Der Tempel ist bekannt als „Veer Narayana Mandir"! So bewahre in deinem Herzen, daß Wir dir alles erzählt haben.

Als SHREE die Erzählung beendet hatte, wurde mir augenblicklich bewußt, daß SHREE mir eines Tages auftragen würde, dies oder jenes zu schreiben.
Wieder verging einige Zeit, dann sagte SHREE:

Du bist mit dem Glück gesegnet worden, welches unter zehntausend einer erreicht. Erinnere dich ständig an die Sadhana, die dir von Uns angewiesen wurde. Wir gaben dir eine Chance ohne jegliche Vorbedingung. Wenn du um ES gebeten hättest, hätten Wir Unsere Hand geöffnet und ES dir gegeben. Die Mittel, mit denen du die Bestimmung erreichen wolltest und die Bestimmung selbst sind nicht verschieden voneinander. Sie sind Unsere Ausdrucksformen. Du hast in diesem Leben nur e i n e S a c h e anzustreben. Der Mensch weiß nicht, woher er kommt und wohin er gehen wird, und so tastet er im dunkeln. Aber Wir halten dich bei der Hand und haben ES dir gezeigt. Wir sagten dir, beobachte ES und verwirkliche ES. ES kann genauso verwirklicht, wie auch geschenkt werden. Es wurde dir gezeigt, daß nur „Der Fähige" ES einem verdienten Schüler schenken kann.
Du hast einen Bewußtseinsgrad erreicht, der es erlaubte, dir zu zeigen, daß du dessen würdig bist. Dein Platz ist sicher. Du stehst auf festem Boden. Jederzeit, wenn du Uns brauchst, sind Wir in deiner Nähe. Das hast du bereits erfahren.

*Du hast JENEN Zustand erfahren, der dich empfinden
läßt, daß im Vergleich dazu ein souveränes Weltreich völlig wertlos ist.*

*Setze deine Sadhana weiter fort und erinnere dich an
Uns, so wird alles seine Richtigkeit haben.*

*Nach der Geburt sollte man ES verwirklichen. Wenn jemand JENEN Zustand erreicht, fühlt er weder Hunger,
noch Durst, noch Unglück, noch Sorgen usw. Alles, was
du in Zukunft tun wirst, das tue als Dienst an Uns. Das
wird dir die Sorge um jegliche Dinge nehmen. Zur Zeit
hast du einen derartigen Grad erreicht. Man kann nicht
nach dem Himmel greifen. Der ist zu weit. Ähnlicherweise ist Unser Gespräch knapp gefaßt. Daher sollst du es
im Detail beschreiben. Wir erklären nicht alles in ausführlichem Detail. Verstehe alles, und mache alles verständlich.*

*Erinnere dich an alles, was Wir dir jemals gezeigt haben.
Habe unfehlbaren Glauben an Uns. Der Stamm eines Baumes ist stabil, aber die Zweige sind es nicht. So habe Vertrauen wie ein Baumstamm.*

Ich hatte eine bestimmte Stufe erklommen und demzufolge
hatte SHREE mir die Vision des höchsten Zustandes ermöglicht. Mein Pfad war geebnet. SHREE hatte mir den Grad
zugesichert, im Vergleich zu welchem ein souveränes Weltreich wertlos ist. Mir wurde gesagt, unfehlbaren Glauben an
SHREE's Versicherung zu haben und meine Sadhana mit
zäher Ausdauer fortzusetzen.

Wenn sich jemand im Gurumandir[34], Balpappa Math, aufhält,
kann er es nur mit SHREE's Einwilligung verlassen. Ich hielt
mich im Math etwa einen Monat lang auf. Während dieser
Zeit speiste SHREE mich mit ambrosischen Unterweisungen.
Am 14. September 1964 bat ich SHREE um seine Einwilligung für die Abreise nach Belgaum. Selbst wenn SHREE mir
aufgetragen hätte, neben Ihm zu sitzen, hätte ich dem keine

---

[34] Wohnsitz von Sadguru.

Folge leisten wollen. Ich machte den Versuch, intensiv zu meditieren und dachte, an Stelle dort zu sitzen, könnte ich dies auch noch nach der Meditation tun. Hätte ich es in jenem Monat versucht, so wäre ich gezwungen gewesen, zweimal innerhalb zehn Minuten wegen Kopfschmerzen und brennender Augen zu unterbrechen. Daraufhin wurde ich angehalten, meine Meditation nach und nach zu steigern. Durch Hast konnte ich nichts erreichen. Bevor ich SHREE um seine Einwilligung für die Abreise fragte, sagte Er:

Du reist nach Belgaum ab. Wir sind auch dort gegenwärtig. Wir treffen vor dir ein.
Im ersten Obergeschoß des Math befindet sich Unsere Reliquie. Die dort angebrachten hölzernen Sandalen sind jene, die du Uns gebracht hast. Es ist eine unsterbliche Reliquie. Die Sandalen werden dort verbleiben. Erkenne, daß du einen großen Dienst geleistet hast. Wir brauchen daran nichts vollenden. Bewahre größte Dankbarkeit für JENE, die die kosmische Vision geschenkt haben. Sei immer dankbar zu IHNEN. SIE haben dich von weltlichen Bindungen befreit. SIE riefen dich und sagten: ,,Beobachte ES'', als SIE dir dein Ziel zeigten. Jeder Mensch sollte ES verwirklichen.

Ich ersuchte um SHREE's Zustimmung für die Abreise und kehrte schweren Herzens nach Belgaum zurück. Häufig las ich die Worte, die SHREE zu mir in all der Zeit in Akalkot gesprochen hatte. Alles war sorgfältig notiert. Ich setzte meine Übungen beharrlich fort, und nach drei Wochen war ich wieder fertig zur Abreise nach Akalkot. Es überraschte Nana wohl immer ein wenig, wenn ich nach Akalkot reisen wollte. Dann pflegte er gewöhnlich zu sagen: ,,Schon wieder abreisen? Komm bald zurück." Ich befand mich in einer merkwürdigen Situation. War ich einige Zeit in Akalkot, so zog es mich nach Hause zurück. Hier angekommen, meinte ich, unnötig geeilt zu haben, ich hätte noch eine Woche mit SHREE verbringen können. Oder anders ausgedrückt: War ich bei

74

SHREE, zog es mich nach Hause; war ich jedoch zu Hause, zog es mich zu SHREE. Nana wünschte aus tiefem Herzensgrunde sehnlichst, ich solle bei ihm sein, wenn er seinen letzten Atem aushauchen würde. Verschiedentlich hatte er es angedeutet. Meiner Beziehung zu SHREE war er sich klar bewußt. So brachte er es nicht übers Herz, mir deutlich zu sagen: „Gehe nicht." Einige Tage vor meiner Abreise wurde mein Reisegepäck zusammengestellt, wodurch Nana jeweils von meinen Reiseabsichten erfuhr.

Nach drei Wochen Aufenthalt in Belgaum kehrte ich an SHREE's Aufenthaltsort zurück. Am 9. Oktober 1964 sagte SHREE zu mir:

Die dir gezeigte plötzliche Vision ist die Lebensessenz, die du verwirklichen sollst. Du fuhrst nach Belgaum und die Tage gingen bald vorüber. In der letzten Zeit gab es kein Vorwärtstasten auf deinem Weg. Du hattest etwas Bestimmtes in Händen und dein Ziel vor Augen.

Bei einer früheren Gelegenheit hatte mir SHREE Mantra-Sadhana gegeben und mich Meditation gelehrt, um den höchsten Zustand zu verwirklichen. Als ich nach Belgaum ging, war ich vorbereitet und hatte die Mittel in meinem Besitz.

Vier Tage später forderte mich SHREE auf, in Seinem Raum zu sitzen und sagte:

साधु नं वदति करोति एव ।
नीचः वदति न कुरुते ॥

(Der Heilige redet wenig, aber er tut, was immer er zu tun wünscht. Der Durchschnittsmensch redet sehr viel und tut nichts.)

Im Herbst donnert es hier, jedoch regnet es nicht. Aber während des Monsuns entleeren sich die regenschwangeren Wolken ohne Donner.
Tatsache ist, du hast seit deiner Geburt etwas erlangt. Wir zeigten dir die Vision und wiesen dich vor deiner Ab-

75

reise noch einmal darauf hin. Sowie der Mensch ES ver-
wirklicht, ist er von weltlichen Wünschen befreit. Er er-
achtet sie als wertlos. Du könntest jetzt mit Murmeln
spielen, aber selbst bei starkem Drängen würdest du es
nicht tun, weil du bedenkst, daß es nutzlos ist. Ähnlich
verhält es sich, wenn du JENEN Zustand verwirklichst;
es würde dir sogar ein souveränes Weltreich wertlos er-
scheinen.
Man muß Sinneswerkzeuge haben, will man Erfahrung im
Leben machen. Einem Gesang zu lauschen, bedarf es
eines Sängers. Wenn jemand Shreekhand[35] essen möchte,
braucht er Shreekhand. Aber sowie jemand JENEN Zu-
stand verwirklicht, kann er Erfahrung mit allen Dingen
machen, ohne die Gegenwart der betreffenden Dinge.
Aber man wird alles wertlos finden. Nach Verwirklichung
der Selbst-Realisierung hat der Mensch keine Wünsche
mehr.

Als ich später in SHREE's Raum kam, sagte er:

Das Göttliche Licht ist nähergekommen.

Dieser Satz erweckte meine Neugierde, und ich war gespannt,
wann JENER TAG kommen würde.
SHREE sagte am 18. Oktober 1964:

Welche Sadhana Wir dir auch immer zugewiesen haben,
übe sie weiterhin beharrlich Tag und Nacht. Etwas ande-
res ist für dich nicht notwendig. Du brauchst nicht Agni-
hotra[36], Daan[37], Tapa[38], Karma[39], Swadhyaya[40] ge-
trennt voneinander zu praktizieren. Die Mittel, die Wir
dir empfohlen haben, beinhalten dies alles.

[35] Sprich: Schrikand; wird zubereitet aus feinstem Quark, Zucker und Saffran.
[36] Reinigung der Atmosphäre.
[37] Mitteilen materieller Güter im Geiste der Demut.
[38] Selbstdisziplin.
[39] Rechtes Handeln.
[40] Studium des Selbst.

76

Noch im Jahre 1954 hatte ich die Idee, einen Tempel zu er-
richten und darin ein Idol aufzustellen. Dann kam jedoch die
Frage des Unterhalts und der Instandhaltung auf, und ich ver-
folgte den Gedanken nicht weiter. Ich sprach darüber mit
SHREE und gab, entsprechend seinen Anweisungen, an Shri
Baburao Parkhe in Poona den Auftrag weiter, ein Standbild
von Lord Dattatreya zu beschaffen. Es kam an einem besonders günstigen Tag an, nämlich dem Dattajayanti[41] , und wurde im Math aufgestellt. Als ich zu SHREE ging, sagte er:

*Es führen sieben Stufen zur Erlösung. Sie werden „Gra-
de" genannt. Noch hast du die erste Stufe zu erklimmen.
Du siehst verschiedene Farben des Lichtes. Sie sind
Varianten des Urlichtes, welches Akasha genannt wird.
Sie faszinieren den Schüler und erschaffen gewisse Illu-
sionen im Sinnenbereich. Man sollte sie völlig ignorieren.
Wer in diese Falle gerät, macht keine Fortschritte. Halte
dir ständig deine Bestimmung und dein Ziel, das du schon
gesehen hast, vor Augen. Bleibe fest auf dem Pfad, bis du
ES verwirklicht hast. Ein Schüler, der bereits sechs Stufen
erklommen hat, kann noch fallen. Aber wenn er zur siebenten Stufe aufgestiegen ist, strauchelt er nicht mehr.
Selbst wenn sich die Gelegenheit dazu böte, könnte er
nicht mehr fallen. Daher muß man bis zur siebenten Stufe
aufsteigen. Bis dahin sollte man nicht umherschauen und
in aufgestellte Fallen laufen. Dieses ist die Stufe des
AVDHOOT-Grades. Auf dieser Stufe wird der Schüler
AVDHOOT.*
*Dein Pfad ist geradlinig. Du hast kein Vorwärtstasten
und Fallen zu befürchten. Dir wurde zuerst der Gipfel
gezeigt, und jetzt beginnst du von der Basis. Sehr bald
wirst du Herrlichkeiten erleben. Ein strahlendes Licht
breitet sich vor dir aus.*

SHREE hatte mir sehr klar zu verstehen gegeben, wo ich
stand. Obwohl ich bereits den Gipfel gesehen hatte, mußte

[41] Festtag zu Ehren Lord Dattatreyas.

77

ich dennoch die erste Stufe noch ersteigen. Es war eine sehr eindeutige Anweisung, den Pfad ohne Fehltritt zu befolgen, bis der Gipfel erklommen ist. Herrlichkeiten können bald erlebt werden, wenn die Anordnungen strikt befolgt werden.
Eines Tages saß ich in SHREE's Raum. Lächelnd erzählte Er:

Gorakhanath sagte: „Hinfort pilgere ich an keinen heiligen Ort mehr, besuche auch nicht Kashi oder Prayag[42] und bade in keinem geheiligten Gewässer. Ich habe unfehlbares Vertrauen in meine Mantra-Sadhana, die mir mein Guru gegeben hat. Damit reinige ich meine Zentren. Niemand kann wirklichen Fortschritt erzielen, solange er nicht voller Hingabe und Vertrauen sich seinem Sadguru überläßt!"

Gorakhanath sagt weiterhin: „Mein Guru Machindranath spricht und handelt durch mich. Dabei bin ich nur der Ausführende. Ich habe nur eines zu tun, unaufhörlich die vom Guru gegebene Mantra-Sadhana zu praktizieren und meine Flamme mit seiner zu verschmelzen. Ich mag nicht lesen und brauche auch keine Blumen zu irgendeiner Verehrung pflücken. Ich will nichts weiter tun, als unaufhörlich mein Mantra üben. Mit unfehlbarem Vertrauen in meinen Guru will ich an meiner Sadhana weiterarbeiten. Ich habe mein Schicksal in Sadguru's Hände gelegt und werde mein Los niemand anderem übergeben. Sadguru ist wie mein Doktor. Ich will alles nach seinen Anordnungen gelingen lassen."

In Verbindung zum Gesagten rezitierte SHREE einige Verse:

गुरुजी में तो एक निरंजन ध्याउं ॥धृ॥
दुःख ना जानूं दरद ना जानूं
ना कोई बंद बुलाउं
सद्गुरु बंद मिले अविनाशी
बाहूं को नाडी बताउं ॥ १ ॥ गुरुजी...

[42] Pilgerorte.

गगा न जाउँ जमना न जाउँ
ना कोई तीरथ न्हाउँ
अडसट तीरथ हैं घट भीतर
वाहुँ मो मन मल धुउँ ॥ २ ॥ गुरुजी...

फूल ना तोडुँ पत्थर ना फोडुँ
ना कोई झाड सताउँ
बन बन के मैं लकडी ना तोडुँ
ना कोई देवल जाउँ ॥ ३ ॥ गुरुजी...

कहे मछींदर गोरख बोले
ज्योत मे ज्योत मिलाउँ
सद्गुरूजीको शरण गर्यैसे
आबागमन मिटाउँ ॥ ४ ॥ गुरुजी...

Oh Sadguru! Euch will ich immer verehren.
Ohne Gram und Schmerz
niemals einen Doktor brauchen.
In Dir, oh Sadguru
mein ewiger Doktor, liegt mein Schicksal.
Oh Sadguru, Euch will ich immer verehren.

Weder im Ganges noch im Jamuna
noch durch Eintauchen in die heiligen Fluten
oder Besuchen von dreißig oder achtzig heiligen Plätzen,
will ich das Gemüt inwendig reinigen.
Oh Sadguru, Euch will ich immer verehren.

Weder eine Blume noch einen Stein will ich verletzen.
Auch keinem Baum will ich schaden
und nicht in den Wald gehen, um Holz zu hauen.
Selbst einem Tempel will ich entsagen.
Oh Sadguru, Euch will ich immer verehren.

Sagt Gorakh zu Seinem Sadguru Machindra.
Die Flammen sollten verschmelzen
mit vollkommener Ergebenheit für Sadguru.
Tod und Leben wird nicht mehr sein.
Oh Sadguru, Euch will ich immer verehren.

SHREE hatte damit klar und bündig mein Ziel umrissen. In Zukunft war jeder Moment meines Lebens von größter Wichtigkeit. Als ich wenig später neben SHREE saß, erfuhr ich von Ihm die Begebenheit, wie Er von Lord Parsuram in feinstofflicher Form ein zweiunddreißig-buchstäbiges Mantra erhalten hatte. SHREE übte Tag und Nacht vier Jahre diese Mantra-Sadhana, um sie erfolgreich zu vollenden. Weiter erfuhr ich auch, wie Er kurze Zeit darauf die Rechte über das Math von Param Sadguru Shree Gangadhar Maharaj erhielt. SHREE erzählte mir von Seinen Reisen mit Lord Parsuram und wie dieser plötzlich im Math erschienen sei und um ein Mahl aus wenig Reis gebeten habe und plötzlich in der Nacht wieder entschwunden sei. Viele solcher geheimnisvoller Vorgänge durfte ich noch erfahren. Tiefe Ehrfurcht hatte mich bei all dem Gehörten ergriffen.

Nach dem Darshan am 25. Dezember bedeutete mir SHREE, mich neben Ihn zu setzen. Die von mir überreichten Sandelholzsandalen lagen an dem sehr geheiligten Platz, wo nur die Idole der Gottheiten aufbewahrt wurden, um dort Verehrung zu finden. SHREE rief Gundachari und ließ ihn die Sandalen bringen.

Am heutigen Tage fühlen sich die Menschen in aller Welt glücklich. Es ist Weihnachten, der 25. Dezember. Wenn du zufrieden sein möchtest, ist heute der richtige Tag dazu. Wir schenken dir heute die Sandalen als Unser Prasad. Nimm sie mit dir und halte sie in Ehren. Wir sind dort in Unserer Gesamtheit gegenwärtig. Die Sandalen werden dich ständig an den LORD erinnern, WELCHER dir die segensreiche kosmische Vision geschenkt hat, und an den Tag, als dir Gelegenheit gegeben wurde: „Du magst bit-

80

ten, worum es auch immer sei." Das war keine Begeben-
heit wie vergleichsweise das Anbieten einer Schnupf-
tabaksdose. Bewahre die Sandalen in deinem Haus auf.
Du, deine Verwandten und Freunde mögen Darshan
haben. Sie werden bei dir verbleiben als ein ewiges An-
denken für viele Jahre — hundert Jahre und mehr.

Ich machte SHREE's Fotografie zum Gegenstand meiner Verehrung. Nach dem Puja berührte ich das Bild und verneigte
mich davor.
SHREE sagte:

Wenn du Unser Foto berührst, fühlen Wir hier körperlich
die Berührung deiner Hände.

In Wirklichkeit hatte ich niemandem erzählt, daß ich das
Foto berühre oder mich davor verneige. Auf diese Weise er-
hielt ich am Weihnachtstag die Sandalen, als Prasad von
SHREE.
Diesmal nahm ich die Sandalen als Prasad mit nach Belgaum.
In bezug darauf, sagte SHREE zu mir:

Erinnere dich, du gehst nicht alleine nach Belgaum. Wir
begleiten dich als vollständige Wesenheit.

Am 27. Dezember 1964 bat ich um SHREE's Einwilligung für
meine Rückkehr nach Belgaum. Da er jedoch am 28., 29. und
30. vollkommenes Schweigen (Mouna) einhalten wollte, lud
er mich ein, meinen Aufenthalt noch etwas zu verlängern.
Am gleichen Tage veranstaltete ich ein spezielles Puja für
SHREE. Bei dieser Gelegenheit sagte Er:

Führe ein Tagebuch, und notiere darin deine täglichen Er-
fahrungen. Es wird dein geistiges Skizzenbuch sein. Wirf
gelegentlich einen Blick hinein, und du wirst jeden Tag
Wandlungen entdecken. Später wirst du feststellen — Ich
war einst jener und bin jetzt dieser geworden. Ich tastete

*im dunkeln, und es wurde mir der Pfad des Göttlichen
Lichtes gezeigt.*

Täglich praktizierte ich das Trayodashakshari-Mantra und vergegenwärtigte mir SHREE. Seit ich Mantra-Sadhana von
meinem Param Sadguru erhalten hatte, war dies meine haupt-
sächliche Sadhana. Ungefähr drei Monate vor Erhalt des Mantra von SHREE hatte ich ein außergewöhnliches Erlebnis.
Es war Nacht. Ich saß in meinem Bett. Ich wiederholte des
öfteren SHREE's Heiligen Namen ,,Param Sadguru Shree Gajanan Maharaj''. Dabei konnte ich beobachten, wie SHREE's
Heiliger Name, förmlich wie ein langsamer Wirbel, mein Nabelzentrum (Solarplexus) erreichte und reflektiert wurde als
,,Shree Ram, Jay Ram, Jay Jay Ram'', was sehr deutlich zu
hören war. In ähnlicher Weise erreichte auch das Heilige Mantra ,,Shree Ram, Jay Ram, Jay Jay Ram'' nach Wiederholung
mein Nabelzentrum und wurde reflektiert als ,,Param Sadguru Shree Gajanan Maharaj'', was ich ebenso deutlich hören
konnte. Als ich SHREE davon erzählte, bemerkte Er:

*Du hast, während du hellwach warst, die Erfahrung ge-
macht, daß das Trayodashakshari Mantram und die Erinnerung an Uns ein und dasselbe sind.*

Zu einem späteren Zeitpunkt, es war am 28. Dezember 1964,
hatte ich ein anderes Erlebnis. Zufällig dachte ich, meine
Schwiegermutter Mavashi würde heute kommen. Zu dieser
Zeit war sie jedoch in Gulbarga beschäftigt. Ich stand gerade
auf dem oberen Treppengang und erlebte eine kleine Über-
raschung. Innerhalb von zwei Minuten sah ich, wie von einem
Träger Gepäck in das Math getragen wurde. Hinter ihm folgte
Mavashi. Sie war tatsächlich angekommen.
Bis dahin hatte ich oftmals Lichterlebnisse von verschieden
farbigen Lichtsphären und lebhaft funkelnden, bläulichen
Sternen erschaut. Zum ersten Mal begann ich sehr helle
blitzende Sterne zu sehen. Selbst beim Lesen der Zeitung

oder eines anderen Lesestoffs erschien ein wunderschönes bläuliches Licht.

Zur Intensivierung meiner Sadhana hatte ich meine Anstrengungen verstärkt, die Mantra-Übungen längere Zeit hintereinander zu praktizieren, um mein Herz zum Wohnort für SHREE werden zu lassen.

In meinem Gepäck hatte ich die von SHREE als Prasad übergebenen Sandalen sorgfältig untergebracht. Wenn ich sie am Abend herausnahm und sie andächtig mit dem Kopf berührte, hatte ich die Vision einer glühenden Flamme.

Das Flimmern der blauen Sterne konnte ich auch bei geschlossenen Augen sehen. Das überraschte mich. Die flimmernden Sterne zeigen eine gewisse Entwicklungsstufe an (Kala). Wenn sie beständig gesehen werden, wird diese Stufe Bindu genannt. Die Seele liegt jenseits von Kala und ist ein Nadbindu.

8. Sadguru's unaussprechliche Liebe für mich

Das neue Jahr dämmerte herauf. Es war am 1. Januar 1965, als SHREE zu mir die folgenden Worte sprach:

Wir haben dich zurückgehalten, daß du einen guten Beginn im Neuen Jahr haben solltest.

Danach erzählte mir SHREE eine interessante Geschichte:

Swami Ramdas hatte einen Schüler namens Anandmurti. Swami Ramdas gab ihm das Trayodashakshari Mantra und hielt ihn an, es zu praktizieren und keine weiteren Übungen durchzuführen. Sobald der Schüler die Augen schloß, um das Mantra zu üben, hatte er die Vision von Lord Ganapati. Er erzählte seinem Guru, Swami Ramdas, davon. Swami Ramdas sagte: „Laß es gut sein, und übe weiter mit dem Namen von Lord Rama. Was auch immer ich dir erzählte, ist die Wahrheit!" Wieder versuchte er es, aber mit demselben Ergebnis. Immer wieder beklagte er sich bei Swami Ramdas. In der nächsten Zeit starrte Lord Ganapati ärgerlich auf ihn und näherte sich ihm mit einem spitzen Stock in der Hand. Der Schüler erschrak darüber. Er erzählte Swami Ramdas davon. Swami Ramdas sagte: „Ja, auch ich habe das gesehen. Übe dasselbe Mantra, jedoch mit Verehrung für Lord Ganapati!"
Um es kurz zu machen, nach erfolgreicher Beendigung der Übungen mit dem Trayodashakshari Mantra begegnet man Lord Ganapati und Siddhi!
Wie kann eine Person, die ES noch nicht selbst gesehen hat, fähig sein, ES dir zu zeigen? Das Trayodashakshari Mantra kann begrenzt geistige Erhebung vermitteln. Personen, die dieses Mantra üben, wissen nicht, was jenseits der Beendigung dieser Mantra-Sadhana zu finden ist. Lord

Ganapati und Siddhi sind bei Beendigung dieser Mantra-Sadhana zugegen.

Ich bemerkte dazu: „Alles, was Ihr erzähltet, ist für mich ebenso zutreffend." SHREE lachte herzlich darüber. Er hatte sehr wahr erzählt. Nach dem Üben des Trayodashakshari Mantra war ich zu Lord Gajanan persönlich gekommen!

Mit SHREE's Einwilligung kehrte ich nach Belgaum zurück. Gelegentlich sah ich bläulichgrüne Lichtsphären, manchmal auch rötliche. Ich hörte den kosmischen Laut (OM-Sound). Einmal sah ich während der Mantra-Übungen einen sehr hell scheinenden Lichtpunkt in weißen, blauen und gelblichen Farben. Gegen Morgen des 24. Januar 1965 hatte ich folgenden Traum. Ich hatte die Vision von Shri Ramakrishna Paramahansa. Ramesh, mein jüngerer Bruder, verneigte sich vor ihm. Danach hatte auch ich Darshan. Dabei fragte er mich: „Arbeitest du noch sorgfältig an deiner Sadhana?" Ich antwortete im Traum nicht.

Um 1958 hatte ich regelmäßig mit Mantras geübt, die den Namen Shri Ramakrishna Paramahansa enthielten, weil ich in einem Buch gelesen hatte, daß er der Person hilft, die sich auf der Suche nach dem Sadguru an ihn wendet.

Einige Tage später saß ich im Zimmer auf einem Stuhl. Da erlebte ich auf einmal, wie eine gelbliche Lichtsphäre mit bläulicher Umgrenzung sichtbar wurde. Ich versuchte diese wunderbare Schau festzuhalten, aber sie entwich in den Äther.

SHREE hatte mich aufgefordert, derartige Dinge völlig zu ignorieren. Danach versuchte ich auch nie mehr, solche Erscheinungen bannen zu wollen.

Mit Sadanand, meinem ältesten Bruder, ging ich wegen verschiedener Arbeiten nach Dharwar. Wir reisten in einer Tonga[43]. Kurz nachdem wir in die Tonga gestiegen waren, verlor der Lenker die Kontrolle über das Pferd, das mit uns im schnellen Lauf durchging. Mit hoher Geschwindigkeit kam uns von der Gegenseite ein Lastkraftwagen entgegen. Für ei-

---

[43] Zweirädiger Pferdewagen — Mietfahrzeug.

nen Moment glaubten wir, unser Ende sei schon gekommen. Ich überlegte, blitzschnell hinauszuspringen, aber dazu war unsere Tonga zu schnell. Es war noch nicht einmal möglich, dem Lastwagenfahrer ein Zeichen zu geben, er solle langsamer fahren, weil wir uns direkt frontal begegneten. Zu guter Letzt riefen wir aus vollem Hals, der Kutscher solle den Wagen seitwärts von der Straße weglenken. Der Laster war schon bedenklich nahe gekommen, und da er sicherlich die Situation nicht erkannte, hatte er auch nicht die Geschwindigkeit vermindert. Dem Kutscher gelang es, den Wagen auf die linke Seite der Straße zu lenken, aber die Straße hatte ein zu starkes Gefälle. Zum Schluß geschah es! Die Tonga überschlug sich während der Fahrt auf der linken Seite. Wir wurden alle von den Sitzen geschleudert. Aber niemand war verletzt! Der Kutscher hatte mit unserer Hilfe sein Fahrzeug schnell wieder fahrbereit. Ich sagte ihm jedoch, wir würden nun vorziehen, den weiteren Weg zu Fuß zurückzulegen. Er brachte etliche Entschuldigungen vor und sagte auch: „Das Pferd ist erst vor kurzer Zeit angeschafft worden und noch nicht völlig an seine Arbeit gewöhnt." Im stillen dachte ich: „Heute warst du an dem Punkt, uns Reisepässe für den Himmel auszustellen."

Ich hatte mein Schicksal SHREE überlassen. Es war nicht notwendig, Ihm irgend etwas zu berichten. Er kannte meine Gedanken, unabhängig davon, wo ich mich aufhielt. Selbst bei Gelegenheiten, wo ich einen üblen Gedanken faßte, leuchtete es wie ein Warnsignal vor mir auf, einem Stern ähnlich. Ich war mir bewußt, daß SHREE mich in jedem Moment beobachtete. Das war ein Beweis dafür. Nachts, wenn ich in meinem Bett schlief, hatte ich ein so leichtes Gefühl, als schlafe ich in der Luft. Viele Male überzeugte ich mich von Bett und Kissen. Ich hatte die Illusion, mitsamt dem Bett in der Luft zu schweben. Manchmal leuchtete ich sogar mit der Taschenlampe, um zu sehen, ob mein Bett noch auf dem Boden stand. Immer, wenn ich nachts aus dem Schlaf erwachte, hatte ich das Gefühl, in der Luft geschlafen zu haben, und tastete häufig nach meinem Bett.

Am 15. Juli 1965 kam ich zum Guru-Purnima-Fest nach Akalkot. Zur Zeit der Andacht betete ich: „Laß gütigst mein Herz die Wohnstätte Seiner Himmlischen Füße sein." SHREE sah mich liebevoll an und sagte:

Dein Anliegen ist erfüllt! Sie sind dort!!

In dieser Nacht war der Schlaf sehr erquickend. Im Traum hatte ich eine Vision, in der SHREE sagte:

Wir haben deinen Wunsch erfüllt!

Das bezog sich auf das Anliegen, mein Herz möge der Wohnsitz Seiner Heiligen Füße sein.
Als ich nach einigen Tagen Aufenthalt wieder um die Einwilligung zur Abreise nachfragte, sagte SHREE:

Du brauchst Uns nicht zu fragen, wann du zurückkreisen sollst. Wir werden es dir sagen, wann du gehen magst. Wir wünschen, daß du für einen längeren Zeitraum bleibst.

Sicherlich hat jeder die Erfahrung der Liebe seiner Eltern oder Verwandten gemacht. Ein glücklicher Mensch mag auch die Liebe eines Lehrers in der Schule kennengelernt haben. Sadguru hatte seine Liebe über mich ausgegossen. Ich schwamm buchstäblich in einem Meer aus SHREE's Liebe. Nichts kam dem gleich. Göttliche Liebe ist völlig verschieden von allem. Sie hat ihren besonderen Zauber. Nur wer sie erfahren hat, kann über diesen Zauber sprechen. Sie hat ihre eigene Herrlichkeit. Vielleicht hat niemand Göttliche Liebe in so einem Ausmaß wie ich erfahren. Selbst die leiseste Erinnerung daran, überschüttet mich mit hohen Gefühlen. Ich kann noch nicht einmal teilweise die Liebe und Gunst zurückgeben, die SHREE mir erwiesen hat. Aus diesem Grunde nennt man Sadguru auch das Meer der Güte.
Selbst meinen unbedeutenden Handlungen schenkte SHREE

seine sorgfältige Aufmerksamkeit, und in Akalkot wurde mir immer königliche Behandlung zuteil. Wenn ich einmal krank wurde, erzählte ich es SHREE und bat um seine Einwilligung, einen Arzt aufzusuchen. SHREE ließ mich nicht zum Arzt gehen, wenn die Ambulanz auch in der Nähe lag. Dann schickte er nach dem Arzt und erkundigte sich stets persönlich nach meinem Wohlergehen. SHREE redete selbst mit dem Doktor. Ich bin mir völlig bewußt, in welchem Umfang SHREE für mich sorgte. Wenn ich irgendeine Medizin benötigte, schickte SHREE jemand, diese zu holen. Ich brauchte nie selbst zu gehen, um Arzneien zu holen. SHREE erkundigte sich jeweils auch, ob ich meine Mahlzeiten eingenommen hätte.

Mit meinem älteren Bruder Prabhakar besuchte ich Shahapur. Dieser Ort liegt etwa eine Meile von Belgaum entfernt. Wir kamen in einem Riksha zurück. Das Riksha fuhr sehr schnell. Plötzlich sprang aus einem nahegelegenen Haus ein kleines Mädchen auf die Straße. Der Rikshafahrer versuchte sein bestes und wich aus. Jedoch überschlug sich bei diesem Bemühen das Riksha! Irgendwie gelang es mir herauszukommen. Prabhakars Bein hatte sich im Riksha verklemmt und begann zu bluten. Er kam frei. Der Fahrer blieb unverletzt. Eine Arztpraxis lag in der Nähe. Der Doktor war gerade anwesend. Prabhakar konnte nicht laufen und mußte daher getragen werden. Das Bein wurde genäht und bandagiert. Dann kam die Polizei und verfertigte ein Protokoll. Einer der Umstehenden kannte uns, aber nicht unsere Namen. Es sandte eine Nachricht zu uns nach Hause. Meine Schwägerin erkundigte sich nach den Verletzungen, die wir erlitten hatten, aber der Bote konnte keine genaue Auskunft geben. Sie bat daraufhin Kumud, sie zur Arztpraxis zu begleiten. Kumud antwortete ihr, ich sei von SHREE gesegnet worden und sie sei überzeugt, ich wäre weder jetzt noch in Zukunft bei einem Unfall verletzt. Sie hatte unbedingtes Vertrauen in SHREE!

Als sich das Tonga bei Dharwar überschlug, fiel ich zwar herunter, erlitt aber nicht die geringste Schramme. In Belgaum überschlug sich das Riksha, jedoch blieb ich unverletzt.

Ich stand unter dem Schutz meines geliebten Sadguru. Dies war ein direkter Beweis.

Ich übte Mantra und praktizierte Meditation, SHREE's segensvoller Anweisung entsprechend, und hatte schon einige Fortschritte erzielt. Am Anfang war es für mich sehr schwierig, meinen Blick nur für eine Minute auf die Nasenspitze gerichtet zu halten. Jetzt konnte ich es bereits schon fünfzehn Minuten lang. Ab und zu hinderten mich starke Rückenschmerzen, es längere Zeit auszuhalten. Ich praktizierte auch Mudra.[44] Zuerst betrug die Spanne meiner täglichen Meditationsübungen kaum fünf Minuten. Jetzt war ich in der Lage, einige Stunden am Tage zu meditieren. Gegen halb fünf Uhr morgens stand ich auf. Nur selten verspätete ich mich. Ich wollte herausfinden, was das Maximum der täglichen Mantra-Übungen sei. Bei mir waren es siebzehn Stunden. In der Nacht hatte ich eine Vision. Im Traum sah ich SHREE, der mich liebevoll umarmte!

Wenn ich aus irgendeinem Grund aus dem Schlaf erwachte, konnte ich für einige Zeit nicht mehr einschlafen. Dann übte ich Mantra im Bett. Am 10. Oktober 1965 gegen ein Uhr fühlte ich mich überhaupt nicht müde und übte deshalb Mantra. Plötzlich fühlte ich eine rapide Bewegung im Bereich der Nasenwurzel. Dort entstand heftige Vibration, die himmlisches Vergnügen bereitete. Dies dauerte allerdings nur etwa zwanzig Sekunden.

Während der Sadhana-Praxis konnte ich die Bewegung der Kundalini[45] in der gesamten Wirbelsäule fühlen. Zuerst fühlbar als Vibration im unteren Teil der Wirbelsäule. Die Kundalini steigt, einer Zick-Zackbewegung folgend, in der Wirbelsäule aufwärts. Nach drei oder vier Monaten, während ich nachts wach war, hörte ich für etwa eine halbe Minute einen lauten, deutlich wahrnehmbaren Ton im Ohr, als ob jemand auf einem Muschelhorn blasen würde. Darüber war ich hocherfreut.

---

[44] Bestimmte Art der Haltung.

[45] Kundalini: hat als Quelle latente Energie, mit Sitz im unteren Teil der Wirbelsäule. Sie kann durch Hatha-Yoga, Meditation oder den Segen von Sadguru erweckt werden.

Nach etwa vier bis sechs Tagen hörte ich wieder diesen zauberhaften Klang in beiden Ohren.

Ich war kein Vegetarier. Als ich Sadhana von SHREE erhielt, fragte ich, ob bestimmte Regeln oder Vorschriften einzuhalten seien. Damals sagte SHREE:

Wenn Wir die Menschen anhalten, alle Richtlinien einzuhalten, die Wir befolgen, käme niemand mehr zu Uns. Die Maßregeln sollten aus dem Inneren kommen. Du solltest nichts tun, was du als unkorrekt empfindest!

SHREE hatte mit wenigen Worten alles geklärt. Damals machte ich große Anstrengungen, das Zigarettenrauchen einzustellen. Fünf- oder sechsmal blieben die Versuche ohne Erfolg. Für einige Monate hörte ich auf zu rauchen und begann wieder von neuem. Dann habe ich das Rauchen für immer aufgegeben.

SHREE pflegte gelegentlich etwas zu erzählen, manchmal aber auch den in seiner Nähe sitzenden Personen etwas zu sagen. Einmal sagte SHREE laut zu einer Person:

Ein Mensch sagt: „Das Schaf ist für mich". Wenn der Tiger sagt: „Der Mensch ist für mich", ist dann daran irgend etwas falsch?

Ich schaute SHREE an, SHREE sah mich an. Zweimal wiederholte SHREE mit Betonung denselben Satz. Ich saß da mit einem Pokergesicht, als wenn das Ganze mich nichts anginge. Das passierte wieder einmal. Später wurde ich Vegetarier, um mein Genick aus den Krallen des Tigers zu retten. Kumud war schon immer Vegetarierin.

Während ich mich noch in Akalkot aufhielt, ordnete SHREE an, ich solle zum Parsuram Jayanti[46] zurückkommen. Das Fest des Swami Samarth Jayanti ist einige Tage früher als das Parsuram Jayanti.

[46] Festtag.

Als ich nach Belgaum zurückkam, war Nana gerade sehr krank. Am 6. April 1966 stand Sadanand um halb fünf morgens wie gewöhnlich auf. Nana lag quer im Bett. Sadanand rief nach mir. Prompt kam ich zu ihm. Die Uhr und Nana's Klingelglöckchen waren vom Tisch auf den Boden gefallen. Es sah so aus, als hätte er mit dem Glöckchen läuten wollen. Wir fühlten seine Stirn. Sie war warm. Sorgfältig betteten wir ihn und schickten nach Dr. Potdar, unserem Hausarzt. Er kam sofort zur Untersuchung. Nana war bereits für immer von uns gegangen. Meine liebe Mutter war vor Kummer tief erschüttert.

Wenn immer ich nach Akalkot reisen wollte, pflegte Nana zu sagen: „Gehe nicht jetzt. Du weißt nicht, wie lange ich noch da sein werde". Erfuhr er jedoch von meiner Abreise, dann sagte er zum Abschied: „Komm bald zurück". Andererseits gab ich ihm die Versicherung: „Ich werde bald wieder da sein". Nach meiner Rückkehr von Akalkot fragte er häufig: „Ich hoffe, du gehst nun für einige Zeit nicht nach Akalkot". Ich konnte seine Gefühle nur zu gut verstehen. Man mußte ihm innerlich zustimmen. Aber es zog mich zu sehr zu meinem Sadguru. Ich war auch überzeugt, daß sich so ein Unheil nicht ereignen würde, während ich in Akalkot weilte. Meine Mutter und Sadanand schauten nach Vater während seiner Krankheit. Mir war es wegen meiner damaligen körperlichen Unzulänglichkeiten nicht möglich, ihm zur Hand zu sein. Trotzdem hatte er den sehnlichen Wunsch, ich möge bei ihm sein, wenn er den letzten Atem aushauchte. Ich erzählte ihm, daß ich geplant hätte, SHREE in unser Haus einzuladen. Mehrmals erkundigte er sich: „Wann kommt denn dein Swami in unser Haus zu Besuch?" Leider ergab sich diese Gelegenheit nicht zu seinen Lebzeiten. Nachdem Dr. Potdar bestätigt hatte, daß Nana für immer gegangen sei, zogen Kummer und Sorgen in unser Haus ein. Zuerst schickte ich SHREE ein Telegramm, dann erst unserer Verwandtschaft. Ich bat einen meiner Freunde, Prabhakar telefonisch zu verständigen. Prabhakar antwortete: „Ich komme sofort." Er bat uns zu warten. Wir warteten bis sieben Uhr abends und veranlaßten dann die Bestattung.[47] Um einundzwanzig Uhr dreißig warteten wir noch immer an der Verbrennungsstätte und verließen den Scheiterhaufen mit schwerem Herzen.

Prabhakar kam mit einem Taxi. Der Fahrer war ängstlich und fuhr daher nicht schnell genug. Hinzu kam, daß etwas am Taxi nicht in Ordnung war und es daher repariert werden mußte. Prabhakar kam erst gegen Mitternacht an. Die Situation war äußerst betrüblich. Nana hatte das bestehende Haus um 1926, etwa zum Zeitpunkt meiner Geburt, erworben. Es war nach mir „Ratnakar Prasad" benannt. Dieses war seit vierzig Jahren die erste tragische Begebenheit im Haus und in der Familie. Prabhakar ging zur Verbrennungsstätte, wo der Scheiterhaufen noch hell brannte. Er sah SHREE dort stehen, uns Zuversicht gebend. Prabhakar ging dreimal um den Scheiterhaufen herum. SHREE war aber immer noch gegenwärtig. SHREE entschwand, und Prabhakar ging nach Hause. Danach hatte er noch drei- oder viermal die Vision von SHREE in unserem Hause.

Wir bewahrten die Asche auf. Wir beschlossen einstimmig, sie nach dem heiligen Gokarn zu überführen. So machten wir uns alle nach Gokarn mit einem Taxi auf. Unterwegs sah Prabhakar einige Male SHREE in Visionen. Er war stehend in einer Haltung zu sehen, die eine beruhigende Geste bedeutete. In der Nähe von Yellapur wollte der Taxifahrer einen Lastwagen überholen. Ich erkannte, daß unser Wagen den Laster seitwärts streifen würde und instinktiv beugte ich mich zur Seite des Fahrers. Der Abstand beider Fahrzeuge mochte nur wenige Zentimeter betragen. Das Taxi fuhr bereits sehr knapp seitlich vorbei, aber in der Zwischenzeit hatte Prabhakar deutlich SHREE's beruhigende Hand gesehen! SHREE war mit uns und erinnerte uns ständig daran!

Wir erreichten Gokarn. Nach der gebräuchlichen Zeremonie fuhren wir an den Strand, um dort die Asche ins Meer zu streuen. Dreimal sprachen wir „Narayan", schlossen unsere Augen und kaum hatten wir die Asche ins Meer gestreut,

---

[47] In Indien ist im April Sommerzeit. Die Bestattung wird drei bis vier Stunden nach dem Ableben durchgeführt.

92

da hatte Prabhakar auch schon SHREE's Vision vor seinen geschlossenen Augen! Zwei Tage später reisten wir von Gokarn ab.

Nach etwa fünfzehn Tagen begab ich mich wieder nach Akalkot. Niemand hieß mein Vorhaben gut, fünfzehn Tage nach Nana's Tod nach Akalkot zu reisen. Aber ich hatte SHREE versprochen, daß ich kommen würde. Zum Parsuram Jayanti-Tag stand ich vor ihm. Ich war tief gerührt, meine Augen füllten sich mit Tränen, und ich brachte nicht ein einziges Wort hervor. SHREE sagte:

Dein Vater ist nicht irgendwo hingegangen. Er ist bei Uns. Sein Gedächtnis arbeitete bis zum letzten Moment. Wir haben ihn noch im letzten Augenblick mit Darshan gesegnet.

Ich war zufriedengestellt und hocherfreut, SHREE zu hören. Dann sprach er weiter:

Wir haben dich zum Parsuram Jayanti eingeladen und nicht zum Swami Samarth Jayanti.

Das Swami Samarth-Fest ist um einige Tage früher. Zwölf Tage nach Nana's Tod war Swami Samarth Jayanti und da wäre es mir nicht möglich gewesen, wegen der Ashouch[48] nach Akalkot zu gehen.

Gleich darauf kehrte ich nach Belgaum zurück, denn SHREE beabsichtigte, unser Haus zu besuchen.

Vor Jahren hatte ich SHREE einige Male in unser Haus eingeladen. Bis jetzt fand dies noch keine Verwirklichung. Zwar hatte ich SHREE eingeladen, war aber doch besorgt, ob ich allen Erfordernissen mit der nötigen Sorgfalt begegnen konnte. SHREE war nach Kelgeri gekommen, einem Ort in der Nähe von Dharwar. Dort wohnte Er sechs Tage. Ich fuhr mit meiner Familie zu Ihm, um Seinen Darshan zu haben und

---

[48] Während dieser Zeit dürfen die hinterbliebenen Familienmitglieder an keiner religiösen Zeremonie teilnehmen.

stellte das Programm für Belgaum zusammen. SHREE lud mich für einige Tage zum Verweilen ein. Er besuchte anschließend Gurlhosur, Gonnagar, Soundatti und noch andere Plätze. SHREE wünschte, wir sollten diese Stätten auch aufsuchen. Es standen nur drei oder vier Autos zur Verfügung und für uns gab es keinen Sitzplatz. Wir mieteten daher ein Taxi. Nach Beendigung der Reise kehrte ich nach Belgaum zurück.

Wir waren sehr glücklich darüber, daß SHREE nun unserem Haus einen Besuch abstatten wollte. Im stillen befürchtete ich aber, daß ich nicht in der Lage sein würde, mich um all die vielen Leute zu kümmern, die SHREE begleiteten. Daher machte ich die Bemerkung, ich könne etwa acht Personen versorgen. Acht Personen kamen in SHREE's Begleitung.

SHREE kam am 18. Mai 1966 vom Dharwar aus zu uns. Ich wurde von aller Besorgnis entbunden. Sein vollständiges Programm war ein großer Erfolg. Während des Besuches schlief ich nicht einen Augenblick. Als ich am 20. Mai für SHREE ein Padya-Puja[49] bereitete, sagte er zu mir:

Wir haben dir DAS gegeben, was sich niemals erschöpft. Sei ewig glücklich. Wir gaben dir Unsere ewigen Fußstapfen im Silbertablett.

SHREE's Padya-Puja wurde auf einer silbernen Platte bereitet. Während ich Sein Prasad entgegennahm, verblaßten Seine Fußabdrücke ein wenig, und ich war leicht besorgt darüber, ob sie völlig verlöschen würden oder deutlich blieben. Im Lauf der Zeit fragte ich ihn danach. Er antwortete:

Dies ist nur ein Fünkchen dessen, was dir gegeben wurde! Unsere Fußstapfen haben ihren Wohnsitz in deinem Herzen gefunden! Sie können nie mehr weggewischt werden!!

---

[49] Padya-Puja: Verehrung des Gurus. Während dem Puja stellt der Guru seine Füße in ein rundes Tablett. In dieses legt der Schüler Blumen, Früchte und andere Gaben. Sehr viele Fälle sind bekannt, bei denen die Fußabdrücke für immer in diesem Tablett sichtbar blieben!

Die Gefühle überkamen mich so stark, daß ich nicht mehr an mich halten konnte, über SHREE's Liebe zu mir Freudentränen zu vergießen. Ich weinte wie ein Kind. War es Tatsache? War ich der Göttlichen Liebe wert? Niemals zuvor hatte ich solche Liebe erfahren.

In unserem Haus benutzte ich einen Raum speziell für Meditationszwecke. SHREE hielt mich an, den Raum zu benutzen, in dem Er gewohnt hatte. Am gleichen Tag reiste Er nach Kolhapur ab.

An einem Tage saß ich im Dhyanmandir, dem Meditaitonsraum. Uday und Girish hielten sich im angrenzenden Zimmer auf. Uday ging in die vierte Klasse und war gerade zehn Jahre alt. Girish besuchte die erste Klasse und war erst sechs Jahre alt. Er fragte Uday: „Was tust du, wenn du erwachsen bist?" Ich war gespannt. Die Antwort entsprach seinem Alter. Uday antwortete: „Nach der vierten Klasse gehe ich in die Hochschule, danach ins College wie Dada (mein Neffe). Später werde ich Mantra im Dhyanmandir[50] üben, gerade so wie Kaka (Tatya).[51] Selbst nach dem College macht unser Kaka dasselbe." Mit gespieltem Ärger sagte ich zu ihnen: „Macht euch um die Zukunft keine Gedanken. Kümmert euch lieber um eure Schularbeiten".

Bis zu diesem Zeitpunkt hatte ich im Taum die Vision vieler Gottheiten – Maruti, Ganapati, Shankar Dattatreya, Shri Krishna und vieler anderer. Am 4. Juni 1966 träumte ich Folgendes: Ich sah ein wunderschönes Bildnis von Lord Shiva. Gleich darauf folgten drei herrliche Bildnisse von Lord Ganapati. Das Wasser, in dem diese drei herrlichen Idole eingetaucht wurden, ließ man sammeln, und einige Damen badeten in diesem geheiligten Wasser. Ich verließ die Szene. Da geschah ein Wunder. Ich hatte lange Beine bekommen, die jedoch den Boden nicht berührten! Ich wanderte in der Luft! Mein Körper war schwerelos geworden. Das alles bereitete mir unsägliches Vergnügen.

---

[50] SHREE's Raum.
[51] Tatya = Kosename des Verfassers.

Nach dieser Begebenheit ereigneten sich einige Wochen lang keine Visionen mehr. Ich schrieb SHREE dementsprechend. Am 21. Juni 1966 hatte ich eine andere Vision. Ich versuchte im Traum einer Person auszuweichen, die wie ein Magier aussah. Er besaß mächtige himmlische Kräfte. Ich wich seinen Augen aus, aber er schaute mich an und stach mit einem scharfen Instrument, einer Nadel ähnlich, tief zwischen meine Augenbrauen. Blut floß, aber es schmerzte nicht. Zweimal wiederholte er diesen Vorgang. Ich fühlte, daß dies mein Bhrumadhya[52] aktivierte und ich dadurch eine Himmlische Vision erleben würde. Die Himmlische Vision stellte sich nicht ein. Nach einer Weile schaute ich diese Person genauer an, konnte sie jedoch nicht erkennen. Sein Antlitz sah ich nicht, aber seine Augen glühten wie Feuer. Die Pupillen seiner Augen waren rund und strahlten wie die Birne einer erleuchteten Stablampe. Obwohl ich Ihn nicht erkennen konnte, wußte ich, es war SHREE!

SHREE ging regelmäßig nach dem Mittagsmahl in seinen im ersten Stock gelegenen Raum. Das wiederholte sich nach dem Abendessen. Zu beiden Zeiten trug ich für gewöhnlich einige Räucherstäbe in sein Zimmer. Am Nachmittag, bevor SHREE wieder zurückkam, öffnete ich seine Tür. Diese kleinen Pflichten pflegten mit pünktlicher Sorgfalt erledigt zu werden. SHREE benutzte immer genau den gleichen Weg, um in sein Zimmer zu gelangen. Als ich einmal wieder seine Tür öffnete, fragte Er mich: *„Hat jemand Unseren Weg betreten?"* Ich verneinte. Tatsächlich aber war dort jemand gegangen und hatte eine Störung meiner täglichen Routine verursacht. Ich antwortete verneinend, weil ich glaubte, SHREE müßte dann extra ein Bad nehmen. Meine Augen füllten sich mit Tränen, denn ich hatte SHREE nicht die Wahrheit gesagt. Eine Minute später berichtete ich SHREE mein falsches Verhalten. Dieser Vorfall wiederholte sich nach vierzehn Tagen. Dieses Mal war eine Katze über SHREE's Weg gelaufen. Ich beging wieder den gleichen Fehler mit demselben Resultat und

---

[52] Zentrum zwischen den Augenbrauen.

96

berichtete SHREE meinen Irrtum Minuten später. Danach war ich ständig auf der Hut.

Jedesmal, wenn ich Akalkot besuchte, blieb ich acht bis zehn Wochen. Einmal sprach mich ein Herr dort an: „Warum bleiben Sie eigentlich wie ein Dummkopf für einige Monate hier? Wenn man bloß drei oder vier Tage verweilt, hat man mit gebührender Ehrerbietung gehandelt. Sollten Sie einmal eine Anstellung suchen, so kommen Sie nach Bombay. Ich hätte dort eine Arbeit für Sie mit einem Monatsgehalt von fünfhundert Rupien." Ich antwortete: „Danke, Sir, für Ihr freundliches Angebot. Aber selbst wenn Sie mir eine Arbeit für fünftausend Rupien am Tage in Aussicht stellten, möchte ich nicht tauschen". Der Intellektuelle entgegnete: „Glauben Sie etwa, Sie wären in der Lage, den Samadhi zu erreichen, indem Sie Frau und Kinder zu Hause verlassen?" Ich erwiderte nichts mehr. Niemand wußte, daß ich im Begriff stand, den Samadhi erreichen zu wollen. Ich hatte mein Schicksal fest in die Hände meines Param-Sadguru gelegt und befolgte strikt Seine Anordnungen, im Wissen, was zu erreichen sei und was ich bereits erfahren hatte. Es gibt Menschen in der Welt, die aus sich selbst heraus nichts tun; auf der anderen Seite aber Unruhe und Störungen schaffen, wenn jemand ein hohes Ziel verfolgt. Dies sind für den Schüler Gelegenheiten, um zu fallen. Ist man aber wachsam, dann bleibt man dank Sadguru's Wohlwollen fest. Ich lächelte. In Sadguru's Bereich, wo nur der Gedanke liebevollen Dienens das Oberste sein sollte, gab es Menschen, die an Termine dachten.

Nachmittags Punkt drei öffnete ich die Tür zu SHREE's Raum. Nach dem Mittagessen ruhte ich eine Weile und kam ein Viertel vor drei aus meinem Zimmer. Der zuvor erwähnte Herr rief mich, mit ihm ein wenig zu plaudern. Ich ging zu ihm und sagte: „Entschuldigen Sie mich bitte, Sir, ich bin jetzt beschäftigt. Ich habe pünktlich um drei Uhr die Tür zu SHREE's Raum zu öffnen. Daher habe ich jetzt keine Zeit und muß mich ganz meiner Pflicht widmen". Er ruhte im Bett und bemerkte von dort: „So genau braucht es wohl nicht zu sein, die Tür Punkt drei zu öffnen. Die Welt bricht sicherlich nicht zusammen, wenn die Tür erst ein Viertel nach drei geöffnet wird." Ich konnte ihn nur bedauern, antwortete nicht und tat meine Pflicht.

Welche Arbeit ich auch annahm, immer widmete ich mich dieser mit ganzem Herzen und bemühte mich, sie zur rechten Zeit zu erledigen. Einmal hatte ich ein schwer verdauliches Mahl eingenommen. Gewöhnlich ruhte ich mich nach dem Mittagessen ein wenig aus. Es war schon Zeit geworden, meinen Raum zu verlassen, aber ich begann gerade einzuschlummern. So verstrich einige Zeit mit einem gesunden Schlaf und niemand weckte mich. Als ich erwachte, ging SHREE gerade die Treppe hinunter und jemand anders trug den Räucherstäbchenhalter. Ich hatte meine Pflicht vernachlässigt! Hiernach gab es keine Wiederholung solcher Nachlässigkeit.

SHREE sagt oft:

Ein verlorener Augenblick ist für immer verloren.
Man sollte jeden Moment seines Lebens ausnutzen.
Das Ticken der Uhr mahnt uns, daß die Zeit vergeht.

SHREE schätzt es nicht, auch nur einen einzigen Augenblick zu vergeuden. Das ist ganz präzise der Grund, warum SHREE es nicht toleriert, daß die Tür seines Raumes eine Minute früher oder später geöffnet wird. SHREE ist sehr genau in bezug auf Disziplin und Pünktlichkeit.

Ich war sehr daran gewöhnt, nach dem Mittagessen eine Stunde zu ruhen, war mir aber nicht sicher, ob ich auch rechtzeitig aufwachen würde. Alle fünf Minuten sah ich daher nach der Uhr. SHREE hatte mir Seinen Wecker gegeben, damit ich einen ruhigen Schlaf haben sollte, wenn der Wecker gestellt war. Trotzdem konnte ich nicht schlafen. Ich befürchtete, der Wecker könne irgendwann versagen. Bevor er klingelte, war ich schon wach. Ich war mir meiner Pflicht bewußt und stand daher etwas unter Druck.

Im Juli 1966 reiste SHREE nach Ganagapur. Shri Nana Atre aus Sholapur wollte dort ein Yagna durchführen. Viele treue Anhänger kamen ebenfalls dorthin. Ich fuhr auch nach Gana-

98

gapur. Am 18. Juli 1966 ergab sich für mich die glückliche Gelegenheit, im geheiligten Wasser des Asta-Tirtha mit SHREE zu baden. SHREE wohnte in einem Bungalow, genannt Guruprasad. Nach dem Bad ging ich zu SHREE. SHREE streichelte liebevoll mein Gesicht, Kopf und Rücken mit Seiner Hand. Das erweckte mein Asta-Satvic-Bhava[53]. Nach insgesamt vier Tagen kehrten wir von Ganagapur zurück.

Shri Nana Atre ist ein bekannter Jurist aus Sholapur. Unlängst hatte er sich von seiner aktiven Arbeit zurückgezogen und ein Shrowt Agnihotra[54] begonnen.

Am 26. Juli 1966 ging ich zu SHREE, um mir Seine Einwilligung zur Abreise nach Belgaum zu erbitten. SHREE sagte:

Wir führen dich DORT an der Hand. Du wirst fähig sein, mehr Herrlichkeit zu schauen. Behalte dies im Gedächtnis. Sei unbesorgt. Wir haben dir zuerst den Gipfel gezeigt. Du bist mit den ewigen Fußabdrücken auf einer Silberplatte beschenkt worden. Du besitzt Unsere Andenken an einigen Plätzen in deinem Zimmer. Wir sind in deinem Haus in subtiler Form ständig gegenwärtig. Hiernach werden Wir in deinem Haus in körperlicher Form anwesend sein.

Mein Herz war mit Freude erfüllt. Selbst mit großer Mühe konnte ich meine Tränen nicht zurückhalten. SHREE beruhigte mich!

An diesem Tag schmerzte SHREE's Bein. Dadurch hatte ich die Gelegenheit, SHREE's Beine für einige Minuten zu massieren.

---

[53] Alle acht guten Elemente.
[54] Während der ganzen Lebenszeit ein ständig brennendes Feuer im Hause unterhalten.

9. Der Lotus beginnt aufzublühen

Meine Meditationsübungen setzte ich beharrlich fort, aber nicht zu meiner vollen Zufriedenheit. Darüber war ich nicht glücklich. Verschiedene weitschweifige Gedanken störten mich ständig. Jedoch nahmen diese Störungen immer mehr ab. Ich wollte gerne meine Meditation etwas intensivieren, aber es war mir nicht möglich. In diesem Stadium hatte ich am 13. Juni 1966 einen schönen Traum. Darin sah ich einen Heiligen mit herrlichem Antlitz und von wunderschönem Aussehen. Ich erkannte ihn nicht. Er schaute auf meine Handlinien und sagte: „Es ist gut." Dann gab er mir reichlich Prasad, einschließlich Bananen und Süßigkeiten, in meine rechte Hand. Er sagte, der Ringfinger meiner rechten Hand sei vom geistigen Standpunkt aus gesehen vortrefflich. Dann wies er mich an: „Intensiviere deine Sadhana. Halte sie geheim." In wenigen Worten ausgedrückt, er hielt mich an, alle meine Erfahrungen für mich zu behalten.

Am 26. Juni hatte ich einen anderen Traum. Ich erreichte visuelle Konzentration und sah Licht im Bereich der Nasenwurzel. Der erleuchtete Raum hatte die Größe einer Erbse. Das Licht war weiß und seine Intensität sogar heller als die Sonne. Es begann zu rotieren und verblaßte dann.

Direkt darauf folgte eine andere Vision: Es war Krieg. Schüsse wurden aus Gewehren abgefeuert. Zuerst versuchte ich zu entrinnen. Da dies aber nicht möglich war, wollte ich mich verstecken. Zum Schluß wurden sechs von uns gefangen. Wir sollten erschossen werden. Ich versuchte, mich sofort auf die Nasenwurzel zu konzentrieren. Jedoch wurden wir vorher erschossen. Ich war in den Kopf getroffen worden. Im Traum glaubte ich, nach etwa zehn oder zwanzig Stunden aufzuwachen und erreichte danach Samadhi, obwohl ich durch die Kugel getroffen worden war. Als ich aus diesem Samadhi zu normalem Bewußtsein zurückkam, sah ich, daß alle anderen Leute, mit denen ich zusammen war, getötet worden waren. Ich war der einzige Überlebende, unverletzt. Ich wußte, ich war durch die Kugel getrofffen worden, hatte jedoch nicht die geringsten Schmerzen.

SHREE hatte mir vorsätzlich diese Vision gegeben, mich anzuhalten, mir über nichts Sorgen zu machen.

Am 1. Januar 1967 bat ich um SHREE's Einwilligung zur Rückreise nach Belgaum. SHREE sagte:

> *Du solltest würziger sein. Selbst die eingelegten Feldfrüchte*[55] *haben keinen guten Geschmack, wenn sie nicht gewürzt sind. Du brauchst dich um nichts zu sorgen. Wir stehen immer schützend hinter dir. Wir haben dich mit den EWIGEN Fußabdrücken beschenkt. Wir halten segnend unsere Hände über dich. Wir entfernen Uns niemals von dir. Du kannst ständig Unsere Füße erreichen. Dein Zimmer ist rundherum mit Unseren Andenken angefüllt und von Wohlgeruch durchströmt.*

Dann berührte SHREE meine Brust. SHREE spricht immer in mystischer Sprache. Er hatte die Redewendung „Du solltest ein bißchen würziger sein" gebraucht, um damit anzudeuten, daß die Ausübung der Sadhana eine regelmäßige Gewohnheit für mich bilden sollte. Es war daher notwendig, die Sadhana-Übungen zu intensivieren. SHREE hatte meine Brust berührt, mir zu versichern, daß Er da wäre!

Danach reiste ich nach Belgaum zurück. Ich mußte mich noch um schwebende Rechtsangelegenheiten kümmern.

Am 29. Januar 1967 besuchten uns einige Gäste zum Abendessen. Während wir unser Mahl einnahmen, kam einer meiner benachbarten Freunde, um mich zu informieren, daß mein Schwager aus Dharwar bei ihm angerufen hätte. Meine Schwester Tai (Sulochana) war ernsthaft erkrankt, und daher hatte er mich sofort benachrichtigt. Mein Schwager erzählte meinem Freund alle Einzelheiten, die er mir aber

---

[55] Pickles

nicht weitergab. Zwei Wochen zuvor war mein Schwager mit seiner Familie in einem Taxi nach Hubli gefahren. Auf dem Weg passierte ein Unfall, bei dem das Taxi umkippte. Dabei erlitt meine Schwester innere Verletzungen im Unterleib. Das Taxi war zwar langsam gefahren, jedoch auf der schlüpfrig-regennassen Straße ins Rutschen gekommen. Alle Insassen mußten durch das Fenster hinausklettern. Zufällig kam zur selben Zeit ein Arzt vorbei, der sie sofort in ein Krankenhaus einlieferte und für die nötige ärztliche Hilfe sorgte. Soweit hatte Tai mich bereits schriftlich unterrichtet. Mein Bruder Sadanand besuchte sie für einige Tage in Dharwar. Ihr schien es zu dieser Zeit besser zu gehen. Danach bekam sie Fieber und wurde vom Arzt auf Typhus behandelt. Wir wußten nichts von dieser Entwicklung. Nach dem Anruf beendete ich eiligst mein Essen und nahm von den Gästen Abschied. Ich suchte nach einem Taxi, konnte aber keines finden. Schließlich fand ich einen Taxifahrer, der in Anbetracht der Dringlichkeit einen übertriebenen Preis verlangte. In einer halben Stunde war ich auf dem Weg. Wohlbehalten erreichte ich Dharwar. Ein Seitenweg führt von der Hauptstraße zu Tai's Haus. Dort standen etwa fünfzehn Leute mit einigen Petroleumlampen in der Hand. Ich begriff sofort die bittere Wahrheit, als ich die Menschenansammlung sah. Als das Taxi anhielt, fragte mich jemand, ob ich von Belgaum käme. Er sagte nur: „Zu spät." Seine Stimme klang überaus kummervoll. Im Hause fand ich etwa vierzig Personen vor.

In etwa einer Stunde waren alle Vorbereitungen für die Bestattung getroffen, und bald danach trafen wir am Verbrennungsplatz ein. Viele Menschen legten Blumen und Blumengebinde zu den sterblichen Überresten unserer geliebten Tai.

Ich hatte eine Girlande bei mir, ein Prasad von SHREE. Sie war durch monatelange Aufbewahrung inzwischen getrocknet. Ich bewahrte alle Girlanden auf, die ich für SHREE's Padya-Pudja[56] verwendet hatte. Diese nun brachte ich zum

---

[56] Feierliches Zeremoniell zu den Füßen des Guru.

Bestattungsplatz. Als letzter legte ich meine Girlande zu ihren sterblichen Überresten. Kurze Zeit danach ging ich zum nächsten Postamt. Zuallererst schickte ich SHREE ein Telegramm und dann meinen Verwandten. Als SHREE früher einmal Dharwar besuchte, hatte ich Tai zu einem Darshan mitgenommen. Bis zur Rückkehr nach Belgaum vergingen noch fünf Tage in Dharwar.

Vier Wochen darauf befand ich mich wieder in Akalkot zu SHREE's Heiligen Füßen. Ich blieb eine etwas längere Zeitspanne. Am 28. Februar 1967 war ich bereit, nach Belgaum zurückzukehren, als SHREE sprach:

Hinfort sorge dich um nichts mehr. Sie, die ES gesehen haben, zeigten ES dir. Sie führen dich an der Hand. Du wirst größere Glorie erschauen. Praktiziere ständig dein Mudra und setze deine Sadhana fort.

Häufig erlebte ich in meinen Träumen SHREE's Vision. SHREE führte mich, wenn es notwendig wurde.

Am 12. März 1967 hatte ich einen typischen Traum. – Ich befand mich in Akalkot. Lord Dattatreya[57] schlief als Säugling in einer Wiege. Einige Leute waren dort anwesend, die durch den Segen des Lords in einen übernatürlich gehobenen Zustand versetzt waren. Ich wollte feststellen, ob es mir auch so ergehen würde. Aber es ereignete sich nichts. SHREE hielt sich an einem anderen Ort auf. In der Wiege lagen viele Bekleidungsstücke. Sanft hob ich den Säugling heraus. Aber zu meiner Überraschung sagte das Kind deutlich: „Put til oil." Ich konnte nicht folgen. Es wiederholte dasselbe noch einmal und fügte hinzu: „Wenn du nach Akalkot kommst, dann wirst du folgen können!" Es war ein Säugling, der redete! Das überraschte mich! Ich legte den Säugling wieder zum Schlafen in die Wiege zurück und erwachte dann.

Meine Meditationen und Sadhana setzte ich fort, aber es blieb mir nur spärlich Zeit dazu, weil ich einige juristische

---

[57] Traimurti = wird mit drei Köpfen dargestellt.

Arbeiten durchzuführen hatte. Außerdem war ich noch mit Lebensversicherungsaufträgen beschäftigt.

Am 8. Juni 1967 hatte ich abermals einen interessanten Traum. Ich sah SHREE, wie er einen Nerv, nahe meinem linken Auge, in Stirnnähe ergriff und ihn sofort wieder zurückschnellen ließ. SHREE sagte zu mir:

Ich habe ihn beschnitten, um die geistige Sicht zu mindern. Wenn es notwendig ist, schneide ich mehr.

Einmal fühlte ich, SHREE würde mit Seiner Hand über meinen Körper streichen. Gleich am darauffolgenden Tag (am 11. Juni 1967) hatte ich gegen vier Uhr morgens einen Traum. Ich sah SHREE und verbeugte mich vor Ihm. SHREE liebkoste mich zärtlich und hielt Seine Hand über meinen Kopf. Ich war darüber hocherfreut.

Seit sechs Monaten war ich nicht fähig, am frühen Morgen aufzustehen. Ich stand erst gegen sechs Uhr auf. Da der ganze Tag mit Arbeit, sowohl im Versicherungswesen als auch im juristischen Bereich, ausgefüllt war, war ich immer sehr müde. Ich kam spät ins Bett. Am 13. Juni 1967 hatte ich wieder einen Traum, in dem ich SHREE sah. SHREE sagte:

Bist du noch durch Arbeit beim Gericht belastet?
Du solltest spätestens um fünf Uhr morgens aufstehen.

SHREE war wachsam. Er wollte nicht, daß ich bei meinen Sadhana-Übungen nachlässig würde. SHREE hatte mich somit angewiesen, gegen fünf Uhr morgens aufzustehen. Nach einigen Tagen wachte ich früh auf. Ich konnte nicht schlafen. Es war 1.15 Uhr. Ich ging hinunter zum Dhyan-Tempel und übte bis 2.00 Uhr mein Mantra. Dann kam ich zurück und schlief wieder ein. Ich hatte einen wunderbaren Traum, in dem ich eine Fotografie des Allmächtigen sah! Ich war in Meditation. Als ich die Meditation beendet hatte, trat aus der Fotografie ein Heiliger heraus. Ich war entzückt. Ich hatte gar nicht das Gefühl, im Traum zu sein. Es war, als wäre ich wach und sähe alles wirklich.

Bis dahin hatte ich die Vision von vielen Gottheiten. In meinen Träumen sah ich Maruti, Shiva, Ganapati, Swami Samartha, Dattatreya und andere. Seit einiger Zeit träumte ich sehr typisch. In jedem von drei Träumen sah ich den Himalaya. Ich stand im Tal. Überall lag Schnee. Ich war mir nicht sicher, wieweit ich in meinen Sadhana-Übungen fortgeschritten sei und wünschte, es zu erfahren.

Am 29. August 1967 hatte ich einen schönen Traum. Ich erstieg den Himalaya. Es lag überall Schnee, auch im Tal. Der höchste Gipfel war greifbar nahe, ungefähr 12 m entfernt. Ich mußte nur ein wenig klettern. Meine Tochter Geeta war bei mir, und meine Söhne Uday und Girish. Es führten viele Wege zum Gipfel und alle waren sehr deutlich erkennnbar. Ich war hocherfreut, eine solche Höhe erklommen zu haben. Ich griff in den Schnee. Er schien wie Baumwolle zu sein. Ich schaute überall umher. Es gab nur Schnee, nichts als Schnee. Ich fühlte keine Kälte. An sich sollten wir alle frieren. Ich trug eine wollene Jacke, hatte aber keinen Schal und keinen warmen Mantel. Es waren ganz gewöhnliche Kleidungsstücke.

Zuvor hatte ich am 17. August 1967 einen wundervollen Traum. Da waren lebendige Blumen in verschiedenen Farben. Sie waren sehr hübsch und erschienen lebensecht. Es war auch ein Wasserfall in den Bergen zu sehen. Das herunterstürzende Wasser wurde in Blumen verwandelt. Ich ging hin und berührte das Wasser. Bei meiner leisesten Berührung formten sich sehr hübsche Blumen. Ich dachte, es seien die schönsten Blumen in der Welt. Die Vielfalt der Farben und Lebhaftigkeit in ihnen lag hinter jeder Beschreibung.

Ich war gezwungen, aufgrund verschiedener Verpflichtungen, mehrere Monate lang in Belgaum zu verweilen. In der Meditationspraktik hatte ich Fortschritte gemacht. Das Meditieren fiel mir leicht. Zum Navaratri-Fest fuhr ich wieder nach Akalkot. SHREE sagte zu mir:

Du bist während Navaratri gekommen, einer günstigen Zeit. Sorge dich nicht. Der Lotus hat aufzublühen begon-

nen. Die Blätter öffnen sich. Die Blitzkonzentration auf die Nasenspitze war die Haupthürde, und d u hast sie übersprungen. Deine Rückenschmerzen werden zunehmen. Dies ist unbedeutend. Es gibt tausend Adern des Lotus im Kopf, und du bist dort während der Meditationspraxis nicht gestört.

Dies war sehr wichtig, und du hast es erreicht. Wir sind in materieller Form in deinem Hause gegenwärtig. Das haben mehrere Personen erlebt, sogar die Kinder! Wir halten deine Hand, lassen dich deine Sadhana verrichten und führen dich dorthin. Wir sind nicht weit von dir entfernt. Wir sind in deinem Hause eingekehrt. Du brauchst nichts zu erzählen. Wir wissen alles.

Ich konnte meinen Blick mit Leichtigkeit auf die Nasenspitze konzentrieren, hatte es praktiziert und konnte die Augen ruhig halten. Ich versuchte das Mantra den ganzen Tag zu üben. Meine Rückenschmerzen erlaubten mir nicht, längere Zeit hindurch zu sitzen. Am 9. Oktober 1967 ging ich zu SHREE. Er sagte zu mir:

Du bist im Licht. Du brauchst dir über nichts Sorgen zu machen. Wir haben dir ES als Geschenk gegeben und zeigten ES dir, indem Wir deine Hand hielten. Deine Mudrahaltung ist jetzt natürlich. Du hast keine Schwierigkeiten mehr. Wir haben die Tür geöffnet und dir den inwendigen Schatz gezeigt. Jetzt werden Wir dich an der Hand dorthin führen. Es besteht keine Gefahr, in der Dunkelheit zu straucheln. Dir ist alles gegeben worden. Es ist nichts zurückgehalten, was dir gegeben werden könnte!

Am 12. Oktober 1967, am Vijayadashami-Tag, bereitete ich SHREE's Padya-Puja. SHREE sagte:

Du brauchst dich um nichts zu sorgen. Wir halten deine Hand und führen dich DORTHIN.

Dann nahm SHREE zweimal meine Hand in Seine und berührte meine Brust. SHREE liebkoste zärtlich meinen Rücken und meinen Kopf mit Seiner Hand, drei- oder viermal. SHREE fuhr fort:

Du hattest diese Vision früher. Es war keine Illusion. Die Lotusse[58] blühen einer nach dem anderen auf. Ein Schüler von Lord Parsuram sollte unter keinen Umständen die Nerven verlieren. Sonst wird Lord Parsuram sagen: „Ich erkenne solch einen Schüler nicht an." Du bist mit allem beschenkt worden. Es ist nichts mehr übrig, was dir noch geschenkt werden könnte. Wir halten deine Hand. Sorge dich um nichts.

Zur Meditation saß ich in SHREE's parterre gelegenen Raum in der linken Ecke. Ich mußte wegen meines Wirbelsäulenschadens den Rücken an die Wand lehnen. Dazu benutzte ich ein Kissen als Stütze. Ich konnte nicht längere Zeit sitzen, ohne den Rücken anzulehnen. SHREE's Schüler gingen ein und aus. Leute kamen zum Darshan. Einige stellten Fragen und SHREE antwortete. Ich hörte, daß man redete, war aber nicht interessiert, irgend etwas zu erfahren. Selbst wenn ich zufällig etwas mithörte, war ich nicht daran interessiert. Meine ungeteilte Aufmerksamkeit galt der Meditation und der Konzentration.

Eines Tages beklagte sich ein junge Dame bei mir: „Sie sitzen den ganzen Tag neben SHREE. Ich möchte gerne SHREE einige sehr persönliche Fragen stellen. Kommen Sie doch eine Stunde später in SHREE's Raum oder gehen Sie hinaus, wenn ich ihn betrete." Ich erwiderte: „Das ist nicht möglich. Ich sitze nicht im Raum, um Ihnen zuzuhören. SHREE hat mich aufgefordert, hier zu sitzen. Wenn SHREE es möchte, daß ich für eine Weile gehe, dann werde ich hinausgehen." Am 27. Oktober 1967 ging ich wie gewohnt in SHREE's Raum zur Meditation. Direkt nach Betreten des

---

[58] Chakras.

Raumes sieht man nicht sofort alles deutlich, und ich wurde nicht gewahr, daß mein Platz besetzt war. So ging ich wie immer dorthin, um meine Matte auszubreiten. Die Dame saß da mit ihrer Tochter. Sie stellte einige Fragen an SHREE. SHREE forderte mich auf, in der rechten Ecke Platz zu nehmen, und sagte zu ihr:

Tatya praktiziert Sat-Karma hier. Dies ist sein Platz.

Sie sah erstaunt auf und fragte: „Ist dies sein Platz?" SHREE antwortete:

Wirklich! Wenn jemand sehnliches Verlangen hat, sollte er tun, was er tut. Im Gegensatz zu ihm frönen Sie wertlosem Geschwätz. Welchen Nutzen bringt es?

Sie wurde verlegen und verließ nach einer Weile, mit Scham im Gesicht, den Raum. Ich hatte eine Hürde genommen, jedoch waren meine Rückenschmerzen noch ein Dämpfer. Während der Meditation bekam ich heftige Rückenschmerzen. Es war nicht möglich, länger zu sitzen. Manchmal begann ich zu dösen. Dann begann SHREE, während Er mit jemandem sprach, laut zu lachen. Es war eine Ermahnung für mich, wieder aufzuwachen. Davon wurde ich munter. Manchmal ließ SHREE Seine Finger schnappen und fragte, ob ich Tee oder Kaffee trinken wolle. Oft trank ich etwa viermal Tee oder Kaffee im Laufe des Morgens. Selbst wenn SHREE Seine Gebete verrichtete oder mit jemandem sprach, beobachtete Er mich in jedem Moment.
Am 24. Oktober 1967 hatte ich einen Traum. SHREE sagte zu mir:

In anderthalb Monaten wird sich dein Rücken bessern.

SHREE hatte mir Seine ewigen Fußabdrücke als Prasad in einer Silberplatte gegeben. Während der Übergabe des Prasads waren die Abdrücke ein wenig verlöscht. Am 28. Oktober 1967 sagte SHREE, darauf Bezug nehmend:

Du warst fassungslos und wurdest von deinen Angehöri-gen wegen der Silberplatte angesprochen. Jetzt kannst du ihnen sagen, Kuravpur ist in dein Haus gekommen. Shreepad Shree Vallabh,[59] dessen sterbliche Überreste in Kuravpur verblieben, und Seine Fußabdrücke sind zu dir gekommen.

Zur Meditation saß ich in SHREE's Raum. Aber manchmal war ich gestört und nicht in der Lage, mich wegen meiner starken Rückenschmerzen zu konzentrieren. Andere Male fühlte ich Müdigkeit und war nicht recht fähig. Jedoch wich ich von meiner täglichen Gewohnheit nicht ab und blieb regulär. Wenn ich zufällig eindöste, lachte oder sprach SHREE laut. Das munterte mich wieder auf. Ich fing das Signal jeweils auf. SHREE lud mich häufig ein, mit ihm zusammen eine Tasse Tee zu trinken, was mich sehr erfrischte. SHREE zeigte mir ein Wunder, um meinen Glauben an die Sadhana-Übungen zu stärken. SHREE ließ eine Maus im Samadhi-Zustand in Seiner Gegenwart sitzen. Zuerst für 24 Stunden, dann für 36 Stunden.

Am 31. Oktober 1967 sprach SHREE um meinetwillen zu irgend jemandem mit lauter Stimme:

Man sollte immer glücklich sein. Dann ist der Allmächtige ebenfalls erfreut und segnet einen großherzig. Du solltest dir das Beispiel einer Person vor Augen führen, die ein kleineres Einkommen als du hat. Man sollte sich nicht nach dem Fallen der anderen sehnen. Du magst in der Lage sein, jemanden zu strafen. Aber nur auf Kosten deiner eigenen geistigen Degradierung. Die Maus im Samadhi-Zustand zeigt dir

(an mich gewendet:)

Ich habe ES erreicht.

---

[59] Eine der Inkarnationen Lord Dattatreya's, der in dem Heiligen Ort Kuravpur inkarniert war.

Du kannst ES mit Sicherheit auch erreichen. Dies ist der
nächste Schritt! Samadhi!
Selbst Landeshoheit ist im Vergleich zu ES wertlos.
Der Allmächtige hat dir alle Sinnesorgane gegeben. Wenn
der Allmächtige dich glücklich sieht, ist der Allmächtige
ebenfalls sehr erfreut. Patanjali schreibt: „Man fühlt
nichts mehr, selbst wenn eine Lawine von Katastrophen
niedergeht, während man sich im Samadhi befindet! Der
Allmächtige weiß, was du verdienst. Du brauchst um
nichts zu bitten."

SHREE sagte dieses alles zu jemandem, indem Er mich ansah.
Die Erzählung war für mich bestimmt, und die andere Person
fungierte als Zuhörer. SHREE ermutigte mich häufig, so daß
ich in der Befolgung der Sadhana nicht nachließ. Ich bemühte
mich fleißig, aber manchmal fühlte ich mich entmutigt.
Ich machte die Erfahrung der Gita-Worte, daß der Pfad der
Selbst-Realisierung so schwierig war wie das Gehen auf eines
Messers Schneide.

क्षुरस्य धारा निशिता दुरत्यया ।

—(कठोपनिषत् १४−१)

Kathopanishat 14 − 1

Dies war die Zeit, in der SHREE mir ein Wunder zeigte, um
meinen Glauben in die Meditation zu stärken. Die Bildnisse
verschiedener Gottheiten waren in einer Ecke in SHREE's
ebenerdig gelegenem Raum aufgestellt. SHREE ließ dort eine
Maus im Nirvikalpa-Samadhi-Zustand für 24 Stunden sitzen.
SHREE forderte mich auf, sie gut zu beobachten. Viele Personen hatten das Glück, die Maus in diesem Zustand zu erleben!
Die Maus saß in Diamantensitz-Haltung[60] und hatte ihren
Blick konzentriert. Man konnte nur zwei Beine der Maus

[60] Yoga-Sitzposition: der Spann liegt auf dem Boden auf, Gesäß auf den Fersen.

110

sehen, die anderen zwei waren gekreuzt. Die Maus saß da mit leicht nach vorn geneigtem Kopf. Während dieser vierundzwanzig Stunden wurden laut Andachten gesungen, Glöckchen geläutet, Trommeln geschlagen und die Leute machten Lärm. Einige hielten den Lichtstrahl ihrer Taschenlampen auf die Maus gerichtet und beobachteten sie aus geringer Distanz. Einer von ihnen streichelte sie mit einem Stock, während ein anderer sie mit einer scharfen Spitze eines Küchengerätes pickste. Jedoch es störte sie nicht im geringsten, und sie blieb, in jeder Hinsicht unberührt, im Samadhi. Während dieser Zeit zeigten sich an der Maus keine normalen Anzeichen und Funktionen eines Lebewesens wie Essen, Trinken, Schlafen oder Stuhlgang. Der Anblick war nicht nur aufregend, sondern gleichzeitig eine wertvolle Studie. Ich hatte der ganzen Begebenheit persönlich beigewohnt. Das ist der Samadhi-Zustand, in dem man wie ein hölzerner Klotz sitzen kann. Genau nach 24 Stunden kam die Maus aus dem Samadhi-Zustand heraus. Wir verglichen die Zeit auf der Uhr.

Am nächsten Tag versetzte SHREE dieselbe Maus an derselben Stelle für 36 Stunden in den Samadhi. Selbst eine Maus konnte ES erreichen, ohne etwas dafür zu tun. Der Mensch ist der Maus haushoch überlegen. SHREE wollte mir das zeigen und verdeutlichen, daß kein Grund vorhanden sei, die Nerven zu verlieren. Ich mußte meine Sadhana mit fester Entschlossenheit fortsetzen.

अभ्यासेन तु कौन्तेय वैराग्येण च गृह्यते ।

— (गीता ६-३५)

(Lord Krishna sagte: Arjuna[61], du kannst dein Gemüt mit ausdauernder Praxis und Freisein von Wünschen besiegen.)

Ghita VI − 35

Ich hatte die Erfahrung des Nirvikalpa-Samadhi 1964 gemacht. Heute hatte mir die Maus dasselbe gezeigt.

---

[61] Sprich: Ardschuna.

111

SHREE hatte dieses Wunder bereitet, um den Samadhi-Zustand eines Yogi, der Kontrolle über sein Gemüt hat, zu zeigen. Wir haben über Begebenheiten gelesen, in welchen sich über dem Körper von Yogis Ameisenhaufen bildeten, während sie im Samadhi-Zustand wie hölzerne Klötze für Hunderte von Jahren saßen.

In der Taittiriya-Upanishad ist ein Kapitel mit dem Titel Anandvalli. Darin ist gesagt, daß alle Freuden, die jemand durch Erwerben alles Wohlstandes der Welt erhält, menschliche Freuden genannt werden. Prajapati's Freude ist mehrere Male mehr als menschliche Freuden. Brahmananda[62] ist Hunderte Male Prajapati's Freude und kann nur im Nirvikalpa-Samadhi erfahren werden. Ich hatte diese Freude durch SHREE's Gnade erlebt, und es wurde gezeigt, daß sogar eine Maus ES erfahren kann.

Die Bilder von Yogi im Samadhi-Zustand sind für gewöhnlich nicht zu erhalten. Es wäre für die Wissenschaft der Mühe wert, die Mudra-Haltung, Position, sowie Erscheinung von Yogis in ihrem Samadhi-Zustand von Bildern zu studieren. Niemand dachte daran, von der Maus ein Bild zu machen. Es muß gesagt werden, daß eine wertvolle Gelegenheit verpaßt wurde. Im Nirvikalpa-Samadhi-Zustand hat der Yogi keine Beziehung zu jeglichem, was auch in der Außenwelt geschieht. Selbst wenn sein Körper zerteilt würde oder dem Feuer ausgesetzt wäre, käme er nicht aus dem Samadhi-Zustand heraus! Sein Gemüt ist vollständig vertieft in die himmlische Freude. Selbst eine Katastrophe von den Ausmaßen der Himalayas würde ihn nicht aufschrecken.

यं लब्ध्वा चापरं लाभं मन्यते नाधिकं ततः ।
यस्मिन्स्थितो न दुःखेन गुरुणाऽपि विचाल्यते ॥
तं विद्याद् दुःखसंयोगं वियोगं योगसंज्ञितम् ।
स निश्चयेन योक्तव्यो योगोऽनिर्विण्णचेतसा ॥

—(गीता ६-२२, २३)

---

[62] Göttliche Freude.

(Yoga ist die Befreiung von der Verhaftung an Kummer und Sorge. Es befähigt einem zur Erwerbung des Selbst und enthüllt, daß alle anderen Wohltaten unbedeutend sind. Es befähigt einen zur Konzentration auf die Identifizierung mit dem Selbst, so daß man durch keine Katastrophen gestört wird. Dieser Yoga sollte glücklich und mit Entschlossenheit praktiziert werden.)

Ghita VI −22,23

SHREE sah, daß ich durch die Umstände entmutigt war und sagte am 5. November 1967 zu mir:

Die Maus hat dir erzählt: „Ich habe ES erreicht, als ich hier saß! Du bist Mensch, und es gibt keinen Zweifel, daß du ES erreichen wirst."

Wenn eine Blechtafel ein Loch hat, gehen Strahlen hindurch. Blickst du durch diese Öffnung, dann kannst du direkt die Sonne sehen. Dazwischen ist kein Hindernis mehr. Ähnlich ist es, wenn du deinen Kopf vor den heiligen Füßen einer vollkommenen Inkarnation des Allmächtigen neigst. Es ist nicht weniger, als das Verneigen vor Lord Vishnu selbst!

Sadguru gibt ständig acht auf Seine Schüler.

Er beschützt den Schüler immer.

Wenn eine Person nicht vollkommen ihre Wünsche zurückstellen kann, wird sie wiedergeboren.

Wenn jemand Einssein mit dem Allmächtigen erreicht und sein Sohn ihn mit „Vater" anredet, antwortet er ihm. Dies erweckt zuerst seine väterlichen Gefühle und danach seine göttlichen. Später versteht er, daß er auf den Ruf geantwortet hat, und daß er mit dem Allmächtigen Eins ist. Auf der anderen Seite, wenn er als eine Inkarnation des Allmächtigen geboren ist und sein Sohn ihn Vater nennt, antwortet er auf den Anruf zuerst als der Allmächtige und danach kommen die väterlichen Gefühle in ihm auf, da er der Vater ist. Das ist ein wichtiger Unterschied. Die Maus hat gezeigt, was du durch die Praxis der Medi-

113

tation hier erreichen kannst — den segensreichen ewigen Samadhi!

Diejenigen, welche dich mit der segensreichen Gottes-schau beschenkt haben, ohne Dazutun irgendwelcher Bemühungen deinerseits, können ES zu jeder Zeit schen-ken. Sie sind immer dazu gewillt. Sie haben ihre Hand nicht zurückgezogen.

Zum ersten Mal begriff ich den Unterschied zwischen einem Propheten und einer Person, die Einssein mit dem Allmächtigen erreicht hat. Wenn jemand den Zyklus der Wiedergeburten beenden will, muß er vollständig frei von jedweden Wünschen werden. SHREE sicherte es mir wieder und wieder zu. SHREE ermutigte mich. Er wiederholte die Versicherung, die segensreiche Gottesschau zu erreichen.

Am 8. November 1967 ging ich in SHREE's Raum und bat ihn, mir die Bedeutung von ,,Kritartha"[63] zu erklären.

SHREE sagte:

Kritartha ist jene Person, die nichts zu erhalten wünscht, wenn sie ihren Körper verläßt. Es gibt vier Purusharths[64] —Dharma,[65] Artha,[66] Kama[67] und Moksha[68]. Er will nichts. Du kannst heute auch sagen ,,Ich bin der Befähigte". Es ist für ihn dasselbe, ob er einen Beruf hat oder nicht. Er ist frei von Wünschen. Niemandem schuldet er etwas. Er braucht für Frau und Kinder nichts zu verdienen, weil er seine Pflichten ihnen gegenüber schon erfüllt hat. Es gibt nichts mehr, was er tun müßte. Er braucht niemandem etwas zu geben. Selbst Erlösung erwartet er nicht. Das ist die Beschreibung des Kritartha!

[63] Der Befähigte
[64] Befähigungsfelder.
[65] Religion.
[66] Wohlstand.
[67] Wünsche.
[68] Erlösung.

114

Einmal bekam ich Fieber und hatte heftige Kopfschmerzen. Es war ungefähr acht Uhr abends. Es war nicht möglich, zu meditieren. Nachdem SHREE mir Sadhana gegeben hatte, war ich angewiesen worden, auch noch abends zu baden. Dementsprechend badete ich zweimal täglich. An diesem Tag war es für mich nicht möglich, ein Bad zu nehmen. Mukunda wußte, daß ich noch nicht gebadet hatte. Ich wartete auf SHREE, der sich nach dem Essen in seinem Raum, in der ersten Etage zur Ruhe begab. Nach Aufstellen der Räucherstäbe in seinem Raum war ich ohne Aufgabe. Mukunda kam zu mir und fragte: „Tatya, hast du gebadet?" Ich erwiderte: „Ich habe Fieber und heftige Kopfschmerzen und bade am Abend nicht. SHREE hat sein Essen fast beendet. Ich muß noch die Räucherstäbe in seinen Raum tragen und habe keine Zeit mehr." Mukunda fragte mich geradeheraus: „Willst du sterben, Tatya?" Ich verneinte. Darauf sagte er: „Nimm zuerst ein Bad. Du wirst dein Fieber loswerden, Kopfschmerzen und was sonst noch." Ich bat ihn, mir einen Eimer zu geben, und beendete mein Bad in ein paar Minuten. Dann sagte ich ihm, daß ich mich ein bißchen besser fühle. Am nächsten Tag lächelte Mukunda, und seine erste Frage lautete: „Wie geht es deinem Fieber, Tatya?", worauf ich antwortete: „Keine Temperatur. Die Kopfschmerzen sind gestern noch vergangen." Lächelnd ging er davon.
Wie gewöhnlich saß ich in SHREE's Raum zur Meditation. Da war mit einem Mal ein deutlicher Laut in meinem Bauch hörbar. Eine aufwärtsströmende Bewegung von Gas machte sich bemerkbar. Selbst die Eingeweide wurden deutlich nach oben gehoben. SHREE verrichtete seine tägliche Andacht. Er fragte, während Er unterbrach:

Hast du Bauchschmerzen?

Ich sagte: „Nein". Aber kaum hatte ich visuelle Konzentration erreicht, begann die Schwierigkeit aufs neue. Wieder fragte SHREE:

Hast du Bauchschmerzen?

Ich antwortete mit einem schwachen Nein. Ich glaubte, es wäre unbedeutend, und so zögerte ich, SHREE davon in Kenntnis zu setzen, und antwortete verneinend. Dann setzte ich die Meditation fort. Plötzlich wurden die Eingeweide durch einen größeren Impuls bewegt. Ich unterbrach die Meditation und sah SHREE an. Wieder fragte mich SHREE:

Hast du Bauchschmerzen?

Dieses Mal bejahte ich und erzählte alles. SHREE sagte:

Wir spürten deinen Puls. Warum verneintest du die Frage? Das ist der Grund, weshalb Wir dich zweimal fragten!

SHREE beauftragte jemanden, „Bhaskar Lavan Churna" zu besorgen, und riet mir, es einzunehmen. Ich nahm davon drei- bis viermal am Tag eine geringe Dosis.

Eines Tages kam Mukundas Mutter Vijubai wegen einer Rechtsangelegenheit nach Belgaum. SHREE hatte ihr geraten, bei uns zu bleiben. Sie litt an chronischem Asthma und war krank, als sie nach Belgaum aufbrach. Am Ankunftstag mußte sie das Bett hüten, bekam Temperatur und asthmatische Anfälle. Sechs Tage ärztliche Behandlung konnten ihr keine Erleichterung verschaffen. Der untersuchende Arzt teilte mir mit, daß kein Grund zur Sorge bestehe. Aber meine Familie machte sich weiterhin Sorgen und glaubte, daß sie nicht länger als einige Tage am Leben bliebe. Ich war überzeugt, daß sie gerettet würde, weil SHREE sie hierher geschickt hatte. Ihrem Wunsch entsprechend sandte ich ihrem Bruder ein Telegramm. Er war in Sholapur, wo auch SHREE sich eine Woche aufhielt. SHREE sagte zu ihm:

Es ist nicht notwendig, daß du nach Belgaum fährst. Tatya sorgt sich besser um sie, als deine Eltern.

Jedoch erlaubte ihm SHREE, angesichts seiner Befürchtungen nach Belgaum zu reisen. Vijubai hatte sich bis zu sei-

116

ner Ankunft in Belgaum bereits völlig erholt. Beide kehrten nach einigen Tagen zurück.

Ich erinnere mich an einen anderen Vorfall, als meine Schwester Tai mir ein englisches Buch über Shri Satya Saibaba[69] gegeben hatte. Ich las jeden Tag ein wenig darin. Nach zehn Tagen kam mir die Idee, ihn aufzusuchen. In Akalkot sagte SHREE zu mir:

Du hattest einige Zeit Unsicherheit im Gemüt.

Darauf beschloß ich sogleich, nirgendwo anders hinzugehen. Später kam Shri Satya Saibaba nach Belgaum. Seine Veranstaltung wurde unweit unseres Hauses durchgeführt. Irgend jemand schlug mir vor, dort hinzugehen. Aber ich ging nicht. Ich erfuhr zu jeder Zeit die Tatsache, daß SHREE ganz und gar über mir wachte, schon von Anbeginn.

Am 12. Oktober 1967 ging ich zu SHREE.

Er sagte zu mir:

Heute ist Kartik Ekadashi. Wir werden dir eine Geschichte erzählen. Höre aufmerksam zu. Sie ist in Gedichtform geschrieben. Lies sie regelmäßig und vergiß nichts. Es ist die Essenz der sechs Shastras[70] und der „Achtzehn Puranas".[71] Wenn du dich daran erinnerst, brauchst du dich an nichts weiter zu erinnern.

मना गडघा घेई उडी तांतडीनें
आत्महृदय सागरी ॥धृ॥

एक दोन जरी उडघांस
यई न धन तव करास
"रत्नाकर" ओस खास समज ना धरी ॥

मना गडघा घेई उडी तांतडीनें
आत्महृदय सागरी ॥१॥

---

[69] Von Sirdhi; nicht identisch mit Saibaba aus der Nähe von Bangalore.

[70] Alte heilige Schriften.

[71] Geschichte des Altertums.

कामादिक नक्र सहा फिरती
त्यांत दुष्ट महा
भक्ष्य लोभ धरनि महा
नित्य वैखरी
मना गडधा घेई उडी तांतडीने
आत्महृदय सागरी ॥२॥

*Oh! Teures Gemüt, tauch' schnell hinab in den Ozean
deines Herzens!*
*Ob ein- oder zweimal, deine Hände können den Schatz
nicht fassen.*
Fühle nicht, „Ratnakar" sei trocken.
*Oh! Teures Gemüt, tauch' schnell hinab in den Ozean
deines Herzens!*
Darin bewegen sich Wünsche und ihre Gefährten,
Sehr boshaft sind sie,
und gierig auf der Suche nach Beute,
lauern sie ständig in offenbarer Gestalt.
*Oh! Teures Gemüt, tauch' schnell hinab in den Ozean
deines Herzens.*

(Ratnakar ist der Vorname des Autors. Es bedeutet aber
auch der „Ozean".)

Dann sagte SHREE zu mir:

*Wenn diese Maus für vierundzwanzig Stunden und aber-
mals sechsunddreißig Stunden in Samadhi ging, ist Ratnakar, der hier sitzt, nicht weniger!*

Ich übte meine Sadhana täglich, jedoch war ich nicht in der
Lage, für längere Zeit in der Spanne zu sitzen. Das kostete
mich Nerven. SHREE ermutigte mich auf jede erdenkliche
Art. SHREE hatte mich gewarnt, wachsam gegenüber den
sechs großen Feinden zu sein — einschließlich der Wünsche.
Die meisten Schüler fallen dadurch. Man muß in erster Linie

vor diesen Gefahren auf der Hut sein. Dieses erinnerte mich an einen Kirtankar[72].

Jener Sänger war in das Math gekommen. Ich badete abends und ging gerade dorthin. Er hatte eben gebadet und wusch sein Dhoti[73] in einem Eimer im Baderaum. Ich wollte mein Bad in etwa fünf Minuten beenden, um dann wieder zur Meditation in SHREE's Raum zurückzusein. Ich wollte nicht eine einzige Minute vergeuden, und so nahm ich einen Eimer voll Wasser und bat ihn, herauszukommen. Er rief mir aus dem Baderaum zu: „Ich wasche meinen Dhoti. Ist ein Tiger hinter Ihnen her? Können Sie nicht einmal draußen baden?" Er wußte sehr wohl, daß ich die meiste Zeit des Tages in SHREE's Raum mit Meditation verbrachte. Es war ein geringfügiger Anlaß. Ich meinte, er hätte wenigstens nicht im Math schreien sollen und antwortete: „Es würde mir nichts ausmachen, im Hof zu baden, aber die Damen gehen hier ein und aus. Würde es für eine Person wie mich anständig aussehen, dort zu baden? Aber sicher können Sie dort ihr Dhoti waschen." Er kam aus dem Baderaum heraus, und ich ging hinein.

Dies ist die Geschichte einer Person, die die Leute aus voller Kehle zu ermahnen suchte, ihren Stolz aufzugeben. Aus diesem Grund sagte Tukaram Maharaj: „Tue, was du lehrst."

Ich hatte wenig Zeit, mich im Math mit jemandem zu unterhalten. Nach dem Essen hatte ich ein bißchen Zeit und konnte mich eine Weile mit Shri Holkar oder Mansukhabhai unterhalten.

Man bleibt bei Sadguru in erster Linie, um seinen Stolz loszuwerden. Der Mensch kann alle seine Sinnesorgane kontrollieren. Aber er kann ohne den Segen eines Sadguru nicht vollkommen von seinem Stolz befreit werden. Allein Sadguru kann den Stolz austreiben, und wenn man nicht vom Stolz frei wird, kann man im Königreich des Allmächtigen keine Fortschritte machen.

---

[72] Hymnen-Sänger.
[73] Kleidung.

Am 17. Novermber 1967 saß ich wie gewohnt zur Meditation in SHREE's Raum auf dem Boden. Nach einiger Zeit kam eine große Maus und setzte sich in die Ecke. SHREE rief mich und zeigte sie mir. SHREE sagte zu mir:

Heute ist ein freudiger Tag, weil du Darshan von Swami Kartik[74] haben wirst. Die Maus ist aus diesem Grund gekommen. Habe ihren Darshan.

Als ich mich zur Meditation setzte, kam die Maus bis an die Türschwelle, bis beinahe einen Fuß von mir entfernt heran. Sie schaute mich flüchtig an und lief dann weg. SHREE sagte:

Die Maus schaute dich an, bevor sie wegging. Sie gab dir eine Botschaft: Deine Meditation macht gute Fortschritte. Setze sie fort. Ich saß auch hier und ging in den Samadhi. Du wirst ES auch erreichen. Ich bin als Tier geboren und erlange den Samadhi-Zustand. Du aber bist ein Mensch.

Innerhalb weniger Tage hatte ich einen wunderschönen Traum. Ich war in Nordindien, wahrscheinlich in Benares. Dort ging ich in einen Tempel. Ein Priester kam zu mir und trug mir auf, bestimmte Dinge zu tun. Ich hörte ihm nicht zu und begann wie gewöhnlich Bhargava Kavach[75] zu singen. Ich konnte es nicht ordentlich vortragen. Es war ein Steinbildnis von Lord Ganapati vor mir in einem Raum. Ich hörte das Bild sagen: „Ram, Ram." Ich war überrascht und hob das Bild auf. Es sagte wieder: „Ram, Ram." Es war ein steinernes Bild!
Einige Tage später kam Shri Maharaj Gaikwad plötzlich zu mir. Er benachrichtigte mich, daß ein Yagna[76] in Kolhapur

---

[74] Swami Kartik ist ein älterer Bruder von Lord Ganapati. Die Maus ist der Fuhrmann (Träger) von Lord Ganapati in der indischen Mythologie.

[75] Bhargava Kavach ist ein Lobgesang für Lord Parsuram. Er dient dem Frommen, der ihn regelmäßig singt, wie eine Rüstung.

[76] Feuerzeremonie.

120

stattfinden sollte und sie dazu Ghee[77] brauchten. Ich traf Dispositionen für das Ghee. Er lud mich nach Kolhapur zum Yagna ein. Die endgültige Opfergabe dafür war für den 9. Mai 1968 vorgesehen. Ich fuhr mit meiner Familie nach Kolhapur. Nachts gegen elf Uhr hatte ich SHREE's Darshan. SHREE war eben im Begriff, sich zurückzuziehen, als Er mich jedoch sah, lud er mich zum Hinsetzen ein und sagte:

Wir erinnern uns sehr gut an dich. Du kamst nicht, und es war nicht möglich für Uns, nach Belgaum zu kommen. Wir fanden mit dem Ghee eine Ausrede und sandten Murari, dich hierher zu rufen. Wir sind aus Akalkot gekommen und du aus Belgaum. Kolhapur ist ein berühmter Ort. Es ist ein einzigartiger Platz, um Shri Chakra[78] zu halten. Wir hatten unser Zusammenströmen der Liebe hier, ähnlich dem Zusammenfließen von Krishna und Koyana[79].

Und dann lächelte SHREE. Ich hörte SHREE aufmerksam zu und war sehr gerührt, denn mir war SHREE's Liebe zu mir bewußt. Heute hatte mich SHREE wieder daran erinnert. SHREE wurde hier eine Marmorbüste überreicht, die Shri Swami Samarth darstellt, den Gründer von Akalkot und die dritte Inkarnation von Lord Dattatreya.

Zwischenzeitlich hielt ich mich einige Zeit in Belgaum auf und fuhr dann nach Akalkot zurück. Im Bus wurde mein Knie verletzt. Ich befürchtete, nicht mehr in richtiger Position zur Meditation sitzen zu können. In der Nacht sah ich im Traum SHREE, der das schmerzende Knie behandelte. Als ich morgens aufstand, war mein Bein normal!

Am 14. Juni 1968 erzählte ich SHREE, daß ich immer noch nicht fähig sei, für längere Zeit zu meditieren. SHREE sagte daraufhin:

---

[77] Butterschmalz.
[78] Shri Chakra: indisches Fest.
[79] Krishna und Koyana: indische Flüsse.

Es macht nichts. Die Maus hat dir gezeigt, daß du ES hier erreichen kannst. Du bist nicht in einem verwirrten Geisteszustand. Du weißt, wohin du gehst und was dein Ziel ist. Du hast ES gesehen, und Wir haben dir bereits versichert, daß Wir dich dorthin führen werden. Dies ist der wesentliche Unterschied zwischen dir und den anderen. Die anderen wissen nicht, wohin sie gehen. Wie könnte eine Person, die nicht selbst ES gesehen hat, fähig sein, ES dir zu zeigen. Sie tappt deshalb im dunklen. Dein Pfad ist gut beleuchtet, und du reist auf einem erleuchteten Weg. Dein letztes Zeil ist bestimmt, und ES wurde dir gezeigt. Du hast ES selbst erfahren. Es ist kein Buchwissen.

So geschieht es, daß man den Allmächtigen nicht erkennt, selbst wenn man sich in Göttlicher Gegenwart befindet. Man behandelt den Herrn dann nicht mit genügender Ehrfurcht. Arjuna benahm sich gegenüber Lord Krishna sehr frei, als ob er ein Familienmitglied sei. Er schämte sich und bereute es. SHREE sagte:

Die Gestalt erscheint nur fünf Fuß groß, aber sie wird gewaltig groß erscheinen, je nach Aufnahmefähigkeit des Betrachters. Man kann den Herrn die Wolken und den Himmel einnehmen sehen. Man sollte nicht engstirnig sein. Der Allmächtige sieht wie ein Mensch aus. Der Herr spricht, geht, ißt und trinkt. Der Herr stellt Fragen wie ein gewöhnlicher Mensch. Aber gleichzeitig beantwortet der Herr alle Fragen. Der Herr weiß alles. Das ist die Größe Gottes. Denn der Herr hat eine Anzahl von Universen aus Seinem Körper hervorgebracht.

सखेति मत्वा प्रसभं यदुक्तं हे कृष्ण हे यादव हे सखेति ।
अजानता महिमानं तवेदं मया प्रमादात्प्रणयेन वापि ॥४१॥
यच्चावहासार्थमसत्कृतोऽसि विहारशय्यासनभोजनेषु ।
एकोऽथवाप्यच्युत तत्समक्षं तत्क्षामये त्वामहमप्रमेयम् ॥४२॥

पितासि लोकस्य चराचरस्य त्वमस्य पूज्यश्च गुरुर्गरियान् ।
न त्वत्समोऽस्त्सभ्यधिक: कुतोऽन्यो लोकत्रयेऽप्यप्रतिमप्रभाव ॥४३॥

(गीता ११-४१, ४२, ४३)

(Ich habe Deine Größe und universelle Gestalt nicht wahrge-
nommen und unwissend oder törichterweise betrachtete ich
Dich als mir gleich, schloß Freundschaft mir Dir und sprach
Dich an als ,,Krishna! Yadava! Lieber Freund!'', ohne Dir die
entsprechende Höflichkeit zu erweisen. Ich habe Dich auch
nicht mit der nötigen Ehrfurcht behandelt, während ich bei
einem Ausflug scherzte, während des Schlafes, während ich
Dir einen Sitz oder Essen anbot, während Du allein oder mit
anderen zusammen warst. Mein unendlicher Herr, ich bitte
Dich um Vergebung für alle diese Versehen. Du bist der
Schöpfer von allem, Hochverehrt und der Große Guru. Oh,
Lord Krishna, Dein Einfluß ist der Allerhöchste. Es gibt
niemanden, der Dir gleicht, in den drei Teilen des Universums. Wer könnte Dich dann übertreffen.)

Ghita XI 41, 42, 43

Am 17. Juni 1968 führte einer der Jünger SHREE's Padya-
Puja aus. Ich sagte: ,,Am 21. August werden es vier Jahre
sein, daß ich von Euch Sadhana empfing.'' Dazu äußerte
sich SHREE:

*Du bist in den vier Jahren weiter als erwartet vorange-
kommen. Du hast in dieser Zeit außergewöhnliche Fortschritte gemacht. Denke daran!*

Am 5. Juli 1968 erzählte mir SHREE eine Geschichte:

*Einmal ging Gorakshanath unter einem Baum in den Sa-
madhi. In dieser Zeit war Bhartruhari der höchste Herr-
scher und befand sich gerade auf einem Jagdausflug. Sein
Pfeil verletzte ein Reh. Das Reh fiel in den Schoß von
Gorakshanath und starb. Sein Samadhi wurde gestört. Es*

ist eine große Sünde, den Samadhi eines Yogi zu stören.
Bhartruhari, der König, kam und verlangte seine Beute.
Gorakshanath fragte: „Welche Beute? Wessen Beute?
Dich wird dasselbe Schicksal wie das Reh treffen."
Der König fragte: „Warum? Weißt du, wer ich bin? Ich
bin der höchste Bhartruhari. Gib meine Beute ohne viel
Aufhebens zurück, sonst wird dieser Pfeil dir dasselbe
Schicksal wie dem Reh bereiten." Gorakshanath sagte
darauf: „Der allein hat das Recht zu töten, der das Le-
ben wiedergeben kann." Bhartruhari fragte sarkastisch:
„Warum gibst du dann diesem Reh nicht das Leben?"
Gorakshanath erwiderte: „Was bist du bereit zu tun,
wenn ich es tue?" Worauf der König sagte: „Ich werde
meine Krone aufgeben und Zuflucht zu deinen Füßen
suchen." Gorakshanath nahm ein wenig Wasser, sprach
ein Mantra und besprengte das Reh. Sofort erhob sich das
Reh, schaute sich um und lief davon. Bhartruhari nahm
seine Krone ab und legte sie Gorakshanat zu Füßen. Er
nahm Zuflucht zu seinen Heiligen Füßen.

SHREE hatte mir die Geschichte von König Bhartruhari erzählt, um mir verständlich zu machen, daß die Glückselige
Vision, die ich erlebt hatte, um vieles größer ist als die Größe
des höchsten Königs.
Ahitagni Apte bereitete in Nagargaon, einem Dorf in Goa,
ein Yagna. SHREE war aus diesem Anlaß dorthin gekommen.
Wir fuhren alle zu diesem Yagna. Auf dem Rückweg besuchte
SHREE unser Haus in Belgaum.
Am 27. Januar 1969 wachte ich gegen Mitternacht auf. Ich
konnte nicht wieder einschlafen und übte daher einige Mantra. Ganz plötzlich gab es entlang der ganzen Wirbelsäule eine
sehr intensiv zu spürende Bewegung. Der Rücken fing an zu
vibrieren, als ob er geschüttelt würde. Ich fühlte mich ausge-
sprochen wohl dabei. Kurze Zeit danach legte ich mich wieder schlafen. Im Traum sah ich SHREE und hörte Ihn zu mir
sagen:

124

So etwa solltest du sitzen, während du Bhargavakavach[80] übst, und geradeaus schauen.

Ich übte zwar Bhargavakavach, sah dabei aber nicht geradeaus. SHREE hatte mir auf diesem Weg Führung gegeben. Am 11. Oktober 1971 lag ich in unserem Haus in Belgaum im Bett. Plötzlich gab es für etwa zwanzig Sekunden in meinem Körper eine innere Bewegung. Dies bereitete mir unaussprechliche Wonne. Nach weiteren fünfzehn Minuten wiederholte sich eine ähnliche Bewegung.
Am 18. Dezember 1971, als ich wieder in meinem Bett lag, hörte ich plötzlich den Bhramari Naad[81]! Mein ganzer Körper wurde zum Zentrum des Bhramari Naad-Sounds wie ein elektrischer Generator. Ich erlebte himmlische Glückseligkeit und hätte noch nicht einmal einen flüchtigen Blick auf Diamanten geworfen, wenn sie in Haufen vor mir ausgeschüttet worden wären. So war ich völlig in Ewiger Glückseligkeit versunken. Nach etwa fünfzehn Sekunden setzte der Bhramari Naad-Sound aus.
Am 4. Juli 1969 sah ich SHREE im Traum. SHREE sprach zu mir:

Welches Mahadasha[82] erlebst du?"

Ich sagte: ,,Rahu." SHREE erläuterte:

Es würde dich zwei Jahre kosten, Erfolg zu erzielen.

Einmal unterhielten wir uns über Astrologie. SHREE sagte zu dieser Zeit:

Ein Astrologe mag fähig sein, die Geschehnisse in deinem Leben vorauszuberechnen, aber er ist nicht fähig, sie zu ändern.

---

[80] Mantra.
[81] Ein von den Yogis angestrebter Tonklang, der ähnlich dem Summen einer Biene gehört wird. Eine wunderbare kosmische Tonschwingung, die für den Geübten hörbar ist.
[82] Astrologischer Zeitabschnitt, verbunden mit den Einflüssen der Planeten.

Bei einer anderen Gelegenheit sagte SHREE:

Jeder Mensch lebt in einem Seinszustand, den er aufgrund seiner vergangenen Handlungen erreicht hat. Wenn er ein trauriges Dasein verbringt, kommt es von seinem üblen Karma. Die Menschen kommen zu Uns, um von weltlichen Bindungen befreit zu werden. Wenn sie Uns nicht Folge leisten, müssen sie neu geboren werden.

Am 7. September 1969 hatte ich einen Traum. Da war eine liebenswerte Fotografie von Lord Krishna. Er zeigte die Position zur Konzentration der Augen auf die Nasenspitze. Seine Gesichtszüge waren gebräunt. Ich schaute zu ihm hin. Er öffnet seine Augen und sah mich lächelnd an. Dann konzentrierte er sich wieder. Ranganath war bei mir. (Ich hatte ihn bei meinem ersten Besuch mit nach Akalkot genommen.) Ich führte Ranganath vor die Fotografie. Abermals öffnete Lord Shree Krishna seine Augen und sah mich an. Ranganath war nur fähig, seine Vision der Konzentration zu sehen. Lord Shree Krishna lächelte noch einmal und sagte:
„Du machst gute Fortschritte in deinen geistigen Übungen.[83] Deine Sadhana-Übungen begannen im Mutterleib. Du leidest an Rückenschmerzen. Dein Rückenleiden wird sich bessern, und dadurch wirst du fähig sein, deine Sadhana zu intensivieren."
Wiederum lächelte er. Jetzt hatte er hellblaue Gesichtszüge. Im Augenblick hatte die Fotografie wieder ihr normales Aussehen, mit dem Herrn in seine Vision konzentriert. Mein Freund war nicht in der Lage gewesen, irgend etwas zu hören oder zu sehen.
Zu einem späteren Zeitpunkt fragte ich SHREE, wie eine Person in der Lage sein könnte, schon im Mutterleib Sadhana zu praktizieren. SHREE sagte:

Es stimmt. Du hast einen bestimmten Grad der Sadhana im vergangenen Leben erreicht. Daher hast du von die-

---

[83] Sadhana.

sem Punkt aus fortgesetzt, während du im Mutterleib warst.

SHREE hatte mich mit der Vision gesegnet, um die Tatsache herauszustellen, daß ich das vorige Leben als Yogi lebte.

Am 20. Februar 1972 konnte ich nicht schlafen und erhielt eine Vision. Ich lag auf der rechten Seite. Plötzlich hörte ich einen kosmischen Klang. Es war eine sehr zarte, sanfte Harmonie. Ein gasartiger Körper war aus meinem physischen Körper geformt worden, und dieser begann, sich zu bewegen. Ich drehte langsam das linke Handgelenk dieses gasförmigen Körpers im Uhrzeigersinn, dabei hörte ich SHREE:

Du warst im Vorleben ein Yogi und hast Nauli[84] praktiziert.

Danach kam ich in diesem Körper an einen Meditationsplatz. An diesem Ort hatte ich im vergangenen Leben meditiert. Ein spezieller Meditationssitz und andere Utensilien waren vorhanden. Tiefe Freude erfüllte mich. Mein gasförmiger Körper kehrte zurück und verband sich wieder mit dem physischen Körper.

Nach kurzer Zeit wurde wieder der gasförmige Körper gebildet. Ich hörte einen lauten Tonklang. Zuerst dachte ich, es wäre OM. Aber dies war es nicht. Es war der zuerst gehörte Laut. Mir wurde bewußt, daß ich eine Vision erlebte. In diesem Moment konnte ich nicht reden und wußte, ich würde schlafen. Ich drehte schnell das linke Handgelenk des gasförmigen Körpers im Uhrzeigersinn. Auf dem Handgelenk dieses Körpers trug ich eine Uhr. Sie zeigte zwei Minuten vor Mitternacht. Der Körper ging wieder zum gleichen Ort und kehrte danach zurück. Ich war ein bißchen verstört, weil ich keine Kontrolle über diesen Körper hatte. Frei von Furcht

---

[84] Eine typische Yoga-Übung, die den abdominalen Bereich kontrolliert.

rief ich meine Frau „Kumy" mit sehr schwacher Stimme und erwachte dabei. Als ich dann zur Uhr sah, war es 2.22 Uhr morgens.

Am 1. Oktober 1969 hatte ich einen Traum, in dem ich SHREE sah, der mich anlächelte und segnete, bevor ich mich vor Ihm verneigte. In einem anderen Traum sah ich ein Album. Ich öffnete es und erblickte verschiedene Gottheiten. Während der ganzen Zeit der Sadhana-Übungen halfen mir meine Frau Kumud und meine Kinder. Sie legten mir niemals Hindernisse in den Weg. Sie entmutigten mich noch nicht einmal durch Bitten, ich möge früher aus Akalkot zurückkommen. Die Kinder hatten niemals eine Klage, und daher war ich unbekümmert, was den Haushalt betraf. Demgegenüber nahm ich alle, wann immer es möglich war, mit zu SHREE. Uday sagte des öfteren: „Der Sommer ist im April und Mai unerträglich, daher vermeidest du gewöhnlich, um diese Zeit dorthin zu gehen. Die heiße Jahreszeit macht mir nicht so zu schaffen. Ich gehe hin und werde an deinem Platz sitzen und in SHREE's Gegenwart Mantra sprechen." Ich ließ ihn nie allein gehen. Einmal nahm ich Uday und Girish mit nach Akalkot während der Diwali-Ferien. SHREE behielt sie während der Ferien dort.

Ich war glücklich, die Unterstützung meiner Familie während meiner geistigen Entwicklungsphase zu haben.

Einmal war Shri Lakhuanna Parkhe wegen einer bestimmten Tätigkeit in Shivapuri. Jeden Tag ging er frühmorgens und kehrte erst am späten Abend zum Math zurück. Shivapuri liegt etwa zwei Meilen vom Math entfernt und ist bekannt als Bestattungsstätte für Swami Shivananda Maharaj. (Hier brannte 1969 das große Somayaga.) SHREE riet mir, diesen Ort zu besuchen. Ich ging dorthin, traf Shri Lakhuanna Parkhe und kehrte zurück. Er hatte Sadhana von Shreedhar Swamiji erhalten. Ich berichtete SHREE von meinem Besuch in Shivapuri.

Am Nachmittag fragte mich SHREE:

Warst du in Shivapuri?

128

Ich bejahte, konnte aber nicht verstehen, warum SHREE diese Frage stellte. Am Abend und auch am nächsten Morgen wiederholte er dieselbe Frage. Ich erzählte SHREE, daß Lakhuanna dort ein Foto von Shreedhar Swamiji hat und seiner Tätigkeit nachgeht. Am Nachmittag dachte ich immer noch darüber nach, denn es mußte ein tieferer Sinn in SHREE's Frage liegen, weil Er sie wiederholte. Ich warf einen Blick auf den Kalender, der gerade vor mir hing und der ganze Zusammenhang wurde mir langsam klar. Am 27. Februar war ich in Shivapuri, dem Jahrestag, an dem ich einige Jahre zuvor von Swamiji Shreedhar Sadhana erhalten hatte. SHREE hatte mich nach Shivapuri geschickt, um Swamijis Darshan als Erinnerung an diesen Tag zu haben. Als ich dies alles SHREE erzählte, lächelte er bloß.

Das Somayaga sollte in Shivapuri durchgeführt werden. SHREE beabsichtigte, zu dem geheiligten Ort von Parsuram in der Nähe von Chiplun zu gehen, um Somvalli[85] dem Lord Parsuram zu opfern. SHREE hatte Shri Holkar aufgetragen, mir zu schreiben, mit meiner ganzen Familie zu kommen. Ich fuhr mit dem Deccan-Express von Belgaum, um Chiplun vor SHREE zu erreichen. Wir kamen nachmittags in Karad an. Bevor wir den Busstand erreichten, war gerade vorher ein Bus nach Chiplun abgefahren. Es war ein heißer Tag, und der nächste Bus fuhr erst einige Zeit später. Eine lange Schlange hatte sich am Fahrkartenschalter gebildet. Ich dachte, einen Fehler gemacht zu haben, indem ich meine Kinder mitgenommen hatte, und daß es besser wäre, wenn ich ein Taxi zum normalen Mietpreis nehmen würde. Ich stand in der Schlange. Innerhalb weniger Minuten näherte sich mir jemand, der seine Hand auf meine Schulter legte und sagte: „Wollen sie Fahrscheine?" Daraufhin nahm er mich zur Seite. Uday ließ ich in der Schlange stehen. Er zeigte auf ein Auto und sagte: „Dies gehört mir. Ich fahre nach Chiplun und würde Sie alle für 25 Rupien mitnehmen. Das Auto war in Karad zur Reparatur." Ich bat ihn, uns an den Platz von

---

[85] Eine typische als Opfer benutzte Pflanze, die bei Yagnas verwendet wird. Somayagna ist das Yagna, wo Somavalli geopfert wird.

Parsuram zu bringen. So erreichten wir diesen Ort sehr komfortabel. Durch SHREE's Wohlwollen konnte ich zu gemäßigtem Preis ein Taxi mieten. SHREE kam am nächsten Tag dort an. Wir blieben drei Tage.

Am 2. Januar 1970, am frühen Morgen, hörte ich etwa zehn Sekunden lang einen typischen kosmischen Laut. Ich lag im Bett und hatte seherische Konzentration erreicht. Dabei sah ich Licht vor mir. Einige Tage darauf fuhr ich aus beruflichen Gründen nach Bombay und hatte am 18. Januar 1970 eine Traumvision. Ich sah SHREE im Traum. SHREE sagte:

Wir werden sehen, daß du den höchsten Zustand der Erlösung erlangst. Du bist ebenso mit materiellem Glück beschenkt worden.

Ich sah im Traum, daß ich sehr dünne Strümpfe trug. Sie lagen eng am Körper an. Im Nu entfernte SHREE beide. Dann nahm Er mein linkes Bein in Seine Hand und reinigte es. Shree reinigte meine Fußsohlen. Danach nahm Er meinen rechten Fuß und reinigte ihn dreimal. SHREE fuhr dreimal mit der Hand über die Fußsohle. Anschließend entfernte er dort die Linien.

Einige Wochen lang war es mir nicht möglich, nach Akalkot zu gehen. Von einem Bekannten erhielt ich die Nachricht „SHREE läßt dich sofort rufen". Von Bombay fuhr ich mit Girish zunächst zurück nach Belgaum. Uday und Girish hatte ich mit mir genommen, um ihnen die Stadt zu zeigen. Sie wünschten sich sehr, mit dem Flugzeug zu reisen. Diesen Wunsch hatte ich ihnen erfüllt. Uday war schon mit dem Flugzeug nach Belgaum vorausgeeilt. Ich fuhr nach Akalkot und blieb für einige Zeit dort.

Als ich am 23. Juni 1970 im Math in Akalkot im Bett lag, erinnerte ich mich plötzlich an die ganze Begebenheit, wie Baburao Parkhe seinen Daumen verlor. SHREE hatte ihn als Guru Dakshina angenommen!

In dem Buch von B. Parkhe „Rajrajeshwar Parasuram" ist auf Seite 12 zu lesen: „Wir rissen unseren Wagen auf die Seite, um einem dahinrasenden Lastwagen Platz zu machen. Der Lastwagen prallte jedoch auf unseren Wagen, und bei diesem Unfall kam meine rechte Hand zu Schaden. Der Daumen wurde im Augenblick abgerissen. Niemand im Auto trug sonst eine Schramme davon. Ich war gerade auf dem Weg, ein Darshan von SHREE zu bekommen. Nun war es nicht möglich, dorthin zu gelangen. Als Folge dieses Unfalls mußte ich nach Poona zurückkehren. Über die Leiden, die der Verlust des Daumens bringen würde, war ich unbekümmert.sadguru schrieb mir in eigener Handschrift einen Brief. Einige Teile dieses Briefes waren so sorgfältig ausgestrichen, daß selbst ein Schriftexperte nichts mehr herausgefunden hätte. Im verbliebenen Teil war ein Satz von verborgener Bedeutung. SHREE schrieb: Baburao, unser Federhalter hat bestimmte Bestimmungen einzuhalten. Du hast Guru Dakshina[86] bezahlt, wie Eklavya!"

Bis jetzt hatte ich noch kein Guru Dakshina entrichtet, und SHREE hatte auch in bezug darauf noch keine Andeutung gemacht. Es war SHREE's freies Recht. Es war mir bewußt, daß ich eines Tages an SHREE Guru Dakshina zu zahlen hatte, aber ich wußte nicht in welcher Form. Etwa zwanzig Minuten lang dachte ich darüber nach. Im Jahr 1940 hatte ich eine Mandeloperation, 1950 unterzog ich mich einer Wirbelsäulenoperation und war Monate eingegipst, aber schon 1952 wurde ich wegen Rückenleiden erneut operiert. Ich hatte schon einiges gelitten und war daher etwas besorgt, was ich wohl noch zu erdulden hätte. Danach vergaß ich alles und ging meiner täglichen Routine nach. Ich schlief wunderbar in der Nacht. SHREE kam in meinem Traum und sagte zu mir:

Ja, Wir werden nun Guru Dakshina von dir verlangen.

Als ich dies hörte, setzte ich mich im Bett auf. Ich war fürchterlich erschrocken und konnte nicht mehr schlafen. Ich sah

---

[86] Guru Dakshina: Jeder Schüler hat seinem Guru die beste Gabe darzubringen, gewöhnlich nach Vollendung der Sadhana. Es ist das freie Recht des Guru, irgend etwas von seinem Schüler als Guru Dakshina zu fordern.

mich dem Schwert von SHREE's Guru Dakshina gegenüber und war nicht sicher, welches Körperglied ich zu opfern hätte.

Es war am 18. Juli, als ich SHREE davon erzählte, um Klarheit zu bekommen. Ein anderer Schüler war gerade anwesend. SHREE fragte mich nach meinem Tagebuch, wo ich die Begebenheit notiert hatte. Dann sagte SHREE mir in seiner Gegenwart:

Sei unbesorgt. Wir nehmen von dir nur zehn Kaurimuscheln als Guru Dakshina.

Als der Schüler aus dem Raum trat, fragte ich ihn, was SHREE mir gesagt hatte. Aber zu meiner Überraschung hatte er nichts gehört. Er war nicht fähig, mir irgend etwas zu sagen.

Nach einiger Zeit sagte SHREE zu mir:

Als du am Morgen des Guru Purnima zum Puja kamst, bemerkten Wir: „Das Dakshina, das vor Uns liegt, ist ungenügend!" Du hörtest es nicht, weil du sehr in Eile warst.

SHREE hatte die fünf Werkzeuge des Handels und die fünf Werkzeuge der Wahrnehmung als „zehn Kaurimuscheln" bezeichnet. Es gab für mich keinen Grund, besorgt zu sein.

10. Der Gipfel in Sicht

Einmal versuchte ich zu meditieren, war aber nicht fähig, mich zu konzentrieren. Ich hatte ein unwiderstehliches Verlangen, Weintrauben zu essen, und obwohl ich es mit aller Macht versuchte, gelang es nicht, meine Aufmerksamkeit von den Weintrauben abzulenken. Ich schlug ein in der Nähe liegendes Liederbuch auf und las zehn Minuten darin. Dann versuchte ich wieder zu meditieren. Aber schon kehrte ich zurück zu dem Gedanken, die Weintrauben zu essen. Der Gedanke stieg auf, mit dem Fahrrad auf den Markt zu fahren, um Trauben zu kaufen. Es erschien mir unmöglich, aus diesem Grund meine Meditation zu unterlassen. Ich beschloß, eine letzte Anstrengung zu machen oder eine Pause von zwei Stunden einzulegen. Die letzte halbe Stunde war ich auf Weintrauben konzentriert. So machte ich mich mit neuer Energie daran, zu meditieren – und verlor! Der Wunsch nach Weintrauben war stärker. Wieder versuchte ich es eine Minute lang. Jedoch vergeblich. Als ich es wieder versuchte, öffnete sich die Tür zum Dhyanmandir, und herein kam Kumud mit einem kleinen Tablett voller Weintrauben! Lächelnd verneigte ich mich vor SHREE's Bild. Die Trauben verzehrte ich augenblicklich.

Am Nachmittag des 23. Juni 1970, als ich mich schlafen gelegt hatte, sah ich SHREE im Traum. Ich fragte SHREE irgend etwas, worauf Er auch eine Antwort gab, der ich jedoch nicht folgen konnte. SHREE stieß mich sehr unsanft in den Rücken, worauf ich sagte: „Wenn mir danach ist, komme ich vielleicht nicht, aber ich will nicht so angestoßen werden. Ich nehme meinen Abschied von Euch." Dann erwachte ich. Es war vier Uhr nachmittags.

Am nächsten Tag berichtete ich SHREE davon. SHREE erklärte mir:

Du warst bereit, alles aufzugeben. Du bist zum zweiten
Mal in der Prüfung durchgefallen.

Ich antwortete: „Ist das mein Fehler? Ich verdanke mein
Wissen und meine Intelligenz Euch. Ich bin unwissend. Meine
Handlungen im Traum ereignen sich unbeabsichtigt." SHREE
lächelte nur und machte keine weitere Bemerkung.
In der Zwischenzeit lag ich mit Para-Typhus in Akalkot. Zu
Hause benachrichtigte ich niemanden über den Vorfall. Man
war im Math sehr bekümmert um mich. SHREE hatte einen
Telefonanruf nach Bombay angeordnet, um Mavashi nach
Akalkot kommen zu lassen. Ich war eine Woche lang krank,
sollte aber eine weitere Woche ausruhen. SHREE war zweimal zu mir heraufgekommen, um sich nach meiner Gesund-
heit zu erkundigen. Er schickte mir täglich Prasad. Etwa zehn
Tage konnte ich nicht baden. Dann, nach einem Bad, hatte
ich SHREE's Darshan, und ich sagte zu ihm: „Zehn Tage badete ich nicht." SHREE sagte darauf:

Wir gaben dir ein Bad. Alle deine Nadis sind gereinigt
worden.

Als ich das hörte, füllten sich meine Augen mit Tränen. Ich
war mir vollkommen im klaren, in welchem Maß sich
SHREE meinetwegen selbst beanspruchte. Es war unnötig,
ihm etwas zu erzählen. Er wußte alles.
Bei einer solchen Gelegenheit sagte SHREE einmal zu mir:

Wir prüfen jeden, der hierher kommt. In deinem Fall ha-
ben Wir selbst die Prüfung beiseite gelassen.

Diese einfachen Sätze zeigten mir SHREE's Liebe zu mir.
Als ich mich vom Typhus erholt hatte, kehrte ich nach Belgaum zurück. An beiden Füßen war eine Schwellung geblieben. Ich versuchte es mit ayurvedischer, allopathischer und
homöopathischer Behandlung. Mein Freund Shri Vasant Paranjpe besuchte mich oft. Wir gingen täglich mal hierhin und

mal dorthin, um den Leuten Agnihotra[87] zu erläutern. Da ich kaum laufen konnte, mieteten wir ein Riksha. Aber selbst die geringste Anstrengung war ausreichend, meine Füße stärker anschwellen zu lassen. Ich setzte die Arbeit fort, obwohl ich zu Hause ausruhen sollte. In der Zeitspanne von eineinhalb Monaten begannen 25 Leute in Belgaum mit Agnihotra. Meine Schwellung hielt über drei Monate an. Letztlich gab ich alle Medizin auf und kehrte zu SHREE zurück.

Am 15. Juli 1970 saß ich in SHREE's Raum, um zu meditieren. SHREE sagte zu mir:

Als Shri Potdar Sahib die wichtigsten Punkte für sein Buch „Auf der Suche nach Glückseligkeit" niederschrieb, gebar der Pipalbaum drei Blätter.

Später zeigte mir SHREE den Baumstumpf, der drei Blätter trug. Er lag in einer Ecke des Hofes, in der Nähe des Zimmers. Er hatte keine Wurzeln. Es war bloß ein Klotz aus trockenem Holz. SHREE sagte zu mir:

Du bist unsterblich. Es ist kein Wunder, wenn der Baum blüht. Dieser Baum wird auch blühen!

SHREE hatte das Wort Baum für mich gebraucht. Dies erweckte meine höheren Sinneswerkzeuge.

Am 13. Juli 1970 konnte ich bis morgens um vier Uhr nicht schlafen. Als ich dann einschlief, stellte sich ein wunderbarer Traum ein: Ich saß in SHREE's Zimmer vor Ihm auf dem Boden. Ein Heiliger kam herein. Er hatte wunderbar bronzefarbene Hautfarbe. Allmählich verblaßte seine Erscheinung und verschwand in der Wand. Zuvor sagte ich zu ihm: „Ich habe dich nicht erkannt." Er wollte noch etwas sagen, unterließ es aber. SHREE stand neben mir und flüsterte in mein Ohr:

---

[87] Agnihotra ist die einfachste Form eines Yagna. Es beinhaltet die Opferung von Reis und Butterschmalz, verbunden mit dem Singen von Mantra, was bei Sonnenauf- und -untergang zu praktizieren ist.

Sprich nicht.

Ich schaute vor mich hin und konnte meinen Schatten an der Wand sehen und gewahrte dort einen Lichtstrahl. SHREE hatte seine Hand schräg über meinen Kopf gehalten, was ich durch den Schatten an der Wand erkennen konnte. SHREE sang Mantra. Ich konnte nicht erkennen, wer der Yogi war. Aber sehr wahrscheinlich war es Lord Parsuram[88], weil er an dem Platz entschwand, wo sich sein Idol im Zimmer befindet.

Als ich später versuchte, mit SHREE darüber zu reden, sagte er, daß er diese Handlung angesichts meines behinderten Rückens geschehen ließ. Wie sehr er sich um mich sorgte!

Einmal sagte SHREE:

Jeder erwirbt sich seinen Reifegrad kraft seiner Handlungen und Taten. Wenn man sich in einer schlechten Lage befindet, so aufgrund schlechter Taten. Solange die Saat der Wünsche nicht restlos bereinigt ist, kommt die Intelligenz nicht ins Rampenlicht. Später wird Selbst-Realisation verwirklicht. Die Seele ist über dem Bereich der Intelligenz.

Es ist nicht gerecht, den Allmächtigen wegen seiner Schwierigkeiten zu tadeln, weil man die Folgen seiner eigenen Taten zu tragen hat.

Am 14. Oktober 1970 ging ich mit Uday und Girish nach Akalkot. Ich hatte Uday erzählt, daß SHREE um drei Uhr morgens aufsteht, um im Manas Sarovar[89] ein Bad zu nehmen. Uday fragte mich nach der Art und Weise, wie SHREE dahin reist, und stellte viele andere Fragen mehr. Ich antwortete ihm: „Du wirst es nicht verstehen." Uday grübelte den ganzen Tag darüber nach.

SHREE hält im Vorraum ein Pferd namens Ramnam.

---

[88] Lord Parsuram wird als eine sehr hohe Wesenheit verehrt.
[89] Ein berühmter See in den Himalayas.

Wir schliefen in den oberen Räumen. Nur Uday schlief diese Nacht nicht. Er stand um drei Uhr auf und beobachtete SHREE's Raum. Ich erwachte und mahnte Uday, weiterzuschlafen. Er wartete eine weitere halbe Stunde und schlief dann ein. Am Morgen erzählte er mir seinen Traum: SHREE ritt zu Pferd an den Manas Sarovar in die Himalayas. Das Pferd flog. Unterhalb floß der Fluß ruhig dahin. Das Pferd konnte lange Zeit gesehen werden. Es wurde kleiner und kleiner, je mehr es sich entfernte. Ich erzählte SHREE diese Geschichte. SHREE sagte:

Du hast Recht. Wir schenkten ihm eine Vision. Ihm wurde gezeigt, was ihm erzählt wurde. Nicht jeder kann dieses Pferd in seinen Träumen sehen. Diejenigen, die dieses Pferd nicht sehen können, sollten Darshan von dem Pferd haben, das im Hof gehalten wird. Du sagtest, Ramnam ist galoppiert. Er gibt eine Ermahnung.

Am 25. Oktober 1970 hatte ich wieder einen Traum: SHREE war im Innersten des Maths. Es war der Platz, an dem jeder zu Mittag ißt. Ein Yogi kam an und ging ins benachbarte Vorratszimmer. Er wollte gerade umkehren, als SHREE mir sagte, ich solle ihm etwas Reis geben. Niemand hörte es, und so ging ich, um ihm den Reis zu geben. Ich wußte nicht, wo der Reis gelagert wurde. SHREE sagte:

Gehe behutsam vor.

Der Yogi kam aus dem Vorratsraum heraus. Er sah sehr einfach aus. Er wollte schon zurückgehen, als ich mit dem Reis auf ihn zuging. Auf halbem Wege drehte ich um, weil mir SHREE etwas sagen wollte. Ich bedeutete dem Yogi, zu mir zu kommen. Er ging einen Schritt vorwärts und hielt an, während er SHREE ansah. Ich konnte schwach Lord Dattatreya[90] in dem Yogi erkennen! Bis zu dieser Zeit saß ich neben SHREE. SHREE berührte sanft meine Brust und streichelte meine Wange, während der Yogi uns anschaute.

[90] Lord Dattatreya wird als eine sehr hohe Inkarnation verehrt.

Am 27. Oktober erklärte mir SHREE:

Anyas ist ein Zustand und keine Handlung. Auch Samadhi ist ein Zustand und keine Handlung. Die Ghita beschreibt Karmayoga und nicht Sanyas. Niemand kann sagen: „Ich bin ein Yogi!" Die anderen müssen es feststellen. Keiner kann sagen: „Ich schlafe!"
Es gibt sieben Stufen des Wissens. Man kann schon selbst in der ersten Stufe Ashta Siddhi[91] erreichen. In den ersten vier Stufen ist ein Rückfall möglich. In der fünften und sechsten Stufe ist der Yogi bekannt als Gyani[92]. Die sechste und siebente Stufe liegen sehr nah beieinander. Die Gefahr, aus der fünften und sechsten zu fallen, ist geringer. Man kann jedoch nicht sagen, daß dazu keine Möglichkeit bestünde. Von der siebenten Stufe aus kann man nicht mehr fallen. Sie wird als Eins mit dem Allmächtigen angesehen.
Die Energie sollte im Rücken sein. Sie mag auch vorne sein, aber niemals auf dem Kopf. Es würde zerstörend wirken.

Am 29. November 1970 träumte ich, daß SHREE kam und seinen Finger in einer Entfernung von etwa 15 Zentimeter vor mein rechtes Auge hielt und dann vor das linke Auge.
Etwa zwei Wochen später sagte SHREE:

Wir wissen, worin deine Glückseligkeit besteht. Es hätte dich nicht glücklich gemacht, worum du einst gebeten hattest, und deshalb gewährten Wir deinen Wunsch nicht. Beim ersten Mal wird es nicht gegeben. Das zweite und dritte Mal wird es auch nicht gewährt. Wenn du das vierte Mal um etwas bittest, wird es gegeben. Der Hund beißt gewöhnlich, wofür Wir nicht verantwortlich sind. Wir haben keinen Laden eröffnet. Du aber hattest darum ge-

[91] Der Dienst von acht Gottheiten, die auf einen warten.
[92] Jemand der ausgelernt hat.

138

beten, und es wurde dir gegeben. Ob du daraus Gewinn ziehst oder Verlust damit erleidest, damit haben Wir nichts zu tun. Daran solltest du denken, bevor du um etwas bittest.

Ich antwortete: „Ich machte einen Fehler, als ich das erste Mal meine Bitte vortrug. Es gibt keine Frage, die Bitte ein zweites oder drittes Mal vorzubringen."
SHREE sagte zu mir am 30. Dezember 1970:

Du kannst unbesorgt sein. Es bsteht keine Gefahr, daß du Punnya[93] *verlierst. Wir werden Uns darum kümmern. Wenn ein Durchschnittsmensch Vollkommenheit erreicht hat, so ist sogar sein Darshan genügend, um Gemütsfrieden zu erhalten.*

Als ich am 10. Januar 1971 wieder zu SHREE ging, sagte er zu mir:

Sadguru überwacht den Gemützustand Seines Schülers und führt ihn im Traum und in Vision. Dies ist so, weil das Wissen endlos ist und nicht direkt gelehrt werden kann. Der Schüler macht Fortschritte und Erfahrungen, wenn er die Anweisungen beachtet.

Mitte 1970 hatte ich zu SHREE geäußert, daß ich acht bis zehn Monate im Jahr in Akalkot bleiben würde, um meine Meditation zu vervollständigen. SHREE war darüber sehr erfreut.
Mein älterer Bruder Sadanand und ich wohnten mit unseren Familien in unserem Haus in Belgaum, und es bestand für mich die Möglichkeit, mich unabhängig zu entfernen. Ich hatte den Entschluß gefaßt, meine Sadhana-Übungen in Akalkot zu beenden.
Ich sagte zu meiner Frau und Gita: „Ich kann meinen Ent-

---

[93] Tugendhafte Tat.

schluß nicht ändern. Du bleibst weiterhin hier." Kumud antwortete: „Es besteht kein Grund zur Sorge, solange du bei
SHREE bist. Du brauchst dir wegen uns keine Gedanken zu
machen und dich sorgen." Gita sagte: „Du brauchst dich um
uns nicht zu sorgen. Uday hört manchmal nicht auf seine
liebe Mutter und schlägt oft Girish. Gib ihm eine strenge
Mahnung, daß er seiner Mutter folgen und ihr keine Schwierigkeiten machen sollte." Ich erklärte Uday alles und er ver-
sprach, seiner Mutter zu gehorchen.
Blieb ich lange in Akalkot, so bestand die Möglichkeit, daß
meine Schwiegermutter dachte, ich würde meine Pflichten gegenüber meinen Familienangehörigen vernachlässigen. Deshalb klärte ich sie über die Situation auf.
Der 86jährige Shri Narayan Balkrishna Prabhu ist der Vater
meiner Schwiegermutter und war ein Freund von Nana. Auch
ihm gab ich eine Erklärung. Er fragte mich darauf: „Ist dein
Maharaj ein Prophet? Einst brachte meine Tochter Indu (Rat-
nakars Schwiegermutter) Ihn hierher, und ich verneigte mich
vor Ihm." Ich antwortete ihm: „SHREE ist Eins mit dem Allmächtigen, und ich habe es erfahren." Ich erzählte ihm dann
eine meiner Erfahrungen. Er sagte: „Ich bin nicht fähig, es
völlig zu verstehen. Ich bin alt, und das geht alles über mein
Begriffsvermögen hinaus." Tief gerührt fügte er hinzu: „Ein
ziemliches Wagnis, diesen Pfad zu erwählen, und äußerst
mühsam. Wenn einer von uns dabei Fortschritte macht, können wir alle stolz darauf sein. Es ist wahrscheinlich, daß Indu
oder Kumud versuchen werden, dich zu bekehren. Ignoriere
sie und schreite vorwärts." Er segnete mich und riet mir, über
nichts besorgt zu sein.
Kumud befand sich in einer unschönen Situation. „Dein
Mann lebt in einem Math! Hat er die Selbstrealisierung erfahren?" „Habt ihr euch entzweit? Hat er dich sitzen lassen?"
Solche und ähnliche Fragen mußte sie über sich ergehen lassen. Sie antwortete dann gewöhnlich: „Das ist nicht der Fall.
Er ist im Math, um dort seine Sadhana zu üben. Ich bin mir
nicht im klaren darüber, ob er die Selbstverwirklichung schon
erreicht hat. Es wäre besser, wenn Sie ihn selbst fragen."

Am 8. März 1971 kehrte ich in das Math zurück. Ich wußte nicht, daß gerade Parsuram Dwadashi[94] war. Ich wusch meine Füße und ging zum Darshan in SHREE's Raum. SHREE sah mich an und legte dann beide Hände in Bauchhöhe. Er sagte:

Wir sind satt.

Wie soll ich meine Gefühle beschreiben, als ich dies hörte? Am 14. März führte einer von SHREE's Schülern Padya Puja aus. Ich schenkte SHREE zwei Ringe. Einer davon war besetzt mit Diamanten, einem Smaragd und einem Rubin. Der andere hatte die Inschrift „Shree Ram" eingraviert. SHREE sagte, ich solle sie zurücknehmen. Doch ich erklärte, ich hätte sie Ihm geschenkt. SHREE antwortete darauf:

Wir wissen es. Wir haben sie dir zurückgegeben als Unser Prasad.

Am 25. März 1971 sagte SHREE zu mir:

Du bist an dem Tag mit einer Vision beschenkt worden, an dem du große Sehnsucht hattest. Du wirst dein Ziel erreichen. Wir können dich jederzeit dorthin führen. Wir öffneten einmal die Tür und schlossen sie wieder.

Ich fragte SHREE: „Warum habt Ihr die Tür wieder geschlossen?" SHREE antwortete:

Man kann nicht mehr Last ertragen, als die geistige Kapazität zuläßt. Wenn die Last zu groß ist, gibt der Körper nach. Deshalb sollte man nach und nach sein Potential erhöhen. Wenn du einmal diese Ebene erreicht hast, wird die Tür wieder geöffnet.

Ich sagte zu SHREE: „Ich kann nicht ohne Euren Segen leben." SHREE segnete mich.

[94] Festtag zu Ehren Lord Parsurams.

Am 10. April 1971 träumte ich, SHREE hatte vier Padya Pujas an verschiedenen Plätzen. Ich führte diese Pujas durch. An einem Ort stand eine große Menschenmenge. SHREE gab mir rosa Wasser für das Puja.

SHREE wollte im Mai Belgaum besuchen. Ich dachte daran, diesen Besuch gleichzeitig mit Girish's Brahmanen-Schnur-Zeremonie zu verbinden. Auch SHREE sagte zu mir:

Jeder vollzieht die Brahmanen-Schnur-Zeremonie in seinem eigenen Haus. Dies ist nicht so wichtig. Girish soll seine Weihe hier halten. Sie soll an Lord Dattatreyas Platz und in Gegenwart von Swami Samartha und Lord Parsuram stattfinden. Das Bild von Lord Parsuram wird dann in Banganga aufgestellt. Es ist sehr wichtig, diese Weihe an einem heiligen Ort zu halten. Sie wird so, wie es in den heiligen Schriften beschrieben ist, ausgeführt, dazu in einer günstigen Zeit, wo alle zehn Planeten sich zu ihm in hervorragender Konstellation befinden. Wenn er erwachsen wird, wirst du an der Art, wie er spricht und wie er geht, erkennen, daß er für immer das Wohlwollen von Jupiter genießt. Es wäre nicht notwendig zu sehen, wann Jupiter für ihn günstig stehen würde.

Vorher hatte ich zu SHREE gesagt, daß ich die Brahmanen-Schnur-Zeremonie gern ausgeführt hätte, wenn Jupiter in günstiger Position steht.

Am 27. April 1971, zum Parsuram Jayanti, vollzog SHREE Girish's Schnur-Zeremonie in großer Aufmachung. SHREE nahm selbst die heilige Schnur in seine Hände und sang segensreiche Mantra. Vahini bot Matraghas[95] an. Wir blieben einige Tage und verlebten eine wunderschöne Woche in Akalkot.

Wann auch immer ich beschloß, Akalkot zu besuchen, erhielt ich eine deutliche Vision von SHREE. Am 17. Juni 1971, schon in Vorbereitung auf dem Weg nach Akalkot, träumte

---

[95] Leckerbissen.

ich. Ich befand mich in einem Raum, der nur schwach beleuchtet war, und verneigte mich vor SHREE: Er hob seine rechte Hand und berührte sanft meine Stirn. Danach streichelte SHREE meinen Kopf und strich dabei zum Hals, etwa sechsmal. Über meinem Kopf war ein Tuch gelegt, und SHREE strich mit seiner Hand darüber. Es war sehr angenehm.

Am 25. August 1971 bekam ich während der Meditation ein verschwommenes Darshan von Swami Samarth und von SHREE.

Danach träumte ich am 26. August von einer Fotografie von Sonamata, SHREE's Mutter. SHREE stand neben ihr. Ich beugte mich nieder, um mich vor ihr zu verneigen, als mein Körper zu Licht wurde und sich in Luft auflöste. Ich ging in den Nirvikalpa-Samadhi. Als ich nach einiger Zeit aus diesem Traum erwachte, fühlte ich mich sehr glücklich.

Am 8. September 1971 hatte ich während der Meditation die Vision einer Gottheit. Ich sah auch ihre Zähne. Manchmal sah ich während dieser Meditation mein eigenes Gesicht. Ich sah schmale, helle, blaue Lichtstrahlen.

Am 16. September 1971 träumte ich, daß SHREE mir zeigte, wie man ein Puja für Purna Kumbha bereiten kann. Ich fragte SHREE, wie das Mantra dazu lautet, und Er antwortete:

Deine Handlungen sollten geheim bleiben.

Daraufhin setzte Er die Opferung von Kumkum[96] fort.

---

[96] Pulver.

11. Der letzte halbdurchsichtige Vorhang

Am 21. August 1971 ging ich am Morgen früher als gewöhnlich in SHREE's Raum. Es war gegen sieben Uhr. SHREE sagte zu mir:

Du bist früh heute.

Ich antwortete: „Ja." Nach etwa einer Stunde sagte SHREE weiter:

Wir sagten dir, du bist heute früh hier, um dich an diesen Tag zu erinnern. Es ist nur noch ein Tor zu öffnen. Dir wurde gezeigt, daß nach und nach jeder Teil deines Körpers gereinigt wurde. Du wurdest des Einen versichert, was viele Hunderte von Geburten benötigt. Du gehst im vollen Licht. Dir wurde eine Vision gegeben, wann immer du von Belgaum abreisen wolltest. Es ist kein Rest mehr für dein Handeln. Licht ist vor dir. Du kennst deine Bestimmung.

Am gleichen Tag bereitete ich SHREE's Padya Puja. Sieben Jahre vorher hatte ich am 21. August Sadhana erhalten, und SHREE erinnerte mich daran. Einige Tage später, am 29. August, sagte SHREE zu mir:

Heute versichern Wir dir nochmals, daß du ES erreichen wirst. Es ist dir zuvor schon versichert worden. Die Vision, die du im Traum hattest, ist die andere Seite eines Darshans, das du früher bekommen hast. Es ist nur noch ein Vorhang zu lüften. Wenn er gelüftet wird, ist alles vorbei.
Die anderen reisen blindlings. Sie kennen Ihre Bestimmung nicht.

144

Ich kommentierte: „Zwei Schritte vorwärts und vier Schritte rückwärts." SHREE:

Ja, sie haben ihre Bestimmung noch nicht gesehen.

Ich: „Mein Fortschritt war sehr schnell. Ich hatte keine Ahnung von allem." SHREE:

Du sagtest am anderen Tag, sieben Jahre wären herum, daß ES in deine Hand gegeben wurde.

Ich: „Ich ging in den Nirvikalpa Samadhi, als ich mich vor der Fotografie von Sonamata verneigte." SHREE:

Das ist es, warum Wir sagten: die andere Seite.

Am 15. Juni 1964, während ich wach war, hatte ich den Nirvikalpa Samadhi durch SHREE's Segen erfahren. Später machte ich die Erfahrung von ES im Traum. Einmal sagte SHREE:

Jeder ist mit dem, was der Allmächtige gegeben hat, unzufrieden. Er möchte etwas mehr. Aber mit dem Gesicht, das der Allmächtige ihm gegeben hat, ist er zufrieden. Er schaut oft in dieses Gesicht. Selbst wenn er eine Stupsnase hat, empfindet er es nicht.

Das ist eine Tatsache. Selbst ein Millionär möchte zu seinem Besitz in jeder möglichen Weise etwas hinzufügen. Er meint, er hätte nicht genug.
An einem anderen Tag sagte SHREE:

Ärger zerstört Buße. Daher sollte jeder den Ärger überwinden. Lord Parsuram wurde „Jitah-Krodha"[97] genannt.

---

[97] Jemand, der den Ärger besiegt hat.

Es wird in der Bhagavad Gita gesagt:

जहि शत्रुं महाबाहो कामरूपं दुरासदम् ।
काम एष क्रोध एष रजोगुणसमुद्भव: ।
महाशनो महापाप्मा विद्ध्येनमिह वैरिणम् ॥

(गीता ३-४३, ३७)

(Oh, tapferer Arjuna, du solltest deine Feinde, die in Form
von Wünschen bestehen und die so schwer zu erreichen sind,
aufgeben. Wünsche erzeugen Ärger. Sie sind hervorgerufen
durch Rajoguna. Du solltest Wünsche als Feinde in dieser
Welt betrachten.)

Bhagavad Gita III 43, 37

*Lord Parsuram stellte als segensreiche Forderung die Wie-
dererweckung der Veden als Guru Dakshina an Uns. Es
war Vijaya-Dashami[98]. Derjenige, der diese Forderung
stellte, kennt Unsere Fähigkeiten. Er stellte die Forderung als ein Chiranjiv Avatar[99]. Ebenso wissen Diejenigen,
die ES dem gesegneten Schüler zeigen, und Diejenigen,
die ES ihm schenken, ob er ES erreichen kann oder nicht.*

Den letzteren Teil hatte SHREE an mich gerichtet. Ich litt
unter einem großen körperlichen Handikap und war unfähig,
längere Zeit zu sitzen, als Foge eines chirurgischen Eingriffes,
bei dem ein Teil meines Hüftknochens transplantiert und in
die Wirbelsäule eingesetzt wurde. Unter diesen Umständen
hatte SHREE mich wie ein Magnet angezogen und mich dazu
gebracht, meine Sadhana in Seiner körperlichen Gegenwart
zu üben. Er entfernte alle die Schwierigkeiten, mit denen ich
während dieser Zeit konfrontiert wurde, und klärte meinen
Weg.
Ein Mensch kann die letzten Schritte nur durch die Gnade
eines Sadguru erreichen. Dies ist die Stufe des Avdhoot.
SHREE sagte:

[98] Indischer Feiertag.
[99] Ewige Inkarnation.

Asta Siddhis sind erforderlich, schon bevor die erste Stufe erklommen wird. Daher gibt es andere, die Wunder wirken, wie du weißt.

Dann wendete sich SHREE mir zu und sprach weiter:

Jemand, der die Vision von Brahman hatte, ist nicht gering, selbst wenn er gering aussehen mag, aber er ist nicht befähigt. Er kann Einssein mit dem Allmächtigen erreichen.

Bei einer anderen Gelegenheit, als SHREE zu jemand anderem sprach, war seine Rede direkt an mich gerichtet.

Dir ist ES gezeigt worden, unter Berücksichtigung deiner Verdienste. Auch wenn du ES selbst geschaut hast, solltest du anderen nicht davon erzählen. Du solltest es nicht verkünden. Einige mögen glauben, einige nicht. Es würde nicht nur dir Ungnade bringen, sondern auch jenem, der ES dich sehen ließ. Wenn du anderen davon erzählst, machst du deine eigene Propaganda.

SHREE sagte zu einem anderen Zeitpunkt:

Der Mensch ist durch die Bande seiner Handlungen gefesselt. Wenn man das Karma bereinigen will, sollte man sich Mantra-Sadhana hingeben. Gibt man sich den Sadhana-Übungen hin, so tut Sadguru alles Notwendige. Das ist der Plan des Allmächtigen. Wenn jemand in seinen Pflichten versagt und nicht fähig ist, seine Sadhana zu vollenden, ist es ebenso die Anordnung des Allmächtigen. Die Macht des Sadguru ist hinter dem Mantra.

Am 30. Dezember 1970 träumte ich, der Student von Adhyatma zu sein. Girish war dabei, und SHREE war unser Lehrer.

Am 15. Januar 1971 hatte ich wieder einen Traum. SHREE saß in meiner Nähe. Ich war vorsichtig, damit ich ihn nicht berührte. Jedoch kam SHREE näher und sein Körper berührte mich. Er las in einem Buch und erzählte mir etwas. Ich fühlte mich bei der Berührung durch SHREE sehr glücklich. Am 18. Juni 1971 sagte SHREE:

Das Wort कर्मवशात् [100] *schafft aus der Tatsache, daß man die Berge seiner Handlungen und Taten auszulöschen hat. Das Wort* प्रारब्धवशात् [101] *wird statt dessen gebraucht. Wenn alles bestimmt ist, ohne Zuflucht zur Zerstörung seiner Handlungen, wäre das einzig Verbleibende „zu weinen" oder den Allmächtigen mit Pedhas* [102] *zu bestechen und daraus Forderungen zu erheben. Jeder erreichte die gegenwärtige Stufe als Ergebnis einer vergangenen Handlungen. Gottheiten, Götter, Indra, sie alle sind unbedeutend. Sie warten auf einen Siddha Purush* [103]. *Nur ein Siddha Purush kann das Karma eliminieren, und daher sollte man hingebungsvoll zu Ihm sein.*

Bei einer anderen Gelegenheit sagte SHREE laut zu jemandem (wobei seine Absicht war, daß ich es erfuhr):

Der Mensch, der das Absolute Seinsstadium gesehen hat, wird Sadguru genannt. Er sieht ständig ein hell-leuchtendes Licht, ähnlich der Sonne, sogar wenn seine Augen geschlossen sind. Niemand kann das Absolute erschauen, ohne Satkarma zu erfüllen. Sadguru kann seinem Schüler diese Vision schenken, ohne daß der Schüler Satkarma getan hätte.
Sadguru hat keine Erwartungen. Ohne irgendwelche Rückgabe kann er die Vision schenken. Er erwartet keinen Dienst von irgend jemandem. Aber wenn er jemanden anhält, eine bestimmte Arbeit zu tun, so ist es tatsächlich eine goldene Gelegenheit für ihn.

[100] Entsprechend den Handlungen.
[101] Dem Schicksal entsprechend.
[102] Süßigkeiten.
[103] Ein Wesen, das Vollkommenheit erreicht hat.

Sadguru hat vollkommenes Einssein mit dem Allmächtigen erreicht. Man kann keine Unterscheidungslinie ziehen zwischen der Stufe des Allmächtigen und der eines Sadguru. Ihre Einheit ist absolut.

Wenn du dich daher vor Sadguru verneigst, ist dies ein Verneigen vor dem Allmächtigen. Das ist der wesentliche Unterschied zwischen Guru und Sadguru. Sadguru ist derjenige, der das Absolute erreicht hat.

Der Ganges entbindet von Sünden; der Mond von Not; Kalpataru von Armut; aber eine Glorreiche Person entbindet von allen dreien — Sünden, Not und Armut.

Ich erzählte SHREE, daß meine Haut an den Beinen weich wie Seide geworden ist. SHREE antwortete:

Es stimmt. Nicht nur an den Beinen, sondern jedes Atom und Molekül im Körper hat sich verändert. Jedes Gelenk ist getrennt, und du kannst es als gesondert von dir betrachten. Das ist es, weshalb die Bezeichnung Siddha-Yogi[104] gebraucht wurde. Deine Vision kann Raum und Zeit weit durchdringen. Du kannst Dinge erfahren, die nicht nur in den nächsten Tagen geschehen, sondern auch solche, die sich in den letzten hundert Geburten ereigneten. Nichts bleibt für einen Yogi ungesehen. Wir haben einen Vorhang noch nicht gelüftet. Wenn er weggezogen ist, bist auch du vollkommen.

Wir zeigten dir, wie ein Siddha-Yogi ist. Selbst wenn er körperlich anwesend ist, bleibt er ständig in Einheit mit dem Allmächtigen. Sogar wenn Asche über ihn geschüttet würde, würde er nichts fühlen. Jedes Atom in ihm ist verändert. Es bleibt nicht, was es einst war. Dir wurde gezeigt, daß jeder Teil deines Körpers von dir abgesondert ist.

Später, am 5. September, sagte SHREE zu mir:

[104] Vollkommener Yogi.

Um es dir in bloßen Worten zu sagen, heute stehst du in Unserer Gegenwart als ein Siddha-Yogi! Der Mensch wird 8 400 000 mal wiedergeboren, wandert überall umher, führt Sadhana aus und erreicht diesen Zustand.

Wenn du die Umwandlungen, die dir von Zeit zu Zeit und von Ort zu Ort gezeigt wurden, sammeln würdest, um deine Autobiographie zu schreiben, wäre es ein Geschenk für die Menschheit. Dein Pfad wurde dir an jedem Platz gezeigt.

SHREE ging nach Shivapuri. Ich ging ebenfalls dorthin. Hier sagte ich zu SHREE: ,,Der Ozean ist voll und ebenso mein Herz." SHREE antwortete:

Wir zeigten dir, daß jeder Teil von dir gesondert ist.

SHREE gab mir einen Apfel als Prasad und streichelte mit Seiner Hand einige Male über meinen Rücken, Brust und Kopf.

Am 17. September 1971 sagte SHREE zu mir:

Du kannst ES mit offenen Augen sehen. Es ist nicht so, daß du ES ein- für allemal sehen kannst. Es wird daher Selbst-Realisation genannt. Es wurde gesagt, Ich habe ES erschaut und Ich will ES dir auch zeigen.

Am 22. September 1971 ging ich früh zu Bett und fühlte nicht, wie ich einschlief. Ich hatte visuelle Konzentration erreicht und ging in den Samadhi. Es war kein Traum. Am frühen Morgen wachte ich in Gedanken versunken auf. Ich hatte die Erfahrung der Mediation, der Konzentration und des Samadhi gemacht und schlief dabei wie gewöhnlich.

Später saß ich wie üblich zur Meditation in SHREE's Raum. Mainkar las Hymnen vor. Ich erreichte in kürzester Zeit Konzentration und atmete nur leicht. Es war mir nicht bewußt, daß ich meditierte oder Mantra sang. Ein wunderbares Licht

150

zeigte sich vor mir. Ich hörte Mainkar noch, konnte ihm aber nicht folgen. Ich befand mich im Savikalpa-Samadhi!
SHREE sagte:

Dies ist die nächste Stufe. Wir haben Vikalpa[105] aus einem bestimmten Grund festgehalten. Es ist nicht notwendig, daß dir jemand erzählt: Du bist der Befähigte. Du kannst es selbst sehen.

Als ich mich nicht in gutem Gesundheitszustand befand, ging ich zu SHREE, um seine Einwilligung zur Abreise nach Belgaum zu erhalten. SHREE sagte:

Es ist nicht notwendig, daß dir jemand etwas sagt. Der Vorhang ist absichtlich vorgehalten. Es ist sehr dünn und kann gedacht werden, als wäre er nicht vorhanden. Danach ist plötzlich Vollkommenheit erreicht. Du hast Savikalpa-Samadhi erfahren. Vikalpa wurde absichtlich beibehalten.

Am 23. September 1971 sagte SHREE zu mir:

Du kannst jetzt annehmen, daß der halbdurchsichtige Vorhang ist absichtlich vorgehalten. Er ist sehr dünn und kann gedacht werden, als wäre er nicht vorhanden. Dagen, du kannst selbst zu dir sagen: „Ich bin der Befähigte". Daher neige deinen Kopf zu Füßen deiner Mutter, die dich geboren hat, und sage ihr: „Die Mission, für die ich vor zehn Jahren nach Akalkot ging, ist erfüllt. Ich bin der Befähigte."

SHREE segnete mich.
Ich fuhr nach Belgaum zurück, verneigte mich und legte meinen Kopf auf meiner Mutter Füße. Dann berichtete ich ihr die vollständige Begebenheit. Ich vervollständigte mein Buch und beendete es in zwei Wochen.

[105] Unsicherheit.

Im Jahr 1969 wurde in Shivapuri, einem Ort in der Nähe von Akalkot, ein Somayaga bereitet. Das war das erste Somayaga nach Tausenden von Jahren, entsprechend den Schriften und Veden und ohne Tieropferung. Dort ist das Grabmal von Yogindra Shivanand Swamiji, dem Vater von Param Sadguru SHREE GAJANAN MAHARAJ. Yogindra Shivanand Swamiji war ein Anhänger von Nad-Brahma[106].

Sonamata, die Mutter von Param Sadguru SHREE GAJANAN MAHARAJ war eine große Einsiedlerin. Sie begann das große ewige Mantra zu singen: „Hare Ram". Es war in Sakori in Margashirsha Sudha 13, Shake 1844.

Hare Ram, Hare Ram, Ram, Ram, Hare Hare.
Hare Krishna, Hare Krishna, Krishna, Krishna, Hare Hare.

Dieser Gesang, durch „Tal" begleitet, wird noch heute fortgesetzt. In Erinnerung daran, begann Gita am 4. August (Sudha 13th) 1971 in unserem Haus in Belgaum „Hare Ram" regelmäßig zu singen. Diese Art des Mantra-Gesanges wird in vielen Orten, wie Bombay, Poona usw. dargebracht. Das erste Mal wird es morgens um sieben zur Erinnerung an die heilige Sonamata durchgeführt. SHREE GAJANAN MAHARAJ ist 1918 in Kharagpur, einer Stadt in der Nähe von Kalkutta, von asketischen Eltern geboren worden.

In jedem Jahr wird „Hare Ram" 200 Millionen Mal gesungen, angefangen von Makar Sankranti (14. Januar). Dieses System ist inkraft seit den letzten fünf Jahren. Kumud ist für das Singen von 200 000 Mal monatlich im Belgaum-Gebiet verantwortlich.

Im Jahre 1938 nahm Param Sadguru SHREE GAJANAN MAHARAJ alle Rechte für das Math von Swami Samartha Shaktipeetha aus Akalkot entgegen. SHREE war kaum zwanzig Jahre alt zu dieser Zeit und lebte im Guru Mandir Balappa Maharaj Math.

Die Aufgabe eines Avatars ist es, die Menschen an verborgene

---

[106] Lehre vom kosmischen Tonstrom.

Kräfte zu erinnern und sie zur Selbstrealisation zu führen. Aus diesem Grunde hat Er einen bestimmten Plan und kommt im richtigen Moment.

Die himmlische Kraft materialisiert sich in körperlicher Form nur zu diesem Zweck. Gesegnet sind diejenigen, die solch einen Sadguru erhalten. Jeder, der darum bittet, kann von Sadguru damit beschenkt werden. Aber die Person, die darum bittet, sollte den heißen Wunsch haben. Der Schüler beginnt von dem Punkt aus, den er im vergangenen Leben erreicht hat, und von da an wird er von Sadguru geführt.

Im Dezember 1970 kam mein Freund Vasant Paranjpe aus Belgaum nach Akalkot. SHREE riet ihm, die Mundakopanishad zu lesen und informierte ihn etwa vier Tage lang in Kürze über Religion. Am 13. Dezember 1970 gab er ein Mantra, während er auf Vasant schaute. Ich war gegenwärtig, als SHREE einen wichtigen segensreichen Auftrag an Vasant übermittelte. SHREE's Gesicht strahlte voller Freude, als er sagte:

Übergib Unsere segensreichen Anweisungen der Masse.

Am nächsten Tag war Vasant bereit, nach Belgaum abzureisen. SHREE sagte zu ihm:

Schreibe ein Buch in Englisch. Der Gehalt sollte wissenschaftlich sein. Du bist mit Licht beschenkt worden.

SHREE hatte ihn mit Licht beschenkt. Demzufolge schrieb Vasant vier Kapitel des Buches „Gnade allein" und sandte es zu mir nach Akalkot, damit es SHREE vorgelesen würde. SHREE trug mir auf, ihm zu schreiben, er möchte nach Akalkot kommen, wenn das Buch fertig sei. Nach Beendigung des dreizehnten Kapitels kam Vasant nach Akalkot im Januar 1971. Er beendete das sechzehnte Kapitel des Buches.

Das Buch spiegelt einen Schimmer des Fortschrittes, den ein Schüler durch Sadguru's Segen erreichen kann. Wenn du fühlst, daß du Sadguru's Geschenk erlangen willst, so solltest du zuerst Sadguru's Segen erwirken und dem Pfad folgen, der von ihm gegeben wurde. Ob du gebildet oder ungebildet bist, arm oder reich, Mann oder Frau, zu irgendeiner Konfession oder Kaste gehörst, zuerst solltest du dem Pfad von „Satya Dharma" folgen, unabhängig von deiner jetzigen Situation. Wenn du den Pfad praktizierst, erreichst du mit Sicherheit Sadguru's Segen. Das ist ein einfacher Weg, Sadguru's Geschenk zu erhalten.

„Gnade allein" beschreibt im Detail, wie man den praktischen Weg aus Vedischen Anweisungen in der modernen Welt und im schnell laufenden menschlichen Gesellschaftsleben ausführen kann und dabei selbst Fortschritte erzielt. Der Widerhall, den dieses Buch bei Völkern verschiedener Religionen und Nationen fand, betont die Notwendigkeit dieser Anweisungen. Sadguru's Rat in bezug auf Religion ist in fünf Prinzipien zusammengefaßt.

Yagna	(Reinigung der Atmosphäre durch die Wirkung von Feuer – Feueropfer)
Daan	(Mitteilen materieller Güter im Geiste der Demut)
Tapa	(Selbstreinigung durch geistige Übungen)
Karma	(Rechtes Handeln)
Swadhyaya	(Studium des Selbst)

Das Buch erklärt und erläutert diese Prinzipien.

Es nutzt nichts, bloß ein Foto zu verehren. Man sollte die Anweisungen Sadguru's ausführen. Jeder, der die Regeln des Satya-Dharma befolgt, unabhängig an welchem Punkt der Erde, erhält die Führung von Sadguru. Wenn du einen Schritt vorwärts gehst, kommt dir Sadguru vier Schritte entgegen, um dir zu helfen. Es hängt gänzlich von deiner Hingabe ab. Wenn diese Hingabe sehr aufrichtig ist, wird dein Fortschritt schneller sein. Beginnst du, die Vedische Lehre zu üben, so

154

findet eine eindrucksvolle Umwandlung in deinem Gemüt statt: Die sechs bekannten Feinde — Wünsche, Ärger, Gier, Versuchung, Macht und Eifersucht — wird Er dirabgewöhnen, um sie endgültig auszulöschen. Das ist typisch für Sadguru.
Sadguru ist eine Inkarnation des Allmächtigen. Er hat keine Wünsche und ist daher selbstlos. Es gibt nichts im Universum, das Er nicht erreichen könnte, aber gleichzeitig hat Er keinen Wunsch, etwas zu erreichen. Er ist immer leutselig und in einem Yoga-Zustand. Sadguru zu begegnen und zu verstehen, daß du Ihn getroffen hast, ist die Frucht deiner guten Taten aus einigen vergangenen Leben. Jemand, dem zu solch einer Gelegenheit verholfen wurde, sollte das Beste versuchen, sie vollständig zu nützen. Du kannst von weltlichen Bindungen in diesem Leben befreit werden und ES mit deinen eigenen Augen erschauen. Es schadet nichts, wenn du deine Sadhana in diesem Leben nicht beenden kannst, weil ...

स्वल्पमप्यस्य धर्मस्य त्रायते महतो भयात्

(Ein wenig Praxis dieser Yogic-Dharma kann dich vor großen Niederlagen in dieser Welt retten.)

Bhagavad-Gita II-40

Wenn du als Mensch geboren bist, ist dir vom Allmächtigen nach einem Zyklus von 8 400 000 Geburten die Möglichkeit der Erreichung des letzten Zieles der Menschheit gegeben. Wenn du den verborgenen Schatz finden willst, den Allmächtigen zu verwirklichen, dann solltest du dem Pfad folgen, der in dem Buch „Gnade allein" beschrieben ist. Dies würde uns befähigen, stufenweise Fortschritte zu machen, und bei jedem Schritt würden wir erfahren und schließlich erkennen, daß auch wir die Empfänger von Sadgurus Geschenken sind.
Der allein, der ES erfahren hat, erkennt, welches Glück es ist, ein Schüler von Sadguru zu sein, mehr noch als ein Alleinherrscher zu sein. Das letzte Ziel zu erreichen ist an sich

„Sadguru's Bestowal".

12. Bemerkungen über Akalkot

Akalkot ist eine kleine Stadt in der Umgebung von Sholapur, im Maharashtra Staat. Sie liegt ungefähr 470 km von Bombay entfernt. Es verkehren direkte Nah- und Fernzüge von Bombay nach Sholapur und auch nach „Akalkot-Road-Station" (auf der Madras-Strecke). Akalkot ist ungefähr 13 km von Akalkot-Road-Station entfernt, und es besteht eine zweistündige Busverbindung. Die Stadt ist etwa 40 km von Sholapur entfernt, und es gibt einen Bus, der beinahe stündlich zwischen beiden Orten verkehrt. Es gibt auch eine direkte Busverbindung von Bombay nach Akalkot.

Das Guru Mandir (Balappa Maharaj Math) befindet sich etwa 1 km vom Busstand entfernt. Tongas[107] stehen zur Verfügung. Param Sadguru SHREE GAJANAN MAHARAJ wohnt im Guru Mandir.

Akalkot wurde durch Shree Swami Samarth Maharaj berühmt, dem Gründer von Akalkot Shaktipeeth[108] der im 19. Jahrhundert nach Akalkot kam. Shree Balappa Maharaj übernahm es von Shree Swami Samarth Maharaj, der das Math gründete. Es wurde Balappa Maharaj Math genannt. Shree Gangadhar Maharaj übernahm es wieder von Shree Balappa Maharaj.

Param Sadguru SHREE GAJANAN MAHARAJ erhielt die Rechte von Akalkot Shaktipeeth von Shree Gangadhar Maharaj 1938. SHREE wurde von Lord Parsuram als Purnavatar gesegnet.

Es gibt Tausende von Schülern von SHREE in Indien und auch im Ausland.

---

[107] Pferdekutschen.
[108] Wohnsitz des Geistigen.

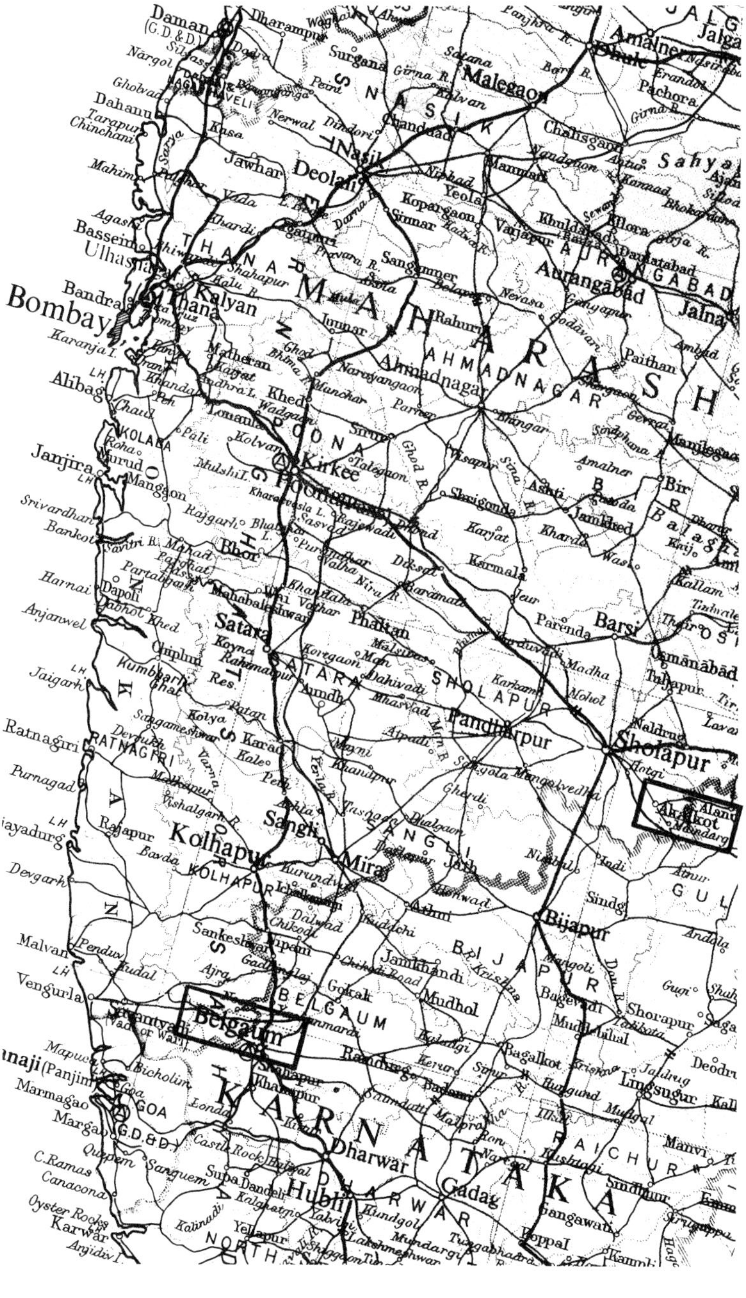

Daman
Dharampur
Surgana
Malegaon
Amalner
Dhule
Pachora
Jalgaon
Dahanu
Tarapur
Chinchani
Nasik
Deolali
Jawhar
Chandwad
Chalisgaon
Yeola
Kopargaon
Sinnar
Vaijapur
Basseim
Ulhasnagar
Bombay
Bandra
Thana
Kalyan
Shahapur
THANA
NASIK
MAHARASHTRA
Sangamner
Aurangabad
Daulatabad
Jalna
Junnar
Rahuri
Ahmadnagar
AHMADNAGAR
Paithan
Karanja I.
Alibag
Matheran
Khandala
Lonavla
Khed
Chaul
KOLABA
Pali
Janjira
Murud
Mangaon
Kirkee
Poona
POONA
Bhor
Srivardhan
Bankot
Mahad
Harnai
Dapoli
Dabhol
Anjanwel
Mahabaleshwar
Satara
SATARA
Phaltan
Baramati
Karmala
Barsi
Parenda
Bir
Jamkhed
Karjat
Shrigonda
Chiplun
Koregaon
Jaigarh
Karad
Kolya
Patan
Ratnagiri
RATNAGIRI
Sangli
SANGLI
Pandharpur
Sholapur
SHOLAPUR
Mohol
Madha
Tuljapur
Osmanabad
Akalkot
Purnagad
Rajapur
Kolhapur
KOLHAPUR
Miraj
Jath
Devgarh
Bijapur
BIJAPUR
Malvan
Vengurla
Sawantwari
Belgaum
BELGAUM
Gokak
Mudhol
Jamkhandi
Bagalkot
Badami
Shorapur
Lingsugur
Panaji (Panjim)
Marmagao
Margao
GOA
G.D.&D.
Dharwar
DHARWAR
Hubli
Gadag
KARNATAKA
Canacona
Oyster Rocks
Karwar
Anjidiv I.
RAICHUR
Manvi
Sindhnur
Gangawati
Koppal
Yellapur
Dandeli
Supa

Zweiter Teil

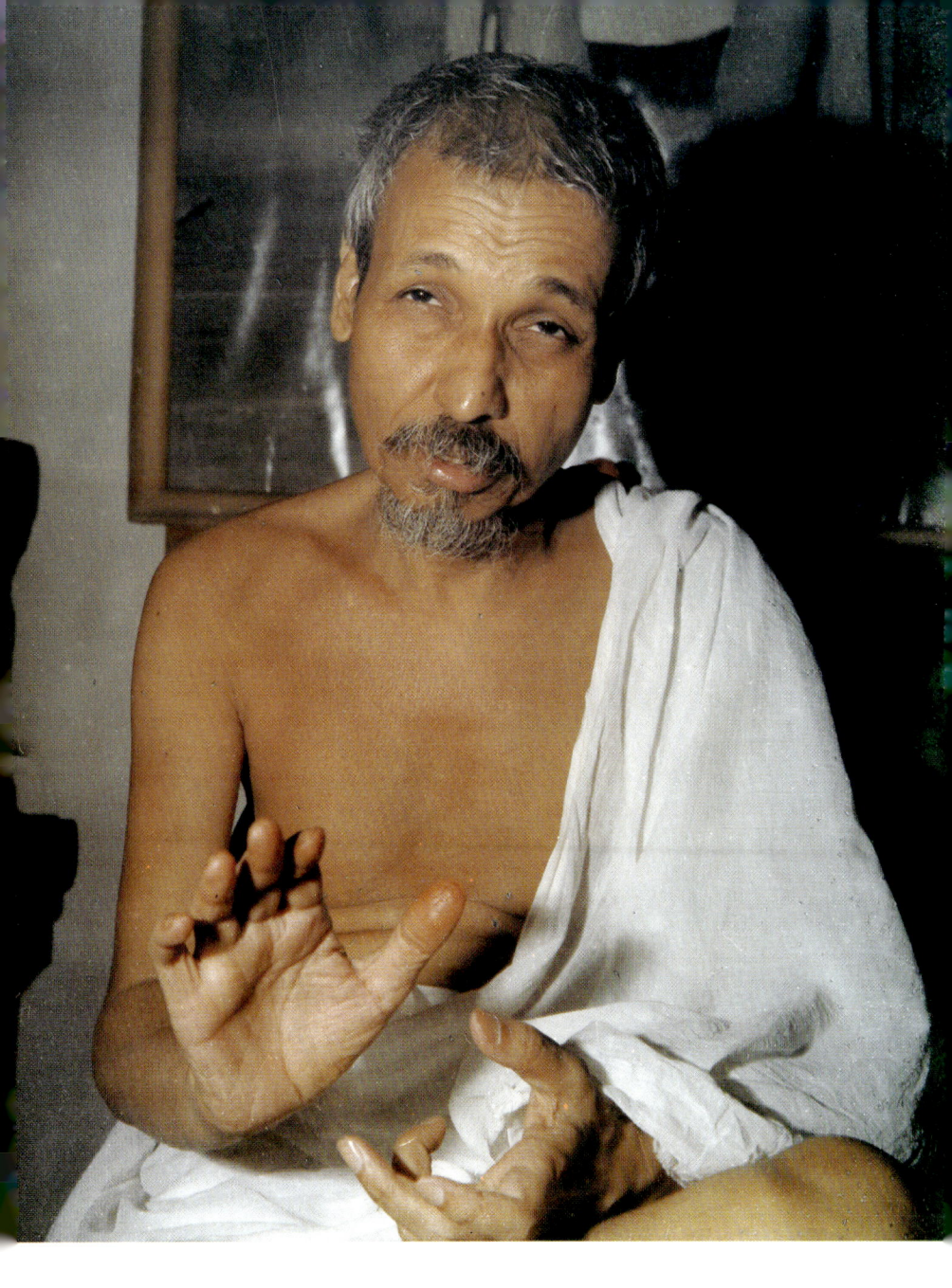

13. Anmerkung des englischen Übersetzers

Mit einem Gefühl aus Demut und Stolz möchte ich Sie mit dem Zweiten Teil von „Sadguru's Bestowal" bekannt machen. Die Herausgabe des Ersten Teiles von „Sadguru's Bestowal" und die nun vorliegende Übersetzung haben eine enge Beziehung zueinander. Mögen sich meine Erfahrungen aus erster Hand für die Mitschüler als nützlich erweisen. Ich nehme diese Gelegenheit auch wahr, um ein freimütiges Bekenntnis abzulegen.

Während der Übersetzung des Ersten Teiles ins Englische hatte ich das Marathi-Manuskript sorgfältig durchgearbeitet. Ich war überwältigt von Tatyas Aufopferung, seiner Buße und dem geistig Erreichten. Ich war stolz, ihn zum Bruder zu haben und schrieb meinem Neffen darüber. Im Geiste hatte ich mir Vorstellungen gemacht, wie Tatya sein müsse, da er doch nahezu Vollkommenheit auf geistigem und materiellem Gebiet erreicht hatte, und weil ich seinen geistigen Fortschritt miterlebt hatte, war ich nun begierig, die neuerlichen Offenbarungen zu erleben. Tatya besuchte uns und blieb eine Weile, wegen der Übersetzung und Herausgabe der Ersten Teiles. So konnte ich ihn eine Zeitlang beobachten. Vom eigenen Standpunkt aus, vielleicht auch aufgrund meiner langwährenden wissenschaftlichen Schulung, nahm ich eine Einschätzung vor. Ich gewann den Eindruck, daß er sich im täglichen Leben von uns kaum unterschied und die gleichen Fehler machte wie jeder von uns. Das stand in starkem Kontrast zu der Vorstellung von Vollkommenheit, die ich mir von Tatya bisher gemacht hatte. Vielleicht hatte ich mein Vorurteil noch nicht überwunden, das daher stammte, daß ich den gewöhnlichen Tatya seit vielen Jahren kannte, bevor er mit Sadhana-Übungen begann. Ich war enttäuscht und bekümmert über seine Schwächen. Dies wirkte sich auf meine eigene geistige Suche wie ein Dämpfer aus. Ich meinte, wenn jemand nach sieben Jahren konsequenten geistigen Übens nahezu Vollkommenheit erreicht hat und noch immer gewöhnliche Fehler macht, wie kann dann ein Mensch wie ich von diesen jemals freiwerden? Ich schwankte, wagte aber auch nicht, mit Tatya über meine Zweifel zu diskutieren. Ich fürchtete seine Reaktion. Bevor Tatya nach Belgaum abreiste, erwiesen meine Frau und ich ihm wie immer unsere Verehrung und baten ihn um seinen Segen, mit aller Ehrfurcht, die ich einem wirklich frommen Menschen entgegenbringe.

Nach Tatyas Abreise dachte ich intensiv über den Aspekt nach und forschte tief in meinem Innern. Tatya hatte großes Interesse, das Buch zu veröffentlichen, damit der Vorhang gelüftet würde. Ich dachte, er würde ein Math in Belgaum einrichten, um Philosophie zu lehren und fragte mich, ob die Zeit dafür reif sei. Der Durchschnittsmensch könnte seine Schwächen entdecken, ein Kritiker würde ihn verdammen und eventuell würde man unseren Sadguru mißverstehen. Von diesem Angstkomplex war ich befallen, und so wollte ich ihn auf das aufmerksam machen, was ich für seine Mängel hielt. Mein Gefühl entsprang ernsthafter Aufrichtigkeit, und in meiner Sorge schrieb ich ihm einen Brief.

Ich gab den Brief nicht sofort auf, sondern fragte jemanden um Rat. Meine Frau erfuhr von meinem Brief. Sie warnte mich: „Du tust etwas Falsches. Tatya ist ein frommer Mensch. Er hat Buße getan. Du solltest dich nicht gehen lassen. Ich billige deinen Brief nicht." Ich konnte ihre Gefühle verstehen. Es gab keine Zweifel an Tatyas geistigen Bemühungen und Leistungen. Mein Blickwinkel war ein völlig anderer. Meine Befürchtungen waren ernsthaft. Ich war sicher, daß es meine Pflicht war, ihn zur Vorsicht zu mahnen, und ignorierte ihre Warnung.

Ich erwog das Für und Wider. Ich könnte völlig mißverstanden werden. Tatya mochte fühlen, daß ich schon immer Zweifel an ihm gehegt hatte, und es war möglich, daß er verärgert sein würde. Ich wußte, daß Göttliche Kraft in ihm war und die Strenge der Buße hinter seinen Worten stand. Ich fragte mich auch, was geschehen könnte, wenn er diesen persönlichen Brief SHREE vorlesen würde. Es bestand immerhin die Möglichkeit, sich dem Göttlichen Zorn SHREE's gegenüberzusehen. Was würde ich davon haben, diesen Brief zu schicken? Sicherlich war ich nicht boshaft und hatte ihn auch nicht verfaßt, nur um das Ego zu befriedigen. Mein Gewissen sagte mir: „SHREE hat dir aufgetragen, dem Pfad der Wahrheit zu folgen. Wenn du überzeugt bist, recht zu haben, brauchst du nichts zu befürchten." Ich dachte auch, wenn SHREE mich zu einer Erklärung auffordert, würde ich mich vor Seinen Füßen verneigen und um Vergebung bitten. Dann könnte ich sehr höflich erklären, was ich im Sinn hatte. Jetzt war ich entschlossen. Ich würde nur meine Pflicht tun und hatte kein selbstsüchtiges Motiv. Ich mochte leiden, doch Gutes würde daraus entstehen, um mich und andere zu führen. Drei Tage, nachdem ich den Brief aufgesetzt hatte, gab ich ihn zur Post.

Jetzt begann mich irgendwie mein Gewissen zu plagen: „Hast du richtig gehandelt?" Tatya sandte mir eine höfliche Antwort. Er schlug vor, den Brief als Nachwort des Herausgebers zu veröffentlichen. Er segnete

162

mich, doch hatte er mich mißverstanden. Vielleicht las Tatya den Brief SHREE vor, der dazu bemerkte:

Das ist ein vorübergehendes Mißverständnis. Es wird im Laufe der Zeit geklärt werden.

Mein Brief an Tatya begann: „Ich habe nichts gegen Deine geistigen Errungenschaften zu sagen und glaube an Deine Buße. Meine Kritik betrifft nur Deine materielle Beziehung zum Leben." Zum Schluß erwähnte ich noch: „Heute hege ich Zweifel und schreibe Dir offen. Sobald ich überzeugt bin, daß du Vollkommenheit erreicht hast, würde ich nicht zögern, Zuflucht bei Deinen Füßen zu suchen." Ich erinnere mich, zwischendurch folgenden Satz geschrieben zu haben: „SHREE ist die geistige Sonne, verglichen mit Ihm bist Du gerade wie ein Glühwürmchen." Einerseits entstand dieser Satz aus meiner tiefen Ehrfurcht vor SHREE, andererseits aufgrund meiner Befürchtungen und Zweifel an Tatya. Ich konnte seine geistigen Errungenschaften nicht ermessen und stelle heute fest, daß ich einen Fehler gemacht hatte. Dieser nun vorliegende Zweite Teil seiner Erfahrungen offenbart seine geistige Verbundenheit mit SHREE.

Jedenfalls wurden meine guten Absichten gründlich mißverstanden. Vielleicht war dies für Tatyas Fortschritt notwendig. Die nachfolgenden Ereignisse reinigten auch mein Gemüt.

Auf allen Gebieten begannen Schwierigkeiten aufzutreten — gesundheitlicher und finanzieller Art, bei der Arbeit und auch zu Hause. Ich bekam die düstere Seite des Lebens zu sehen. Ich fühlte, ein Versager zu sein. Die schüchternen Gefühle forderten ihren Tribut. Wenn ich andererseits meine geistigen Übungen praktizierte oder meine Verehrung vor SHREE's Padukas[1] darbrachte, hatte ich Visionen von Tatya, der auf SHREE's Stuhl saß. Im Anfang hielt ich es für ein Spiel meines Geistes, das aus einem Schuldgefühl entstanden sein mochte. Einmal hatte ich während des Tages in hellwachem Zustand Tatyas Darshan in voller Herrlichkeit und in prächtiger goldener Farbe. Schon früher, als Tatya bei uns war, hatte mein Sohn Jagdish im Traum SHREE und Tatya Seite an Seite auf Schemeln sitzen sehen. Er hatte Tatya davon erzählt. Ich dachte, all das sei ein Hinweis auf das, was Tatya im Lauf der Zeit alles erreichen würde. Ich hatte keine Ahnung von seinem Fortschritt. Ich hatte Achtung vor Tatya. Mein Gemüt war in Aufruhr, ich wußte

---

[1] Holzsandalen.

jedoch nicht, wie ich damit fertig werden sollte. Der Eisenbahner von Hotgi befreite sich in einer Viertelstunde selbst aus seiner Not, ich ertrug sie drei Jahre lang. Manchmal wankte ich.

Im Januar 1974 erlebte ich meinen ersten Nervenzusammenbruch, der drei Tage dauerte. Ich war ständig krank oder wegen irgend etwas in Sorge. Der zweite Nervenzusammenbruch stellte sich 1975 ein und währte diesmal sieben Tage. Dazu kamen Fieberanfälle, Rückenschmerzen, Magengeschwüre und asthmatische Bronchitis. Ich verlor beträchtlich an Gewicht. Ich wußte, irgendwo hatte ich einen Irrtum begangen, doch war ich nicht imstande, die Ursache herauszufinden.

Es war auch kein falscher Stolz, der mich unfähig machte, mich bei Tatya zu entschuldigen. Ich konnte den Gedanken nicht ertragen, etwas vorzutäuschen. In diesem Falle hätte ich ihm schon beim ersten Mal nicht geschrieben.

Mitte 1974 rezitierte ich täglich, etwa vierzig Tage lang, hundertmal einen Text aus Bhargao Kavach, was bis etwa zum Guru-Purnima-Fest beendet war. Ich war entschlossen, zu diesem Fest nach Akalkot zu reisen. Unerwarteterweise traten jedoch Schwierigkeiten auf, und ich konnte nicht reisen. Ich schrieb deswegen an SHREE. Während der Rezitationszeit erhielt ich von einem Astrologen eine Broschüre. Diesen Astrologen suchte ich nach Beendigung meiner Rezitationszeit mit meiner Frau zusammen auf. Zu Beginn erklärte ich ihm meine Beziehung zu SHREE und sagte: „Ich habe Schwierigkeiten. Ich bin ein Jünger von SHREE und halte es für unangebracht, SHREE immer wieder meine Not zu klagen und um Hilfe zu bitten. Ich bin nur in der Absicht hergekommen, um geistig gerüstet zu sein, die schwere Zeit zu überstehen." Auch er hatte Ehrfurcht vor SHREE. Er riet mir, ein Medaillon zu tragen. Bevor ich meinen Mund auftun konnte, stimmte meine Frau dem Erwerb des Medaillons zu. Wahrscheinlich, weil sie mein Leid nicht mehr mit ansehen konnte. Ich blieb ruhig, um ihr nicht ins Wort zu fallen. Später wies ich sie auf ihren Fehler hin und sagte ihr, daß ich kein Medaillon zum Schutz brauche. Ich trug es widerstrebend und mit einem Schuldgefühl. Als ich nach einigen Monaten geröntgt werden sollte, mußte ich es abnehmen. Von da an trug ich es nicht mehr und legte es vor SHREE's Fotografie. Ich fühlte mich erleichtert.

Im Juli 1975 ging ich trotz aller Schwierigkeiten mit meiner Frau nach Akalkot zum Guru Purnima. Wir blieben drei Tage lang dort. Ich bat SHREE um Verzeihung für alle bewußt oder unbewußt begangenen Vergehen. SHREE segnete mich und legte mir Seine Hand auf den Kopf. Am nächsten Tag war Padya Puja. Als ich aus dem Raum heraus-

164

trat, sprach mich eine Frau an: „Sie waren nicht aufmerksam genug, SHREE's Segen war immer mit Ihnen." Davor sagte ein Mitschüler zu mir: „Ich freue mich, daß du doch noch gekommen bist. Ich erwartete nicht, dich in Akalkot zu sehen, weil ich dachte, du hättest keinen Glauben mehr an SHREE." Das versetzte mir einen Schlag und ich erkannte, wie sehr ich mißverstanden worden sein mußte. Ich wurde einem Gaya Ram[2] gleichgestellt.

Nach meiner Rückkehr aus Akalkot begannen sich plötzlich alle Dinge ringsum zu verbessern. Es tauchte die Möglichkeit auf, für etwa ein Jahr ins Ausland zu gehen. An diesem Punkt entschloß ich mich, unbedingt Tatya zu schreiben und das Mißverständnis zu klären, bevor ich das Land verlassen würde. Es dauerte mehrere Monate, den Brief aufzusetzen. Ich wollte sicher sein, auch nicht versehentlich irgendeine Unwahrheit darin zu schreiben. Ich bat Tatya um Vergebung für meine Grobheit und für die derbe Sprache und erklärte in wenigen Worten, was ich tatsächlich im Sinn hatte. Ich dachte, meine Zweifel würden im Lauf der Zeit geklärt sein. Tatya erzählte SHREE von meinem Brief und sandte auf SHREE's Anweisung eine Antwort. Tatya schrieb: „Du hast im Geist einen Berg erschaffen, ihn auf deinen Kopf gesetzt, und jetzt hast du ihn entfernt. Es gibt überhaupt nichts, was vergeben werden müßte." SHREE hatte dazu bemerkt:

Er hat ein kindliches Gemüt. Wahrscheinlich mußten die Dinge so geschehen. Er, der bei Nacht sehen kann, was Er am Tage sieht, und am Tage, was Er bei Nacht sieht, gibt anderen keine Schuld.

Tatya hatte zum erstenmal erwähnt, daß er die Korrespondenz auf ein Mindestmaß reduziert hätte. Ich war gespannt, über seinen Fortschritt etwas zu erfahren, aber ich konnte mich nicht entscheiden, ob ich ihm deswegen schreiben sollte. Mein Brief erreichte Tatya am 11. September. Dem Text des Buches entnahm ich, daß SHREE ihm am 13. September 1975 aufgetragen hatte, den Zweiten Teil des Buches zu schreiben.

Gegen Ende 1975 kam mein Bruder Ramesh aus Belgram zurück. Von ihm erfuhr ich, daß Tatya den Zweiten Teil seiner Biographie beendet hatte. Ich war sehr begierig, sie zu lesen, wußte aber nicht, wie ich sie bekommen könnte. Am 22. Januar 1976 schrieb mir Tatya einen Brief, in dem er davon sprach, mir diesen Teil zur Einsichtnahme zu übersen-

---

[2] Mensch mit launischem, unbeständigem Gemüt.

den. Ich erhielt ihn zusammen mit dem Brief. Aufgeregt arbeitete ich den Zweiten Teil durch und war berührt von Tatyas geistigem Fortschritt. Ich sah Licht. Meine Zweifel waren geklärt. Friede erfüllte mich. Mein Gemüt war bewegt durch die heimliche Befürchtung, dieses Mal nicht Glück genug zu haben, um für den Zweiten Teil der Übersetzung den Segen zu bekommen. Ich faßte Mut und schrieb Tatya einen Brief, in dem ich um SHREE's Erlaubnis für die Übersetzung nachsuchte.

Am 5. Februar 1975, dem Gedenktag Nityanand Maharaj's, versuchte ich angestrengt, mich zu erinnern, was ich Tatya vor drei Jahren geschrieben hatte. Ich versuchte es etwa eine Stunde lang, aber der einzige Satz an den ich mich erinnern konnte, war: „Ich würde nicht zögern, Zuflucht zu Deinen Füßen zu nehmen." Ich dachte, ich sei von dem Frevel freigesprochen und wartete auf Tatyas Antwort. Der Brief kam um vier Uhr nachmittags. Ich öffnete ihn. SHREE hatte mich mit der Erlaubnis gesegnet. Mein Herz war voller Freude, und Tränen rollten die Wangen herab. SHREE hatte gesagt:

Er hat ein reines, unschuldiges, kindliches Herz. Vijay allein ist geeignet für die Übersetzung. Er ist aus diesem Grund mit Darshan gesegnet worden. Wir haben ihm Tatyas geistige Errungenschaft gezeigt. Er ist dazu bestimmt, die Übersetzung zu schreiben. Wir sind erfreut. Wir wollten, daß er übersetzt, deshalb wurde bis jetzt niemandem die Erlaubnis gegeben. Du kannst ihn darüber informieren.

Ich verneigte mich vor SHREE's Padukas und begann zu schreiben. Das erste Konzept stellte ich am 12. Februar 1976 fertig, am Bhushma Dwadashi-Festtag. Das endgültige Konzept und der Abdruck waren am 2. März 1976 beendet (Swami-Ramakrishna-Jayanti-Festtag). An diesem Tag ruhte ich nach Abschluß der Schreibarbeiten auf meinem Bett, als ich unversehens Tatyas Darshan in frohlockender Gestalt in der lebensgroßen Fotografie von SHREE erlebte. Die Übersetzungsarbeit geschah nur durch Inspiration. Ich machte nirgends eine Unterbrechung.

Für eine professionelle Übersetzung muß man Meister in beiden Sprachen sein und die Kunst des Übersetzens beherrschen. Ich besitze keine dieser Voraussetzungen. Ich tat diese Arbeit allein durch SHREE's Gnade. Ich habe mich bemüht, dem Leser alles verständlich zu machen, ohne mich um stilistische Feinheiten der Sprache oder der Grammatik zu kümmern. Fehler, die vielleicht versehentlich vorgekommen sind, bitte ich zu entschuldigen. Die Leser mögen die Wonne der Themen auskosten.

Es ist mir eine freudige Pflicht, meiner Tochter Deepa und meinem Sohn Jagdish zu danken, die im ersten Aufsatz geduldig Fehler korrigierten. Ich bin meinem Freund Shri P. R. Kamath sehr dankbar für seine wertvollen Vorschläge und Korrekturen.

Am 13. März 1976 ging ich zusammen mit Deepa und Jagdish nach Akalkot, um die Übersetzung und Vorbemerkungen des Herausgebers SHREE vorzulesen und um Seine Zustimmung zu ersuchen. Ich war sehr gespannt, Tatya nach einem Zeitraum von drei Jahren wiederzusehen. Als ich im Juli 1975 in Akalkot war, hielt er sich gerade in Belgaum auf. Jetzt, nachdem ich über seinen geistigen Fortschritt gelesen hatte und besonders über das Erreichen des Zustandes „Ich und mein Vater sind Eins", war ich mehr als neugierig, ihn zu sehen. Auch im Zug diskutierten wir, ob es wohl Veränderungen in seiner äußeren Erscheinung gäbe.

Wir kamen morgens um 10.45 Uhr im Math an. Die Haupthalle ist etwa zwanzig Meter vom Eingang entfernt. Ich hatte das Gefühl, als würde SHREE, mit dem Gesicht zu uns gewendet, in der Halle stehen. Das ist sehr seltsam, weil sich SHREE niemals dort aufhält. Zudem erschien die Gestalt viel gewichtiger als die von SHREE. Ich fragte mich, ob es Tatya sein könnte. Wenn das der Fall war, so war die Verwandlung zu überraschend. Das Gesicht schien viel strahlender, glänzender und heller als Tatyas Gesicht zu sein, ähnlich SHREE's Hautfarbe. Wir säuberten unsere Füße und Hände am Wasserhahn beim Eingang und gingen auf die Halle zu. Sogar im hellen Tageslicht und aus nächster Nähe schien Tatya SHREE zu sein. Das erste, was ich beim Eintreten tat, war, zu seinen Füßen zu fallen und nochmals um Vergebung zu bitten.

Wir hatten das Glück, innerhalb einer Stunde nach unserer Ankunft SHREE's Padja Puja durchführen zu können. SHREE segnete uns und gab uns reichlich Früchte als Prasad, die er uns mit seinen eigenen Händen reichte. SHREE schien sehr erfreut zu sein. Dr. Srinivasrao Supekar, Shri Minoo Khambatta, Tatya, Deepa und Jagdish waren anwesend. Nach dem Lesen des Textes lächelte SHREE, segnete uns und bemerkte:

Jede Seite dieses Werkes offenbart Unsere Gnade.

Dr. Srinivasrao nannte es sofort eine „Prasadische Übersetzung" (eine von SHREE geschenkte Übersetzung.) Er war auch so freundlich, mehrere brauchbare Ratschläge zu geben, von denen ich die meisten in das

Werk eingeflochten habe. Ich bin ihm dafür sehr dankbar. Wir blieben
drei Tage in Akalkot und kehrten dann nach Bombay zurück.

Tatyas ursprünglicher Marathi-Text, Teil Eins und Zwei, befand sich in
Bombay zum Abdruck. Diese Arbeit besorgte Shri Madhukarrao Patkar
von den Avaz Druckereien. Im Juni 1976 kam Tatya nach Bombay
und blieb einige Wochen bei uns, um diese Arbeiten zu überwachen.
Während seines Aufenthaltes erlebte ich mehrere Visionen. Ich dachte,
es sei gut, sie zum Wohle der Mitschüler in die Bemerkungen des Herausgebers einzubeziehen. Eines Tages, nach dem Agnihotra, verneigte ich
mich vor SHREE's Padukas, als der Buchstabe श्री erschien und fast
eine volle Minute fest vor mir stand. Dann materialisierte sich SHREE
aus dem Buchstaben heraus, und ich sah Ihn eine oder zwei Minuten
lang. Am folgenden Tag hatte ich eine ähnliche Vision, aber diesmal
materialisierte sich Tatya aus dem Buchstaben, und ich sah auch ihn
eine volle Minute lang.

Bei einer anderen Gelegenheit sah ich Tatya meditieren. Nach einiger
Zeit verwandelte er sich in Lord Vishnu und sein Körper wurde strahlend. Der Platz um ihn herum war von den aus seinem Körper austreten-
den Strahlen erleuchtet.

Die Marathi-Ausgabe dieses Buches wurde zum Guru Purnima am
11. Juli 1976 in Akalkot von SHREE freigegeben. SHREE, der meine
Gedanken kannte, gewährte mir die Erlaubnis, Hinzufügungen und Än-
derungen in der Bemerkung des Herausgebers bis zum Datum der Veröffentlichung zu machen.

Ich lag in Tatyas Raum im ersten Stock des Maths. Es war Sankast
Chaturthi Tag, der 14. Juli 1976. Ich ruhte gegen sieben Uhr abends
mit halb geöffneten Augen. Eine Reihe von Visionen begannen wie ein
Kinofilm vor meinen Augen abzulaufen. Das dauerte etwa zwanzig
Minuten lang. Zuerst sah ich Lord Dattatreya. Seine Hand sandte einen
Lichtkegel aus. Dieses Licht fiel auf Shree Swami Samarth, der auf ei-
nem Stuhl saß. Ich konnte sehr deutlich alle Züge Swamijis erkennen.
Allmählich verwandelte sich Swamiji in Shree Balappa Maharaj. In die-
ser Weise sah ich die ganze Folge der Gurus in Akalkot, bis zu SHREE.
Zuletzt verwandelte sich SHREE in Tatya!! Ich berichtete SHREE von
dieser Vision, der dieses Geschenk bestätigte.

Ich schrieb einen Teil des Aufsatzes am 18. Juli 1976. An diesem
Abend waren alle Familienmitglieder beim Agnihotra anwesend. Nach
dem Agnihotra hatte ich die Vision von Lord Dattatreya im Agnihotra-
topf.

Die einzige Absicht, meine Ergänzungen zu schreiben, liegt darin, den

168

Leser aus meinen Erfahrungen Nutzen ziehen zu lassen. Ich möchte hier feststellen, daß ich die volle Verantwortung für alle Fehler meinerseits übernehme. Der bequeme Ausweg, einem anderen die eigene Schuld zuzuschieben, ist sinnlos. Solch eine Verteidigung weist nur darauf hin, daß man den Zustand völliger Reue noch nicht erlangt hat.

Man sollte nicht versuchen, Yogis vom eigenen Standpunkt aus zu beurteilen. Der Schein trügt. Dies könnte die Ursache für das eigene Elend sein, wie es bei mir der Fall war. Ich habe auch gelernt, daß jeder absichtlich oder unabsichtlich auf den Yogi geworfene Stein den Allmächtigen trifft.

Als ein Bauer St. Tukaram wegen eines Zuckerrohrdiebstahls prügelte, der von seinen Schülern begangen wurde, war es Lord Pandurang, der die Hiebe empfing und die Wunden ertrug (indische Erzählungen über St. Tukaram). Lord Krishna sagte zu Arjuna: „Der Yogi ist meine Seele, und ich bin seine äußere Form." Der Herr liebt seine Jünger mehr als sich selbst. Der Herr hat keine Verwandten außer seinen Jüngern.

Ich wünsche mir von Herzen, daß alle anderen Jünger der Guru-Kripa (Grade) eingedenk sind, sich der Gnade erfreuen und ihrer wert bleiben.

In SHREE's Reich gibt es keinen Unterschied zwischen arm und reich, Industriellem und Arbeiter, Mann und Frau, alt und neu oder irgendwelchen Glaubensbekenntnissen. SHREE kennt dich nur allein durch deine Hingabe (Bhakti) an Gott.

Was ist das Merkmal von Bhakti? Shri Ramakrishna Paramahamsa erwähnte einen einfachen Test. Füllen sich deine Augen mit Tränen, wenn du den Namen Gottes hörst oder aussprichst? Richten sich deine Haare auf vor lauter Freude? Wenn ja, dann sei sicher, daß du Gott nahe bist.

V. R. Nargundkar

169

14. Traum, Vision und Sakshat-Darshan

YOGA-Wissen wird dem Jünger von einem Sadguru auf dreierlei Weise mitgeteil: in Form von Träumen, Visionen und Sakshat Darshan[3].

Im Traum übernimmt der Sadguru die völlige Kontrolle über das Bewußtsein des Jüngers und segnet ihn mit yogischem Wissen. Der Jünger befindet sich in tiefem Schlaf und ist sich der äußeren Geschehnisse nicht bewußt. Das ist der Unterschied zwischen einem yogischen und einem gewöhnlichen Traum. Wenn der Jünger mit einer Vision gesegnet wird, ist er in einem überbewußten Zustand. Er ist halbwach und sich der Dinge rings um ihn her bewußt, wie zum Beispiel des Redens der Leute, ihres Umherlaufens usw. Eine Vision erfährt der Jünger während der Meditation, beim Ruhen im Bett, während des Gebets usw. Beispiele von erlebten Visionen können im Text nachgelesen werden.

Sakshat-Darshan wird dem Schüler im wachen und völlig bewußten Zustand geschenkt. Er sieht ES mit weitgeöffneten Augen, genauso wie er alltägliche Dinge wahrnimmt. Sakshat-Darshan erfährt der Jünger, dem es der Sadguru geschenkt hat. Andere Leute vermögen ES nicht zu sehen, auch wenn sie anwesend sind. Sakshat-Darshan kann auch mehreren Menschen zugleich geschenkt werden. Erlebnisse von Sakshat-Darshan sind im Text erwähnt. (Tatya sieht SHREE's Fotografie als seine eigene. Tatya sieht SHREE in strahlender Gestalt, wie die Sonne. Tatya hat Satshatkar einer Gottheit.)

---

[3] Deutliches Sehen mit bloßem Auge.

15. Einleitung

Ich hatte meine Biographie geschrieben, die ins Englische übersetzt wurde und als „Sadguru's Bestowal" erschienen ist. Damals war mir nicht bewußt, daß es nur die erste Hälfte sei, und ich sie fortsetzen werde.

Am 13. September 1975 (neunter Tag des Mondmonats Bhadrapada nach indischem Kalender) erkundigte sich SHREE, ob meine Tagebücher auf dem letzten Stand seien. Als ich bejahte, trug SHREE mir auf, den unbekannt gebliebenen Teil zu schreiben. Ich hatte meine Tagebücher in Belgaum zurückgelassen. Sofort schickte ich ein Telegramm an meine Frau Kumud mit der Bitte, sie mir zu schicken. Heute, am 17. September 1975, dem 12. Tag nach Bhadrapada, habe ich sie erhalten. Ich erhielt SHREE's Segen und offenbare jetzt diese Geheimnisse zum Wohle aller Mitmenschen.

Im März 1975 ging ich nach Belgaum. Im April waren Horst Lozynski und seine Frau Roswitha aus Deutschland zu Besuch in Akalkot. Ich konnte ihnen nicht begegnen. Ich hatte Horst schon früher kennengelernt. Er schenkte Shri Minoo Khambatta eine elektrische Taschenlampe. Am 27. Juli 1975 kehrte ich von Belgaum nach Akalkot zurück. Schon vor diesem Zeitpunkt kam Shri Vasant Paranjpe von Deutschland zurück. Die Lozynskis hatten Vasant einen Mont-Blanc-Kugelschreiber als Geschenk für mich mitgegeben. SHREE ließ mich an einem bestimmten Punkt mit dem Schreiben aufhören. Die Lozynskis präsentierten mir einen Kugelschreiber, als ob sie damit sagen wollten, meine Aufzeichnungen seien noch nicht vollkommen. SHREE hatte einen Scheinwerfer vor mir angeschaltet. Vielleicht ist das der Grund, warum sie es nicht für nötig hielten, mir eine Taschenlampe zu schenken. Noch heute benutze ich denselben Kugelschreiber.

In der Zwischenzeit erkundigten sich einige Leser, ob ich noch mehr schreiben werde. Damals hatte ich zu niemandem

171

über meinen Fortschritt gesprochen und mir war nicht bewußt, daß ich die zweite Hälfte zu schreiben hätte. Es war nicht möglich, etwas Genaues zu sagen.

Einige, die den ersten Teil von „Sadguru's Bestowal" gelesen hatten, erklärten, daß dort manchmal Wiederholungen zu finden seien. Es besteht grundsätzlich ein erheblicher Unterschied zwischen der Schreibweise des Herausgebers einer Zeitung oder der eines Schriftstellers und der Art, spirituelle Geschehnisse zu beschreiben. Hier sind die Hinweise voneinander unabhängig, und deshalb sind manchmal Wiederholungen erforderlich. Ich befand mich in einer ganz anderen Situation. Ich war ein Sadhak[4], der zu SHREE's heiligen Füßen diente. Ein Bein hatte ich ins geistige Boot gesetzt, das andere verweilte noch auf materiellem Boden, und ich zögerte, auch dieses ins Boot zu ziehen. So befand ich mich in einer unsicheren Position, mit einem Fuß am Boden und mit dem anderen im Boot. SHREE pflegte mir zu versichern:

Wir halten deine Hand. Unser Griff ist nicht gelockert.

SHREE hatte recht. Wie es auch immer war, vom Gesichtspunkt eines Sadhak aus betrachtet, befand ich mich in einer erschreckenden Situation. Aus diesem Grund war es absolut erforderlich, daß SHREE mir wiederholt Zusicherungen machte. Deshalb waren dies keine Wiederholungen, wie der durchschnittliche Leser annahm. Es war nichts anderes als SHREE's einmalige Zusicherung. Weil der Sadhak in einem schwankenden Bewußtseinszustand ist, fürchtet er, daß er

इदं नास्ति परं न लभ्यते

(weder hier noch dort ist.)

Eine allmähliche Verwandlung geht im Sadhak vor. Mit jedem Schritt kommt er seiner Bestimmung näher. Wäre es nicht so

---

[4] Jemand auf dem geistigen Weg.

gewesen, so ließe sich meine Biographie in drei Abschnitte zusammenfassen:

„Ich kam, sah und siegte."

Lord Krishna schenkte der Welt die Bhagavat Gita, in der Arjuna nur ein Symbol war. Ähnlicherweise hat SHREE der Welt meine Biographie präsentiert, in der ich bloß eine Schachfigur bin. Der Anlaß war, Unwissenheit zu beseitigen und der Welt Wahrheit zu offenbaren.

Ein Mensch, der nicht einmal fähig ist, einen einfachen Brief aufzusetzen, ist gesegnet worden, diesen Inhalt zu schreiben. Diese Schrift ist ein Epos. Sie ist in sich selbst vollkommen.

Dieser Kommentar von SHREE erklärt meine Biographie. Bereits in der Einleitung zum ersten Teil erklärte ich, daß ich kein professioneller Schriftsteller bin. Ich schreibe in derselben Sprache, in der ich geschult und aufgezogen wurde und in der ich Gespräche führte. Ich bin kein Schriftgelehrter und auch kein Literat. Ich bringe zum Ausdruck, welche verschiedenartigen Gefühle spontan meinem Herzen entsprangen. Es ist nicht die Sprache, sondern die Gefühle, die hier wichtig sind. Ich schreibe nicht aus Zwang, sondern kleide nur in Worte, was ich gesehen und erlebt habe. Würde die Sprache wichtig sein, dann hätten moderne Übersetzer GYANESHWARI geändert, um ihre Intelligenz zur Schau zu stellen. Deshalb sagte Gyaneshwar Maharaj maßgebend:

माझा मराठाचि बोलु कौतुकें । परि अमृतातेंही पैजासी जिंके ।
ऐसी अक्षरें रसिकें । मेळवीन ॥

— ज्ञानेश्वरी, ६–१४

(Mein Kommentar ist in Marathi. Wie es auch sei, ich versichere euch, daß ich so fließend erzählen werde, daß ihr glaubt, ein Elixier, süßer als Nektar, gekostet zu haben.)

Gyaneshwari, 6 - 14

Im gleichen Text gab der Heilige Eknath Maharaj zuletzt die Warnung heraus:

ज्ञानेश्वरीपाठी । जो ओवी करील मऱ्हाठी ।
तेणे अमृताचे ताटी । जाण नरोटी ठेविली ॥

– ज्ञानेश्वरी, १८–५

(Jeder, der versucht, seinen eigenen Vers ins ursprüngliche Gyaneshwari einzufügen, würde den Frevel begehen, einen gewöhnlichen Brotlaib zu einem Teller voller Nektar zu legen.)

Gyaneshwari, 18 - 5

Der Text meines Buches beschreibt hauptsächlich alle Details der yogischen Transformationen, die SHREE an mir vollzog. Als Ergebnis andauernder Meditationsübungen und Konzentration schienen die Konturen von SHREE's Foto meine eingenen zu sein, wenn ich darauf blickte. Das erinnert mich an SHREE's Ausspruch:

Ich und mein Vater sind Eins. Du bist diesem Zustand nahegekommen.

Viele Menschen hatten mich in ihren Träumen gesehen. SHREE sagte:

Eine wissenschaftliche Tatsache kann durch alle möglichen Methoden begründet werden. Wenn nur ein Mensch etwas sieht, könnte es eine Täuschung sein. Doch wenn zwei oder mehrere Menschen identische Visionen erleben, ist es die Wahrheit.

Sogar bevor ich mit Sadhana-Übungen begonnen hatte, beschenkte mich SHREE unerwartet mit dem Nirvikalpa Samadhi. Später fing ich von Grund auf an. SHREE hatte zu meinem Schutz einen unsichtbaren, unüberwindlichen Panzer um mich herumgelegt. SHREE achtete mit völliger

174

Sorgfalt darauf, daß ich nicht wegen etwaiger Fallgruben straucheln würde. SHREE hielt meine Hand und führte mich zum Gipfel. Gewöhnlich werden mehrere Geburten benötigt, um diese Stufe zu erreichen, aber durch SHREE's Wohlwollen war ich in der glücklichen Lage, sie in elf Jahren zu erleben.

SHREE hat der Menschheit in diesem 20. Jahrhundert den Fünffältigen Pfad von Yagna, Daan, Tapa, Karma und Swadhyaya offenbart. Es ist eine Gabe. Die einfachste Form des Yagna ist Agnihotra. Es ist die Basis von Dharma und führt zu Tretagni. SHREE sagte:

Man kann den höchsten Bewußtseinszustand durch das Praktizieren von Agnihotra erreichen.

Sehr bald wird sich der von SHREE offenbarte Fünffältige Pfad in der ganzen Welt verbreiten, welcher diejenigen, die ihn praktizieren, mit Glücklichsein erfüllen wird, weil es Satyadharma ist. Bis jetzt wird der Fünffältige Pfad in den vier Kontinenten Asien, Australien, Europa und Amerika verbreitet und praktiziert. Das Hauptzentrum ist PARAMDHAM in Madison U.S.A. Das Zentrum verfügt über eine eigene Drukkerei, um Agnihotra zu verbreiten. Satsang, eine zweimal monatlich erscheinende Veröffentlichung, wird in Englisch herausgegeben. Jetzt wird er auch in Holländisch und Deutsch gedruckt. Bald wird er auch in anderen Sprachen erhältlich sein. Mit gefalteten Händen richte ich die Bitte an alle, Agnihotra bei Sonnenauf- und -untergang durchzuführen, um das Leben fruchtbarer zu gestalten. Du wirst Erfahrungen machen, die deinen Glauben stärken werden.

धर्मो रक्षति रक्षतः ।
धर्मो हन्ति हन्यते ।

(Dharma beschützt den Menschen, der sich getreulich daran hält. Dharma zerstört den nicht religiösen Menschen.)
SHREE sagte zu mir:

175

Auch wenn du dich bemühst, kommst du nur bis zum Vorhang. Du kannst hindurchsehen, doch berühren kannst du ihn nicht. Solange du sprechen, schreiben und geistige Wahrheiten offenbaren sollst, wirst du diesen Unterschied auf dich nehmen müssen. Später wirst du nicht mehr schreiben können. Du mußt die Stufe erreichen, wo du jederzeit zum Gehen bereit bist.

Nachher erreicht man von selbst Mouna[5] und bleibt im Chidanand-Zustand[6] versunken. Man braucht sich nicht bemühen, Mouna einzuhalten, weil man spontan in diesen Zustand eintritt.

ॐ पूर्णमदः पूर्णमिदं पूर्णात्पूर्णमुदच्यते ।
पूर्णस्य पूर्णमादाय पूर्णमेवावशिष्यते ॥
ॐ शान्तिः शान्तिः शान्ति ।

— ईशावास्योपनिषत्, १–१

(Das unsichtbare Universum — Brahma ist Poorna[7]. Das sichtbare Universum ist auch Poorna. Brahma brachte das sichtbare Poorna Universum hervor. Poorna Brahma bleibt Poorna, auch wenn das sichtbare Poorna Universum daraus entsteht.)

Ishavasyopanishad, 1 - 1

Gurumandir
Akalkot
September 24. 1975   Ratnakar Ramrao Nargundkar

---

[5] Stille.
[6] Zustand ewiger Glückseligkeit.
[7] Vollkommen in sich selbst.

16. Einige zwischenzeitliche Begebenheiten

Nachdem ich den Savikalpa-Samadhi erlebt hatte, machte ich mich zur Rückreise nach Belgaum bereit, um dort meiner Mutter zu begegnen und ihr zu sagen: „Jetzt bin ich ein Kritartha[8]." Meine Frau Kumud hatte in dieser Zeit einen Traum. Sie sah eine reinweiße eineinhalb Meter hohe Statue von Lord Ganapati in SHREE's Raum. Ich berichtete SHREE darüber. SHREE sagte:

Auch sie wurde dort mit dem Darshan gesegnet.

Aus gesundheitlichen Gründen fuhr ich von Akalkot nach Belgaum zurück. Ich verneigte mich vor meiner Mutter und sagte zu ihr: „Jetzt bin ich ein Kritartha." Jedoch war ich innerlich niedergeschlagen. Ein bekannter Arzt hatte diagnostiziert, daß ich an einer unheilbaren Krankheit litt. SHREE hatte mich in einer einzigartigen Situation nach Belgaum geschickt. Einerseits war ich meinem geistigen Ziel sehr nahe, andererseits war mein Leben bedroht. In diesem zutiefst niedergeschlagenen Zustand schrieb ich einen Brief an SHREE. Später bereute ich es und sandte daher ein Telegramm. Ich weiß nicht, ob die Ärzte sich in ihrer Diagnose geirrt hatten, oder ob SHREE später etwas umänderte; ich wurde von meiner Krankheit geheilt. In dieser Zeit schrieb ich die erste Hälfte von „Sadguru's Bestowal." SHREE beantwortete weder den Brief noch das Telegramm.

Am 2. Sept. 1972 erwachte ich plötzlich gegen zwei Uhr nachts. Ich hatte während des Schlafes Konzentration erreicht und spürte, daß ich soeben aus dem Samadhi gekommen war. Am 22. September letzten Jahres hatte ich auch den Samadhi erlebt.

[8] Der Vollendete.

Einige Zeit hatte ich eine bestimmte Art von Träumen. Immer wieder sah ich, daß meine Schuhe gestohlen wurden. Trotz wiederholter Bemühungen konnte ich sie nicht wiederentdecken. Völlig nackt wanderte ich durch die Straßen. Ich trug noch nicht einmal einen Lendenschurz. Auf der siebenten Stufe wird der Sadhak zu einem Avdhoot, und SHREE hatte mir diesen Zustand versprochen. Waren diese Träume ein Hinweis auf dieses Darshan?

Am 26. September 1972 träumte ich: SHREE legte mir Seine Matte auf die Schulter und bat mich, auf sie achtzugeben. Ich wollte die Matte irgendwo hinlegen, um SHREE's Füße waschen zu können. Ich bemühte mich sehr, die Matte für kurze Zeit jemandem zu geben. Alle Gesichter, die ich sah, waren neu. Ich konnte den Richtigen nicht finden. Mit der Matte auf meinen Schultern wanderte ich lange Zeit umher. Schließlich wachte ich auf.

Am 21. Oktober 1972 hatte ich einen anderen Traum. Ich badete. Die Badezimmertür war geschlossen. Als ich mein Bad beendete, erschien plötzlich ein Heiliger. Ich erkannte ihn nicht. Er sprach zu mir: „SHREE GAJANAN MAHARAJ von Akalkot hat dich als gottesfürchtigen Jünger der Religion empfohlen. Deshalb bin ich zu deinem Darshan erschienen." In diesem Moment erwachte ich.

Am 25. Oktober 1972 hatte ich noch einen anderen Traum. Ich saß an irgendeinem Platz. Meine Mutter kam. Sie kniete nieder und blieb längere Zeit in gebückter Haltung vor mir. Ihre Augen und Hände berührten mich unterhalb der Knie. Tränen rollten von ihren Wangen auf meine Füße.

Am 31. Oktober konnte ich bis drei Uhr früh nicht schlafen. Nach kurzem Schlaf begann das Bhrumadya-Zentrum zu vibrieren. Ganz von selbst begann sich der Blick zu konzentrieren und der unangeschlagene kosmische Klangstrom erklang in meinem Herzen. Der OM-Sound, der einen in den höchsten Bewußtseinszustand bringt, pulsierte in mir. Nach einer Weile hörte dies auf.

Einige Tage später erlebte ich dasselbe in hellwachem Zustand. Ich saß gerade in meinem Bett. Ganz plötzlich überkam mich das Gefühl höchster Glückseligkeit. Mein Gemüt wurde in den überbewußten Zustand erhoben. Sogar Personen, die in meiner Nähe standen, nahm ich nicht mehr wahr. Ich konnte mit beiden Ohren, sehr leise, aber deutlich wahrnehmbar, den OM-Sound hören, der einen in den höchsten Bewußtseinszustand erhebt. Ohne die geringste Anstrengung nahm ich die Shambhavi-Haltung mit halbgeöffneten Augen ein. Das erinnerte mich daran, was SHREE über die Shambhavi-Stellung gesagt hatte, als Er mich über Konzentration und die während der Meditation einzunehmende Haltung belehrte:

Übe das Mantram mit hochgezogenen Augenbrauen, den Blick auf die Nasenspitze konzentriert. Deine Augen mögen schmerzen und du magst Kopfweh bekommen, achte jedoch nicht darauf. Es wird zur beschleunigten Aktivierung des Bhrukuti-Chakras beitragen. Das ist eine Öffnung — ein Fenster — zwischen den Augenbrauen, welches einen befähigt, die Sphärenklänge des Pranava in der Atmosphäre zu hören. Man mag schlafen, doch das Hören von Pranava hört nicht auf, wobei es den Schlaf nicht stört. Der Gesang ist ein immerwährendes Phänomen. Als Folge davon findet keine Wiedergeburt mehr statt.

Inzwischen erlangte ich beim Üben von Dhyan[9] Konzentration des Geistes und bemerkte etwas, als ob ein Streichholz angezündet würde. Das Licht dabei war so hell wie ein Blitz. Nach einiger Zeit erschien ein bläuliches bewußtseinerfülltes Auge. Es starrte mich an.

Meine Frau Kumud hatte auch einen Traum. Sie sah eine herrliche Lotosblume, die bis auf wenige Blätter völlig aufgeblüht war. Sie dachte im Geiste, die Sadhana-Übungen ihres Mannes in Akalkot seien der Vollendung nahe, und der blühende Lotos sei ein Symbol dafür. In diesem Moment wachte sie auf.

[9] Meditation.

nicht daran gewöhnt ist. Man muß durch Erfahrung lernen. Dies erinnert mich an eine andere Begebenheit. Eine Frau wollte Verse aus der Ghita lesen. Sie betrat SHREE's Raum. Ich war anwesend. SHREE ermunterte sie, einige Verse aus dem 18. Kapitel vorzulesen.

अर्जुन उवाच :

नष्टो मोहः स्मृतिर्लब्धा त्वत्प्रसादान्मयाच्युत ।
स्थितोऽस्मि गतसंदेहः करिष्ये वचनं तव ॥

– गीता १८–७३

(Arjuna sagte: „Oh Lord Achyuta, durch Eure Gnade habe ich die Täuschung überwunden. Ich habe mich meiner wahren Identität erinnert. Ich bin frei von Dualismus. Jetzt bin ich bereit, Eure Anordnungen entgegenzunehmen.)

Ghita 18 - 73

Nach diesem Vers ließ SHREE sie aufhören und sagte:

Wenn du sagst: „Ich habe die Täuschung überwunden" und diese Stufen überschreitest[10] , wirst du sie ein für alle Male los sein.

SHREE hatte ihr unerwartet eine goldene Gelegenheit angeboten. Doch der freie Wille und ihr Karma erlaubten ihr nicht, diese zu ergreifen. Sie sagte zu SHREE: „Wie kann man seine Täuschung loswerden, indem man es einfach so dahin sagt?" Warum kommt so etwas vor? Lord Krishna sagte in der Ghita:

अवजानन्ति मां मूढा मानुषीं तनुमाश्रितम् ।
परं भावमजानन्तो मम भूतमहेश्वरम् ॥

– गीता ९–११

---

[10] Die Stufen, die zu SHREE's Raum führen.

180

Viele Menschen fragen mich um Rat, was man für den geistigen Fortschritt tun sollte. Ich möchte jedem sehr eindringlich empfehlen, die Gebote von Sadguru ganz genau zu befolgen. Das führt zu sehr raschem Fortschritt. Die guten und bösen Kräfte sind gleichzeitig tätig. Wenn SHREE jemandem eine bestimmte Aufgabe zuweist, mag man einer Person begegnen, die einem bezüglich Reichtum, Status oder Wissen weit voraus ist. Dieser Mensch kann, entsprechend seiner Intelligenz, die angewiesene Aufgabe völlig anders auslegen. Höchstwahrscheinlich wird er einen durch seine eigenen Ansichten fehlleiten. Gerade die Willensfreiheit, die einem bei der Durchführung der Aufgabe gegeben ist, steht dem Fortschritt im Weg. Man gebraucht seinen freien Willen, indem man an die Auslegung der scheinbar höheren Person glaubt. Das eigene Karma tritt dem Fortschritt entgegen. Ich könnte eine Anzahl von Begebenheiten zur Unterstützung dieser Tatsache erzählen. Wenn man unter diesen Umständen Mut und Entschlossenheit beweist, wird man die Schwierigkeiten überwinden und triumphierend daraus hervorgehen. Man wundert sich, was wohl der Grund für alle diese Dinge ist. Gewöhnlich sieht man die Fehler beim anderen und bleibt sich seiner eigenen Fehler völlig unbewußt. Wahrscheinlich ist es eine menschliche Tendenz, Mängel bei anderen zu entdecken. Stößt man dabei auf einen Fehler, dann ist das Ego sofort verletzt. Ich zitiere hier einen Vers aus dem Gyaneshwari:

नवल अहंकाराची गोठी । विशेषें न लगे अज्ञानापाठीं ।
सज्ञानाचे खोंबे कंठीं । नाना संकटीं नाचवी ॥

— ज्ञानेश्वरी, १३-८२

(Stolz hat eine wundervolle Eigenschaft. Er ergreift die Gelehrten und verwickelt sie in Unheil aller Art. Ein ungelehrter Mensch ist nicht von Stolz besessen.)

Gyaneshwari 13 - 82

Mit einfacheren Worten gesagt: der Gelehrte versteht, doch praktiziert er nicht, was er predigt. Das kommt daher, weil er

(Die Unwissenden gehorchen mir nicht, weil ich menschliche Form angenommen habe und sie sich meines inneren höchsten Wesens, des Schöpfers aller Dinge, nicht bewußt sind.)

Ghita 9 - 11

Letztlich sind es die menschliche Intelligenz und das Karma, die einen stolpern lassen. Es sind nur die Fallgruben und Erfahrungen, die mich auf dem richtigen Pfad hielten.

Wenn man zurückschaut und das eigene Leben betrachtet, kann man entdecken, daß man auf diese Zwischenfälle gestoßen ist, aber einfach nicht auf der Hut war.

Wenn ich an Gehorsam denke, werde ich an meine Söhne Uday und Girish erinnert. Bevor ich nach Akalkot ging, ermahnte ich sie jedesmal, eifrig zu studieren. Uday nickte dann immer zustimmend, Girish nickte auch, aber viel eindringlicher. Manchmal geschah es auch, daß ich Girish rief und er die ganze Zeit mit dem Kopf nickte. Wenn sie mir schrieben, vergaßen sie nie zu erwähnen, daß sie eifrig studierten. Manchmal fingen ihre Briefe mit diesem Punkt an. Sie waren achtsam und versicherten mir, daß ich keinen Grund hätte, ihnen deswegen zu schreiben. Napoleon Bonaparte pflegte zu sagen: „Das Wort 'Nein' kann nur im Wörterbuch eines Narren gefunden werden." Ebenso sagten Girish und Uday zu allen meinen Aufträgen 'Ja'.

Am 25. März 1973 hatte ich einen Traum. Ich dachte, meine Photographie sei die von SHREE, aber auch die von Lord Parsuram. Im gleichen Augenblick sah ich SHREE, der mir die Augen verband. Meine Augen waren geschlossen. Ich rieb meine Hand leicht an SHREE's Hinterkopf, und es begann meinem Körper ein süßlicher Duft zu entströmen. Später führte SHREE noch weitere yogische Transformationen durch und entfernte dann die Augenbinde. Jetzt waren meine Augen ruhiger. Mein Sehvermögen hatte sich verbessert. Meine Sicht war deutlicher und klarer als früher. Vorher hatte ich verschwommen und unklar gesehen. Es bestand ein gewaltiger Unterschied zwischen meinem früheren und jetzigen Sehvermögen. Wiederholt verneigte ich mich vor SHREE, und brachte meine tiefste Dankbarkeit zum Ausdruck. Dann erwachte ich. Es war 3.45 Uhr morgens.

Hier erinnerte ich mich an Arjuna (Bhagavad Gita). Lord Krishna beschenkte ihn mit der himmlischen Vision, um ihm zu ermöglichen, daß er die Herrlichkeit des Yoga im Herrn schauen und sich daran erfreuen konnte. Arjuna pries Lord Krishna mit folgenden Worten:

वायुर्यमोऽग्निर्वरुणः शशाङ्कः
प्रजापतिस्त्वं प्रपितामहश्च ।
नमो नमस्तेऽस्तु सहस्रकृत्वः
पुनश्च भूयोऽपि नमो नमस्ते ॥

नमः पुरस्तादथ पृष्ठतस्ते
नमोऽस्तु ते सर्वत एव सर्व ।
अनंतवीर्यामितविक्रमस्त्वं
सर्वं समाप्नोषि ततोऽसि सर्वः ॥

— गीता ११, ३९–४०

(Herr, Du bist Vayu,[11] Yama[12], Agni,[13] Varuna,[14] Mond, Kashyapa[15] Prajapati[16] und der Vater Brahmadevs[17]. Ich verneige mich vor Dir tausendmal und bringe Dir meine Verehrung dar. Oh, Allmächtiger, alle Formen im Universum sind Deine eigenen. Ich schenke Dir demütig meine Verehrung. Du, der Du Dich vor mir befindest, hinter mir und überall um mich herum. Herr, Dir bringe ich meine Verehrung dar. Herr, Deine Macht und Größe kennt keine Grenzen. Allmächtiger, Du bist unser aller Ziel, Du bist alles.)

Ghita 11, 39 - 40

---

[11] Gott des Windes.
[12] Gott des Todes.
[13] Gott des Feuers.
[14] Gott des Regens.
[15] Der große Seher, dem Lord Parsuram die von ihm überwundene Welt als Daan (Geschenk) darbot.
[16] Gott als Erhalter.
[17] Gott als Schöpfer.

Eines Tages wurde ich gegen Mitternacht in Akalkot plötzlich krank. Als nach zwei Stunden keine Besserung eintrat, rief man den Arzt. Er stellte ein Nierenleiden fest. Die Behandlung dauerte drei Monate.

SHREE hatte mich angewiesen, meine Gedanken nicht breit auszuwälzen, sondern mich in wenigen Worten verständlich zu machen. SHREE hatte mich auch angewiesen, mich an keinerlei mündlichen Streitigkeiten zu beteiligen. Mir wurde geraten, mit meinen Worten sehr sorgsam umzugehen.

Ich verließ Akalkot, um nach Belgaum zu reisen. Wie gewöhnlich nahm ich den Zug von Sholapur nach Bagalkot, wo ich in den Bus nach Belgaum umstieg. Ich kaufte eine Fahrkarte dritter Klasse und belegte die oben gelegene Schlafstelle. Es war kein reserviertes Abteil. Der Schaffner wies mir die untere Schlafstelle zu, weil zwei Kaufleute, die nach Davangiri über Hubli fahren wollten, um die oberen Plätze gebeten hatten. Der Schaffner versicherte mir, daß ich auf der unteren Bank bequem schlafen könne, und falls weitere Reisende zusteigen würden, könne man ihnen ein anderes Abteil zuweisen. Auf diese Zusage hin vertauschte ich meine obere Liegestatt gegen den unteren Platz. Ich war erschöpft und litt unter starken Rückenschmerzen. Nun machte ich mein Bett und war zum Schlafen bereit. Die Abfahrt des Zuges wurde durch Läuten einer Glocke angekündigt. Ich ging noch auf die Toilette und kehrte nach einer Minute zurück, nur um zu entdecken, daß mein Bett zurückgeklappt war und sich jemand daraufgesetzt hatte. Die gegenüberliegende Sitzbank war inzwischen von einem Herrn, dessen Frau und zwei Kindern besetzt worden. Das eine Kind mochte etwa acht Jahre alt gewesen sein. Das zweite Kind war noch im Säuglingsalter. Mein Nachbar, der mein Bett zurückgeklappt hatte, mußte ein Verwandter dieser Familie sein. Er trug etwas verschmutzte Kleidung.

Das schien meine entscheidende Prüfung zu sein!

Ich wollte schlafen und bat daher meinen Nachbarn, sich in das nächste Abteil zu setzen. Da mischte sich der andere Mann ein und sagte sehr unhöflich: „Das ist kein reserviertes Abteil. Sind Sie sicher, daß Sie überhaupt eine Fahrkarte haben?" Ich antwortete: „Ja, ich habe auch dem Schaffner zwei Rupien extra für den Platz bezahlt." Er geriet in Zorn und wollte die Fahrkarte sehen. Da der Schaffner meine Karte bereits geprüft hatte, konnte von Vorzeigen keine Rede sein. Er zog sein Hemd aus und begann mich plötzlich zu beschimpfen. Die Kaufleute auf den oberen Liegen erhoben sich. Mein Nachbar und die Frau des Mannes versuchten, ihn zu beruhigen. Es war umsonst. Als ich weiterhin ruhig blieb, begann er noch mehr zu lästern. Ich übte mental mein Mantram. In diesem Moment kam der Schaffner, und fragte die Gesellschaft nach der Fahrkarte. Er erklärte dem Schafffner, daß er Eisenbahner sei und an der nächsten Station in Hotgi aussteigen werde. In diesem Fall brauchten sie keine Fahrkarten. Wie auch immer, es ging mich nichts an. Ich beschwerte mich auch nicht beim Schaffner. Bis Hotgi waren es noch fünfundzwanzig Minuten. Die unablässige Beschimpfung regte mich nicht im geringsten auf. Ich beobachtete nur.

Der Zug verließ Tikkekarwadi. Bis zu diesem Augenblick hatte die Zunge meines Freundes nicht stillgestanden. Plötzlich begann er seinen Nacken ziemlich unschlüssig von einer Seite zur anderen zu drehen. Ich erkannte, daß er sehr unruhig war. Unvermutet kniete er zu meinen Füßen nieder und bat: „Lord, ich habe mich geirrt. Bitte vergebt mir. Ich habe Euch in unverzeihlicher Weise beleidigt." Ich sagte bloß: „Du wirst Erfahrungen machen." Darauf entgegnete er: „Was ich erlebt habe, ist genug. Ich wünsche keine weiteren Erfahrungen. In meinem Herzen tobt ein heftiger Aufruhr. Ich begreife es nicht. Mir ist, als würde ich sterben. Ich verpreche Euch, mich für den Rest meines Lebens nie mehr so zu benehmen." Dann bat er seine Frau, mir ihre Verehrung zu erweisen. Anschließend ließ er seine Kinder vor mich hinknien und bat auch meinen Nachbarn, sich vor mir zu verneigen. Hotgi war noch zehn Minuten entfernt.

Er verbrachte die ganze Zeit zu meinen Füßen und berührte sie gelegentlich mit seinem Kopf. Beide Kaufleute aus Davangiri beobachteten verblüfft dieses Schauspiel. Als der Zug schließlich in Hotgi anhielt, erwiesen mir alle Familienmitglieder nochmals ihre Verehrung und baten mich um Vergebung. Mein Freund ging auf den Bahnsteig, kehrte vor das Fenster meines Abteils zurück und sagte: „Lord, ich habe einen schrecklichen Fehler begangen. Bitte verzeiht mir. Mein Leben lang werde ich es nicht wieder tun. Ich brauche keine weiteren Erfahrungen." Dann ging er. Weder seine Beschimpfungen noch seine Ehrerweisungen berührten mein Gemüt in irgendeiner Weise.

Eines Abends machte ich in Belgaum einen Spaziergang. Im Geiste wiederholte ich ständig das Mantra. Ich durchschritt eine sehr schmale Gasse in der Nähe unseres Hauses. Ich sah, daß sich aus der Gegenrichtung eine Büffelherde näherte. Ich befand mich auf der linken Seite der Gasse und die Büffelherde auf der rechten Seite. Zu meiner Linken war eine hohe Mauer. Die Gasse war für den Fahrzeugverkehr gesperrt, und hinter mir lagen Steine quer über die Straße. Das beeinträchtigte das reibungslose Passieren der Büffel, die sich hinter mir sammelten. Der letzte Büffel wendete sich mir zu. Er hatte seinen Kopf gesenkt und schickte sich an, auf mich loszugehen. Ich war der drohenden Gefahr ausgesetzt, von seinen Hörnern aufgespießt zu werden. Rechts und hinten war ich von Büffeln umgeben, und auf der linken Seite befand sich die hohe Mauer. Es gab keinen Fluchtweg. Ich streckte meine Hand zur Selbstverteidigung vor. Nur wenige Zentimeter waren zwischen ihm und meiner Hand. In diesem Moment blickte mir der angreifende Büffel in die Augen und zog sich sofort einige Schritte zurück. Er bewegte sich zur Seite und gab mir den Weg frei. Ich erlebte, welch undurchdringlichen Panzer SHREE um mich gelegt hatte!

Alle meine kleinen Wünsche wurden sofort erfüllt. Wenn ich mich an jemanden erinnerte, dann traf ich ihn innerhalb kurzer Zeit. Erwartete ich einen bestimmten Brief, so bekam ich ihn noch am selben Tag. Es gab unzählige solcher Begebenheiten.

Ich hatte einen Traum, in dem SHREE sagte:

Von hunderttausend Momenten hast du jetzt eine Million Momente in Satkarma umgesetzt.

SHREE setzte fort:

Tausende von Millionären werden geboren und Tausende sterben. Niemand erinnert sich ihrer. Doch selten wird ein Tatya geboren, und wenn er geboren wird, ...

sofort fügte ich hinzu: „ ... wird er nie vergessen werden." Da es mir gesundheitlich ziemlich schlecht ging, mußte ich in Akalkot eine Reihe von Injektionen bekommen. In diesem Zusammenhang sagte SHREE zu mir:

Deine Sadhana ist jetzt beendet. Kein Wunder, daß die Reihe deiner Injektionen jetzt auch vorbei ist. Deine Rolle war nur dem Namen nach vorhanden. Wir sorgten dafür, daß du deine Sadhana vollendet hast. Ein gewöhnlicher Sadhak kann durch einen Trick Asche erzeugen. Diese niederen Kunststücke sind nichts für einen vollkommenen Yogi. Er hat viel bedeutendere Pflichten zu erfüllen. Dein Buch — die Biographie — soll die geistige Wissenschaft enthüllen. Sonst ist es keine Wissenschaft. Man braucht nicht die Schriften zu lesen, um diesem Buch zu folgen. Eher sollte man dein Buch heranziehen, um die Schriften zu verstehen. Sonst ist es keine Wissenschaft. Du mußtest nicht erst die Schriften lesen, um dieses Buch zu schreiben. Wenn jemand deine Biographie lesen will, sollte er die richtige Brille aufsetzen. Nur dann kann er zwischen den Zeilen lesen.

Dann nahm SHREE auf mich Bezug und sagte:

Du hattest die Vision, in deinem vorigen Leben ein Yogi gewesen zu sein. In diesem Leben hat dir Lord Krishna selbst in deinen Träumen gesagt, daß deine Sadhana bereits im Schoß deiner Mutter begonnen hat.[18] *Du hast*

---

[18] Siehe Erster Teil.

die Sadhana fortgesetzt und den dünnen Vorhang erreicht.
Ein gewöhnlicher Mensch kann dir auf diese Stufe nicht
folgen durch bloßes Singen von ‚Hare Ram'. Man muß
seine eigene Vorgeschichte der Sadhana aus dem letzten
Leben haben und die Fortsetzung derselben, beginnend
im Mutterleib.

Avatare geben Zeichen ihrer Geburt lange vor ihrer Ankunft.
Ihre Mütter bekommen bedeutende, richtungsweisende Träu-
me. Die Mütter von Buddha und Mahavira hatten derartige
Träume. Ich habe es von SHREE erfahren. Sogar diese hohen
Inkarnationen leiden unter körperlichen Krankheiten. Es ist
ihr eigenes Spiel. SHREE sagte zu mir:

Wir erwarten zwei Dinge von dir. Erstens sollst du der
Menschheit eine schriftliche Botschaft überbringen.
Durch dein Buch „Sadguru's Bestowal" wurde das er-
reicht.
Jetzt sollst du eine mündliche Botschaft geben. Deine per-
sönliche Botschaft soll Vasant gegeben werden, wenn er
nach Amerika reist.

SHREE überreichte Shri Vasant Paranjpe einen Pashmina-
Schal, als er zur Amerikareise bereit war. Bei diesem Anlaß
überbrachte ich Shri Vasant Paranjpe meine persönliche Botschaft, entsprechend SHREE's Auftrag.
„SHREE hat dir einen Schal überreicht. Er hat weder Anfang
noch Ende. Ich beauftrage dich, Amerika zu besuchen und
SHREE's Fünffältigen Pfad zu verbreiten — Satya Dharma
für alle. Hülle das Universum in deinen Schal."
Dies erweckte in Vasant seine Asta-Satvika-Bhava,[19] und seine Augen füllten sich mit Tränen. Einige Zeit später reiste er
nach Amerika ab.
Hier erinnerte ich mich einer oft wiederholten Bemerkung
von SHREE:

[19] Die acht rechtschaffenen Gefühle.

Dein Raum enthält alle Schalter, die alleine das gesamte Universum erleuchten könnten.

Nachdem Vasant in den USA angekommen war, gründete er eine uneigennützige Organisation — FIVEFOLD PATH INCORPORATED. Diese Organisation wurde im September 1973 bei der Virginia State Corporation Commission registriert. Shri Vasant Paranjpe ist der Gründungsvorsitzende dieser Organisation.

Im April 1974 erwarb die Gesellschaft ein größeres Stück Land am Rande des White Oak Sees. Der Platz grenzt an den weltberühmten Shenandoah Oak Nationalpark und wird als der am wenigsten verschmutzte in den USA bezeichnet. Hier liegt die Zentrale des „Fivefold Path Incorporated". Sie wurde PARAMDHAM[20] genannt. SHREE ließ mich mit einer bestimmten Absicht einen Brief schreiben, in dem der Name Paramdham gewählt wurde. Ich wurde auch von dieser Absicht in Kenntnis gesetzt.

Die periodische Herausgabe der Zeitschrift Satsang nahm an SHREE's Geburtstag, dem 17. Mai 1973, ihren Anfang. Die Zeitschrift begann, SHREE's Zehn Gebote ab 21. Juni 1973 zu erklären. Später wurden viele Feuertempel in den USA errichtet. Die bekanntesten unter ihnen befinden sich in Madison (Virginia), Baltimore, Randallstown (Maryland). Ähnliche Zentren in Europa gibt es in Holland und Deutschland. Der Satsang wird jetzt auch in Holland und Deutschland herausgegeben. An all diesen Orten praktizieren und verbreiten die Menschen gewissenhaft Satya Dharma. Das Zentrum hat zu diesem Zweck seine eigene moderne Druckerei in Randallstown eingerichtet.

SHREE sagte:

Göttliche Arbeit ist vorgeplant. Sie wird spontan ausgeführt. Als Vasant die USA besuchte, erwiesen sich seine früheren Kenntnisse als nutzlos. Es werden Amerikaner

---

[20] Haus des Allmächtigen Vaters.

sein, die Satya Dharma auf der Erde verbreiten. Es ist
nicht nötig, all diese Zentren zu besuchen. Es kann von
einem einzigen Zentrum aus getan werden. Er wurde zu-
erst nach Madras gesandt. Später nach Kanyakumari und
schließlich über die sieben Meere.
Amerikaner werden hierherkommen, um die Botschaft
zu verbreiten. Von da an ist Vasant fähig, die Botschaft
über die Erde zu verbreiten. Sogar die St. Episcopal
Kirche wird die Botschaft ausbreiten und andere Kir-
chen dazu anleiten, ihr nachzufolgen.

Im Math befindet sich eine Reliquie von SHREE. Ein Bild
von SHREE wurde feierlich dort aufgestellt. Aus der Ferne
betrachtet schienen die Züge des Portraits meine eigenen zu
sein. War es Tatsache oder Täuschung? Hin und wieder schaute ich mir dieses Bild an, und es erschien als mein eigenes.
Vielleicht war es nicht richtig, so zu denken.
Als ich nach Belgaum zurückkehrte, ließ ich meine Augen
überprüfen. Mein Augenlicht war schwächer geworden. Mir
wurde eine schwache Brille verordnet, sowohl für Kurz- als
auch für Weitsichtigkeit. Ich kehrte nach Akalkot zurück.
Wiederum schaute ich auf SHREE's Fotografie, und auch mit
Brille schien sie meine eigene zu sein. War es wahr? Ich konnte mich nicht entschließen, mit irgend jemandem darüber zu
sprechen. Schließlich vertraute ich mich Shri Mahadevappa
Shabada und Shri Minoo Khambatta an. Beide bestätigten mir
die Echtheit dessen, was ich gesehen hatte. Später sprach ich
zu SHREE darüber. SHREE sagte nur:

Das ist richtig.

(Das ist ein Beispiel von Sakshat-Darshan. — Der englische
Herausgeber).
Als SHREE mich in die Mantra-Übungen einweihte, hatte Er
seine rechte Hand auf meinen Kopf gelegt und mehrere Mantras gesprochen. Jetzt erinnerte ich mich an dieses Ereignis.

190

Zu SHREE's Reliquie gehören auch Padukas,[21] die ich SHREE einst überreichte und die feierlich dort aufgestellt wurden. Zu diesem Anlaß hatte SHREE gesagt:

Die von dir überreichten Padukas werden im ersten Stock aufgestellt. Eines Tages wirst du dort Erlebnisse haben.

Genau an diesem Platz begann eine Reihe unvorstellbarer Erlebnisse für mich.

Die englische Übersetzung meiner Aufzeichnungen (Erster Teil) wurde als Buch „Sadguru's Bestowal" veröffentlicht. Das Buch wurde nicht nur in Indien verbreitet, sondern auch in anderen Ländern. Mrs. Blackburn war die erste, die mir aus dem Ausland schrieb. Sie schrieb: „Bald wird Madison das geistige Zentrum der Welt sein. Menschen aus allen Ländern werden hier herkommen." Sie hatte mich eingeladen, das Zentrum einzuweihen. Weiterhin schrieb sie, dies sei nicht ihr persönlicher Wunsch, doch würde ich so handeln, wenn es der Göttliche Plan sei. Frau Gertrud Meister aus Deutschland schrieb, daß sie in meinen Aufzeichnungen Antwort auf alle von ihr gehegten Zweifel finden konnte. In einem anderen Brief schrieb sie mir, daß ich eines Tages in derselben Weise der Welt helfen würde, wie es die großen Seher, die Vollkommenheit erreichten, schon früher getan hatten. Es gibt noch viele andere Briefe, doch möchte ich sie hier nicht alle erwähnen.

Ich meditierte in SHREE's Raum. Nach einiger Zeit sah ich SHREE aufmerksam an. SHREE war mit Anhik[22] beschäftigt. Ich blickte weg und setzte meine Meditation fort. Wieder schaute ich auf SHREE, aber noch sorgfältiger. Ich erlebte einen völlig anderen Anblick, ein Sakshat-Darshan. Dann versuchte ich eine Weile zu meditieren und sagte dann zu Shree: „Ihr seht so strahlend aus wie die Sonne. Mir scheint Euer Körper eine Quelle strahlenden Lichtes zu sein." SHREE lächelte und sagte:

---

[21] Sandelholzsandalen.
[22] Tägliche religiöse Routine.

Ja, du hast recht.

SHREE hatte mich mit diesem bestimmten Sakshat-Darshan gesegnet. Am 24. Juni 1973 sagte SHREE zu mir:

Zum richtigen Zeitpunkt wird die Wichtigkeit deiner Aufzeichnungen ans Licht kommen. Sie werden in jedem Heim gelesen werden. Gyaneshwari wird sogar noch jetzt in jedem Haus gelesen. Die ursprünglichen Worte sind spontan dem Herzen entsprungen. Sie werden übersetzt und in verschiedenen Sprachen veröffentlicht werden. Es ist Wahrheit — Wissen.

Später sagte SHREE zu mir:

Sehr bald werden große Veränderungen stattfinden. Die Zeichen sind bereits offensichtlich.

Ich wohnte mit meinem älteren Bruder Sadanand zusammen. Wir hatten die Küche gemeinsam. In zwei Briefen, die ich von unserem Hausarzt empfing, schrieb er, meine Mutter würde mich rufen. Es wurde auch der Vorschlag gemacht, mich von den übrigen Familienmitgliedern zu trennen, und ich mußte deshalb nach Belgaum reisen. Ich las beide Briefe SHREE vor.

Am 12. Juli 1973 war mein Gemüt in Aufruhr, und ich befand mich innerlich in starken Spannungen. Ich erzählte SHREE davon. SHREE sagte:

Deine Trennung von den anderen Familienmitgliedern geschieht nicht unerwartet. Du warst dir dessen bewußt. Du brauchst dir deswegen keine Sorgen zu machen. Alles wird in Ordnung sein.
Du wirst Schwierigkeiten entgegensehen, weil du geistigen Fortschritt machen mußt. Du mußt dein Ziel erreichen. Schwierigkeiten sind versteckte Segnungen.

Du brauchst dich um Geeta[23] nicht zu sorgen. Du solltest noch nicht einmal an Geeta denken.

Wenn dir jemand empfiehlt, Geschäfte zu betreiben, um deine Familie zu versorgen, so hat er auf seine Weise recht. Diesbezüglich bestehen keine Verbote. Wir haben keineswegs solche Beschränkungen erteilt. Jedem Ergebenen, der hierherkommt, wird geraten, für seinen Unterhalt zu sorgen. Es ist seine Sache, was er zu diesem Zweck tut.

Man sollte das Verlangen nach Vergnügungen loswerden. Selten wird ein Mensch auserwählt. Als du hierherkamst, hattest du alle Vorkehrungen getroffen. Sogar schon damals bist du vorbereitet gekommen.

Tempel werden im Gedanken an solch einen Menschen gebaut. Statuen werden von ihm errichtet. Er wird von allen verehrt. Seine Biographie wird geschrieben und veröffentlicht. Sogar Gottheiten verehren ihn. Mit den Gottheiten verglichen, ist er diesen weit überlegen.

Aus diesem Grund haben wir den Vorhang beibehalten. Er kann jede beliebige Anzahl von Autos erhalten. Er kann ein Auto erhalten, wann immer er will. Jedoch sind dies Hindernisse, die seinen Rückfall verursachen können. Sie können ihn vernichten. Ein Zustand von Ungewißheit wird bewahrt. Wenn er stolpert, kann er weder vorausschreiten noch zurückkehren; statt dessen wird er in demselben Zustand verbleiben.

Er ist durch größtes Unglück nicht aus der Ruhe zu bringen, selbst wenn man ihn auf glühende Kohlen setzt. Du hast diesen höchsten yogischen Zustand erfahren.

Wir haben dir aufgetragen, deine Biographie zu schreiben. Wir haben dir nicht aufgetragen, sie zu veröffentlichen, weil die göttlichen Geheimnisse bewahrt werden müssen. Erst wenn die Zeit reif ist, sind die Aufzeichnungen zu veröffentlichen. Man muß den höchsten yogischen Zustand erreichen, sonst würde man als Schwindler verurteilt werden.

---

[23] Die Tochter des Autors.

Potdar Sahib wurde ein Auto geschenkt, das direkt vor dem Math anhielt. Danach brauchte er es nicht mehr. Auch sein Haus wurde ihm später genommen. Er wurde angehalten, seine Aufzeichnungen zu veröffentlichen, um zu zeigen, wie schwierig dieser Pfad ist. Du solltest dich nur auf diesen Pfad begeben, wenn du bereit bist, sämtliche Mühsal zu erdulden. Sonst vergiß die ganze Angelegenheit. Dies würde beweisen, wie schwierig dieser Pfad ist. Es ist überhaupt nicht nötig, sich Sorgen zu machen. Man stößt auf Schwierigkeiten, doch werden diese ganz von selbst überwunden. Du mußt vorankommen, deshalb mußt du Schwierigkeiten begegnen.

Ich meine, wenn jemand denkt, den Weg der Befreiung nur einschlagen zu können, wenn er durch Deponieren von Hunderttausenden von Rupien auf sein Bankkonto sorgenfrei geworden ist, der unterliegt einer Täuschung. Das erinnert mich an einen Vers des berühmten Heiligen Namdev. In Randharpur sagte er zu Lord Vithoba: „Herr, Du bist großmütig. Erst nimmst Du alles mit einer Hand weg, und dann erst gibst Du mit der anderen Hand."
Sadguru prüft seine Jünger auf jede erdenkliche Weise. SHREE pflegte zu sagen:

Wenn Wir jemanden mit Unserer Gnade segnen, nahmen Wir ihm zuerst alles weg, erst dann erweisen Wir ihm eine Gunst.

SHREE sagte:

Lord Krishna hatte der Welt den einzigartigen Vibhuti-Yoga[24] zu schenken. Bharat wurde unsterblich. Tausende Käfer werden geboren werden und Tausende werden sterben. Millionen von Menschen, die Reichen eingeschlossen, werden zur Welt kommen und schließlich sterben, ohne irgendeine Spur zu hinterlassen. Manusmruti empfiehlt:

[24] Siehe Ghita, Kapitel 10.

मातृदेवो भव । पितृदेवो भव । आचार्य देवो भव ।

(Behandle Mutter, Vater und Lehrer mit der gleichen Ehrfurcht, die du dem Allmächtigen entgegenbringen würdest.)

Sadguru geht sogar einen Schritt weiter und versichert dir,
wenn du fest entschlossen Zuflucht zu Seinen Füßen suchst,
kannst du durch Seine Gnade in den Stand eines Chiranjeev
Avatars gehoben werden.

देवाच्या सख्यत्वासाठी । पडाव्या जिवलगासी तुटी ।
सर्व अर्पावे सेवटीं । प्राण तोहि वेचावा ॥

– दासबोध ४.८–८

(Um die Gnade des Herrn zu erlangen, muß man sich nicht
nur von seinen Lieben und Nächsten trennen und schließlich allem entsagen, sondern man muß auch bereit sein,
sein eigenes Leben als höchstes Opfer darzubringen.)

Dasbodh, 4.8 – 8

So stark muß deine Entschlossenheit sein.

Ich bereitete mich zur Meditation vor. SHREE sprach laut zu
jemandem. Sofort war mir bewußt, daß die Worte mir galten.
SHREE sagte:

*Selbst wenn dir ein gewaltiges Hindernis in den Weg
kommt, und du hast eine Unze Vertrauen in den Allmächtigen, so wird es sich für dich ganz von selbst auflösen
und deinen Weg nicht blockieren.*
*Du verfügst über alle Mittel. Du mußt sie nur anwenden.
Mehr brauchst du nicht.*
*Entweder wirst du den höchsten Gipfel erklimmen, oder
du wirst tief abstürzen. In diesem Fall würde es mehrere
Geburten erfordern, bis du dich wieder erhoben hast.*

Man macht sehr rasche Fortschritte, wenn man SHREE's Anweisungen genauestens befolgt. Shri Mahadevappa Shabade ließ mich die Wichtigkeit des Gehorsams erkennen. Viele Male wurde ich durch seine weisen Ratschläge geführt. SHREE wies mir bestimmte Aufgaben zu. Manchmal fragte ich SHREE, ob es in Ordnung sei, die Aufgabe etwas anders auszuführen, so, wie es sich durch die Beratung mit einem anderen Menschen ergeben hatte. Die Erinnerung an diese Vorfälle läßt mich sogar heute noch verlegen werden. Ich bedaure auch jene, auf deren Bitte hin ich an SHREE herantrat, um SHREE solche Dinge zu fragen.

Ich bin weder ein Shastri, noch ein Pandit, noch ein Gelehrter. Was Gehorsam betrifft, weiß ich nur eines, SHREE's Gebote buchstäblich zu befolgen. Wenn mich jemand um Rat fragt, ob man SHREE's Gebot buchstäblich befolgen sollte oder gemäß des im Gebot enthaltenen Sinnes, oder ob man es teilweise oder ganz ausführen sollte, dem rate ich mit fester Überzeugung:

Gehorche SHREE's Gebot vollkommen und genauestens!

Am 26. Juli 1973 sagte SHREE:

Menschen aus der ganzen Welt sehnen sich nach einem Darshan hier. Sogar Chiranjeevs besuchen diesen Ort. Lord Dattatreya und Lord Ashwatthama kommen gerne zum Darshan hierher. Manche besuchen Uns in der Neumondnacht, manche im Morgengrauen und einige am Abend. Lord Parsuram besucht Uns sehr oft. Das ist schon seit mehreren Jahren Tradition. Akalkot hat diese einmalige Eigenschaft. Sogar Chiranjeev Avatare kommen gerne zum Darshan an diesen Ort.

Ich möchte an dieser Stelle einen Traum erzählen. Ich erblickte ein kreisrundes Objekt. Es hatte Ohren, Nase und Augen. Ich spürte, daß es die Sonne war. Ich starrte es an, und es ließ Zeichen von Bewußtsein erkennen. Als sich unsere Augen trafen, begannen sich die Augen im Bild rundherum zu drehen.

Am 26. Juli 1973 sagte SHREE:

196

Es ist ein bedeutsamer Unterschied zwischen dem, was du der Welt sagen wirst und dem, was andere sagen. Du hast Erfahrungen gemacht. Wenn jemand Zweifel kommen, kannst du sie klären. Andere haben hier und da etwas gelesen. Sie können nur mit dem, was sie gelesen haben, prahlen. Ihr Buch ist ihr einziger Führer. Du hast diese Schwierigkeiten nicht.

Am 8. August 1973 träumte ich: SHREE legte die drei mittleren Finger Seiner rechten Hand zuerst auf mein linkes, dann auf mein rechtes Auge. Meine Augen waren während des Vorganges geschlossen. Ich konnte die Berührung Seiner Finger fühlen. Die Handlung wurde wiederholt.
Nachher hielt SHREE meine Nase und meinen Mund mit Seiner rechten Hand und drehte Seine Hand langsam im Uhrzeigersinn. Ich fühlte keinen Schmerz. Ich konnte spüren, daß meine Nase und mein Mund in Seinem Griff waren. Die Handlung war ähnlich dem Verschnüren eines Getreidesackes.
Dann sagte SHREE zu mir:

Von nun an sollst du deine geistigen Übungen intensivieren.

Ich erwachte und merkte, daß es ein Uhr dreißig morgens war. Ich hatte das Gefühl, daß die yogische Transformation, die SHREE an mir vollzog, zur Erlangung von Mouna im Chidanand-Zustand diente. Am 11. August klärte SHREE diesen Punkt und sagte:

Wenn dich jemand von Kopf bis Fuß betrachtet, sollte er Darshan des höchsten yogischen Zustands haben. Vielleicht mußt du an alle Ecken und Enden der Welt reisen, vielleicht auch nicht. Das Reisen ist dir erlaubt. Selbst wenn du hierbleibst, könnte jemand mit Darshan gesegnet werden. Du hast einen Brief aus Amerika. Er beschreibt, daß sie[25] Darshan von dem hatte, was sie in

---

[25] Jackie Blackburn.

ihrem Leben erreichen will. Eine Person aus Poona hatte dieses Darshan aufgrund deiner Aufzeichnungen.

Jeder Mensch folgt einem anderen Pfad, und das trifft auch für dich zu. Vasant wird die Theorie erklären, und du wirst die Errungenschaft des höchsten yogischen Zustandes beschreiben. Man muß in mehreren Leben geistige Übungen vollziehen, um das zu erreichen. Du hast geschrieben, was jemand durch Befolgung des Pfades erreichen kann. Du hast es anschaulich gemacht. Du wirst erzählen, was du erreicht hast, und Vasant wird erklären, wie jede Stufe zu erklimmen ist. Er wird nur theoretisch darüber sprechen. Du kannst deine Botschaft an alle Enden und Ecken dieser Welt von diesem Platz aus geben. Du wirst nicht davon sprechen, was du gelesen hast, sondern davon, was du erlebt hast. Dieser Zustand soll erreicht werden. Sogar die Alleinherrschaft über das Universum ist ganz unbedeutend, verglichen mit diesem yogischen Zustand. Du mußt deine geistigen Übungen bis zu einem solchen Grad intensivieren, daß jemand Darshan des höchsten yogischen Zustands hat, wenn er dich ansieht. Aus diesem Grund haben Wir dir aufgetragen: „Intensiviere deine geistigen Übungen."

Jeder sollte das gleiche Darshan haben. Was man hören und was man erreichen kann, sollte bekannt sein. Man sollte ES sehen. Das einzige, was du der Welt sagen sollst, und sagen wirst, ist: „Ja, ich habe den höchsten yogischen Zustand erfahren."

Du sprichst zu ihnen durch Mouna. Dein Mouna wird übermitteln, was du zu sagen hast. Man sollte durch bloßes Anschauen von dir den yogischen Darshan haben. Du könntest in Belgaum bleiben und dennoch fähig sein, die Welt zu überzeugen.

Ein Suchender kann mit diesem Darshan gesegnet und beschenkt werden, ohne Berücksichtigung seines guten oder üblen Karmas. Nicht einmal einer unter Hunderttausenden mag so glücklich sein, dieses Darshan zu haben. Nur Sadgurus können dieses höchste Glück schenken. Du

hast Briefe erhalten, in denen steht, daß Leser bei deiner Einleitung und bei den Aufzeichnungen mit diesem Darshan gesegnet wurden.
Ähnlich wie die physikalische Wissenschaft ist dieses eine geistige Wissenschaft. Dieses Erlebnis kann jedem gegeben werden. Es ist keine Illusion. Verglichen mit dem Yogi, der den höchsten yogischen Zustand erreicht hat, ist sogar der allerhöchste Kaiser unbedeutend.

Am 24. August 1973 sagte SHREE:

Kontrolliere dein Gemüt. Wenn das nicht möglich ist, mußt du das Prana durch Pranayama-Übung regulieren. Sobald du dein Prana kontrollierst, wird dein Gemüt zur Ruhe kommen. Diese Yoga-Übung wird dich zur Erlangung des höchsten Bewußtseinszustandes führen.
Arjuna zweifelte, ob er Sankya[26] oder Yoga befolgen sollte. Er bat Lord Krishna um Rat. Lord Krishna empfahl ihm, Yoga zu praktizieren und klärte Arjunas Zweifel.

Am 26. August 1973 sagte SHREE:

Jemandem, der sich auf den Erlösungsweg begeben hat, kommen auch die materiellen Wohltaten von selbst zugute. Er braucht nichts besonderes zu diesem Zweck zu tun. Läßt man sich von den materiellen Vorteilen anziehen, so geht man in eine Falle, macht keinen Fortschritt und bleibt der Erlösung fern. Man braucht nicht auf materielle Vorteile zu sehen. Du bist mit allen Mitteln versorgt worden. Du brauchst dich nicht nach den Mitteln umzusehen.

Am 27. August sagte SHREE:

---

[26] Wissen.

Grundsätzlich hatte Lord Buddha nichts gegen die Ausführung von Yagnas. Er war gegen die Tieropfer beim Yagna. Er wollte selbst diese gute Tat vermeiden, weil sie mit einem üblen Aspekt verbunden war. Um die Tieropfer zu beenden, erhob er Einspruch gegen die Fortsetzung von Yagnas. Manche Menschen wurden zu Buddha-Mönchen, weil sie von den freien Mahlzeiten und der Begleitern erwiesenen Ehre angezogen wurden.

Shikhasutra sollte sich natürlich abtragen. Der Verzicht muß unmittelbar erfolgen. Wir stimmen dem gegenwärtigen Sanyas nicht zu. Es ist überhaupt nicht Sanyas im wahren Sinne.

(Shikha ist das Haarbüschel, Sutra ist die heilige Schnur. Zur Zeit der Schnurzeremonie wird ein Junge eingeweiht und muß das Haarbüschel und die heilige Schnur für den Rest des Lebens tragen. Dieses Ritual gibt ihm das Recht, Agni zu verehren und Yagna durchzuführen – das Recht, gutes Karma zu tun. Wenn jemand Sanyasi werden will, so ist es heute Brauch, zunächst einen Friseur zu rufen, um das Haarbüschel zu entfernen und die heilige Schnur zu zerreißen. Dann trägt er ein safrangelbes Gewand und wird Sanyasi genannt. Das Karma wird durch die genannten Handlungen nicht angetastet, weil Sanyas keine Handlung ist, sondern ein Zustand, der erreicht werden muß. – Der englische Herausgeber.)

Am 12. Sept. 1973 erhielt ich noch einen Brief von unserem Hausarzt. Er schrieb, daß meine Mutter mich gerufen hatte. Sie meinte, wir zwei Brüder sollten unsere Gemeinschaft auflösen. Ich las SHREE den Brief vor. SHREE erlaubte mir, Akalkot zu verlassen und sagte:

Letztes Mal gingst du, um dich vor deiner Mutter zu verneigen und ihr zu sagen: „Ich bin anders als alle übrigen." Du bist anders. Du hast erreicht, was andere nicht erreicht haben. Deshalb bist du anders. Letztes Mal gingst du zu deiner Mutter, um ihr zu sagen: „Ich habe den Tod besiegt."

200

Hätte dich der Arzt gerufen, wäre dir sofort die Erlaubnis gegeben worden. Wenn dich aber deine Mutter ruft, mußt du zur Zeit des Mhurta von Lalita Panchami[27] gehen. Deine Mutter hat dich gerufen, um dich von deinem Bruder zu trennen. Du bist anders. Du bist ein selbständiges Wesen.

Genau eine Woche vorher hatte ich am 16. August 1973 einen Traum. Ich befand mich in einem der Räume unseres Hauses in Belgaum. SHREE war bei mir und sprach zu jemandem. Ich war sehr wachsam, daß ich SHREE nicht berührte. SHREE ließ mich meine Zunge herausstrecken. Dreimal schrieb SHREE ein Mantra auf meine Zungenspitze. Danach zog SHREE zwei gebogene Linien genau unter dem Mantra auf meiner Zunge. Ich stand auf, um Seine Hände zu waschen. SHREE ging wortlos in den Garten, um dort am Wasserhahn Seine Hände zu waschen.
Ich hatte den Traum aufgeschrieben und zeigte ihn SHREE. SHREE sagte:

Du hast recht. Wenn Vasant mit der Ausbreitung beginnt, werden Worte nicht ausreichen. Papier, um zu schreiben, wird nicht genug vorhanden sein. Er spricht in wissenschaftlichen Begriffen. Er wurde mit Wissen und Schriften gesegnet. Die auf deiner Zungenspitze ausgeführte yogische Transformation ist Saraswati.[28] Wahres Wissen kannst du durch bloßes Lesen von Büchern nicht erlangen. Es kommt nicht von außerhalb. Es kann nicht durch Bücherlesen kommen. Es ist nicht aus Büchern zu gewinnen. Es muß von innen kommen — vom Herzen, deshalb diese yogische Transformation.

Shri Vasant Paranjpe wurde im Traum von SHREE mit einem Schlüssel gesegnet, und ihm wurde der Auftrag erteilt,

---

[27] Verheißungsvolle Zeit.
[28] Die Göttin des Wissens.

Satya Dharma zu verbreiten. Er erzählte mir davon. Damals bemerkte ich dazu: „Öffne den Tresor und verteile den yogischen Reichtum an die Menschen in aller Welt. Du hast den Schlüssel. Solange du dich an Satya Dharma hältst, gibt es nichts zu befürchten. Andernfalls wird SHREE den Schlüssel einziehen. SHREE wird dafür sorgen, daß jedes gesprochene Wort von dir die Wahrheit sein wird. Du brauchst einfach nur Satya Dharma zu verbreiten." Ich erzählte SHREE davon. SHREE sagte:

Das ist richtig.

Heute erfährt Vasant überall die Wahrheit dieser Bemerkungen.
Am 13. September 1973 sagte SHREE:

Seit zwei Tagen haben Wir dich mit einiger Neugier beobachtet. Seit einer Weile trägst du Hosen. Das ist Dualismus. Wiederum wechselst du dein Gewand — Monismus. Du erfährst, wie Monismus und Dualismus zusammen existieren. Die Fotographie[29] zeigt, wie beide gleichzeitig existieren.
Dualismus ist die Wahrheit, ebenso Monismus. Der Yogi erreicht den Höhepunkt des Monismus im Nirvikalpa-Samadhi-Zustand.

Am 18. September 1973 sagte SHREE:

Von nun an ist dein Yogapfad hell erleuchtet.

Am Nachmittag hielt ich mein gewohntes Schläfchen. Bald schlief ich fest und träumte. Ich verneigte mich zu SHREE's Füßen. SHREE erschien mir als hell leuchtende, vibrierende Energie. Während ich mich vor Ihm verneigte, wurde auch ich in diese strahlende Masse verwandelt und verschmolz mit SHREE's Strahlen.
Am 21. September 1973 sagte SHREE:

---

[29] Titelbild der englischen Ausgabe Band I von „Sadguru's Bestowal".

*Bis jetzt sagten Wir, daß Wir einen dünnen, halbdurch-
sichtigen Vorhang beibehalten haben. Jetzt ist dieser in
solch einen Zustand gebracht worden, daß du noch nicht
einmal seine Gegenwart spüren kannst.*

Ich: „Wie kommt es dann, daß ich nicht nach Belieben den
Samadhi-Zustand erreiche?"
SHREE lächelte, als Er sagte:

*Wir haben es unterlassen zu sagen, daß der Vorhang über-
haupt nicht da ist.*

Ich hatte in meiner Meditation Fortschritte gemacht, und daher hatte SHREE mich angehalten, nur noch morgens zu meditieren. Es war nicht mehr nötig, abends zu meditieren.
SHREE sagte:

*Wir haben nicht einmal Vahini[30] erlaubt, in Unserer Ge-
genwart Sadhana zu praktizieren. Niemand hat sich bis
jetzt dieses Vorrechts erfreut. Du bist die einzige Ausnahme. Normalerweise muß man zuerst dem Guru Dienste erweisen, und dann erst kann man Sadhana praktizieren. In deinem Fall wurde dir gestattet, sofort mit
Sadhana zu beginnen. Aus vorher erwähnten Gründen
braucht die Sadhana-Praxis nicht in der bisherigen Weise
fortgesetzt werden. Deshalb gaben Wir dir andere einfache Beschäftigungen. Zu Beginn haben Wir dich angewiesen, jeden Tag, ohne Rücksicht auf die näheren Umstände, Sadhana zu praktizieren.*

SHREE sagte mir einmal, daß die Ergebnisse hunderttausend-
fache Früchte tragen, wenn man in Gegenwart eines Sadgurus
Mantra wiederholt. Ich hatte daraus allen Nutzen gezogen.
SHREE ließ mich in Seiner Anwesenheit Sadhana praktizieren.

[30] SHREE's Frau.

तद्विद्धि प्रणिपातेन परिप्रश्नेन सेवया ।
उपदेक्ष्यन्ति ते ज्ञानं ज्ञानिनस्तत्त्वदर्शिनः ॥

– गीता ४-३४

(Jene, die selbst die Wahrheit erfahren haben, werden dich
dorthin führen, wenn du Ihnen Dienste leistest und deine
Zweifel ablegst.)

Bhagavad Gita 4 - 34

Einige Träume aus der Zwischenzeit:
1. Indumati alias Akka, meine ältere Schwester, war bei mir.
Plötzlich ertönte der Bhramari Naad[31] ganz laut in meinem
rechten Ohr. Er war so laut, daß Akka ihn hören konnte. Sie
befand sich zu meiner Rechten. Sie dachte, es sei eine große
Biene und versuchte, diese mit ihrer linken Hand zu verscheu-
chen. Ich sagte: „Es ist keine Biene. Der Ton kommt aus meinem Körper."
2. Ich sah die herrliche Kutsche von Lord Krishna und Arjuna. Es war Bewußtsein in ihr. Sie erschien wie ein drei-
dimensionales Bild. Plötzlich wendete die Kutsche und begann mit großer Geschwindigkeit auf mich zuzukommen. In
diesem Augenblick erwachte ich.
3. Einmal sah ich SHREE in meinem Traum. SHREE sagte:

Hab keine Angst, Du wirst durch die Luft reisen müssen.

4. Ich war in tiefem Schlaf. In meinem Traum sah ich SHREE
in einem Zimmer im Erdgeschoß stehen. Jemand legte als
Gabe seine Girlande zu SHREE's Füßen. SHREE gab mir ein
Zeichen, die Girlande als Prasad zu präsentieren. Ich erhob
mich aus meinem Bett und führte Gesten aus, um die Girlande zu präsentieren, als ob irgend jemand vor mir stehen
würde und ging wieder zu Bett. Am nächsten Morgen, als ich
mich an den Vorfall erinnerte, lächelte ich über mich selbst.
5. Ich sah SHREE im Traum. Er kam von der Toilette zurück.
Weil niemand da war, um Wasser auf Seine Füße zu gießen,

---

[31] Der durch keinerlei mechanische Betätigung erzeugte Sound.

tat ich es. Ich konnte deutlich sehen, daß Er Elefantenfüße hatte.

6. SHREE stand und führte Anhik[32] aus. SHREE erhob beide Hände zu den Ohren und vollzog Mantra Achama[33] und andere Bewegungen mit Seiner Hand. Dann sagte SHREE zu mir:

Wenn Wir unseren Blickwinkel scharf einstellen, sehen Wir alles. Nichts kann Unseren Augen entgehen.

7. SHREE sprach sanft in meine Ohren:

Kumud ist in Gefahr, vom ersten Stock zu fallen. Bitte sie, achtsam zu sein.

Darauf hielt ich sie an, achtzugeben und auf der Hut zu sein. Seit SHREE mich als Seinen Schüler angenommen hatte, beobachtete Er uns genauestens und bot uns jeden Schutz. SHREE hatte die Verantwortung für unser Wohlergehen übernommen.

8. Zwei Personen starrten mich an. Sie waren mir fremd. Einer sagte zum anderen: „Ich kann Lord Dattatreya in seinem Herzen sehen.'' Ich antwortete: „Nein, es ist Param Sadguru SHREE GAJANAN MAHARAJ, den Sie sehen.''

9. Mein Körper wurde ganz leicht. Ich hatte meine Hände an die Seiten gelegt wie Lord Vithoba. Ich hüpfte. Als meine Füße den Boden berührten, wurde ich wie von einem Trampolin hochgeschnellt. Meine Beine wurden nicht verletzt. Weil mein Körper sehr leicht war, fühlte ich, daß mir die Füße sogar beim Springen aus großen Höhen nicht wehtun würden. Ich erfreute mich dieses Springens eine Weile lang.

10. Ich überquerte einen schmutzigen Platz. Mein Gefühl sagte mir, daß jemand vor mir gehen würde. Mein Weg war äußerst schmal. Später erreichte ich eine bessere Straße, ob-

---

[32] Religiöse Zeremonie.
[33] Ein Ritual.

wohl sie eng war. Weiter vorne gelangte ich zu einem viereckigen Platz. Er war von allen Seiten geschlossen, außer einem winzigen Eingang an der Vorderseite, gerade groß genug, um meine Hand durchzustecken. Die Person vor mir zog ihren Körper zusammen und schlüpfte durch den schmalen Eingang. Ich dachte daran, umzukehren und den ganzen Weg durch die schmale Gasse zurückzugehen. Aber ich sah, daß sich eine Kuh von dort näherte. Der Platz war gerade breit genug für die Kuh. Die Kuh kam näher, und der schmale Eingang vor mir war auch geschlossen. Dann wachte ich auf.

Heute bin ich genau in der gleichen Lage. Umkehren kommt nicht in Frage. Es ist mir auch nicht möglich, vorwärtszukommen. Wie sehr ich mich auch bemühe, ich kann mich nur dem halbdurchsichtigen Vorhang nähern. SHREE sagte zu jemandem:

Tatya würde sogar mit verbundenen Augen sein Ziel erreichen.

Meine Mutter hatte mich gerufen. Ich holte mir SHREE's Erlaubnis und reiste nach Belgaum. Ich wartete noch nicht einmal auf einen verheißungsvollen Tag, um diese Trennung zu vollziehen. Zufällig war es Sonamatas Gedenktag. Wir gingen unter lautem Gesang von „Hare Ram" auseinander. Ich bat meine Söhne Uday und Girish, auf sich achtzugeben. In dieser Lage gaben mir einige meiner Freunde den Rat, einige Monate zu Hause zu bleiben. Ich kehrte jedoch sofort nach Akalkot zurück, um meinen Dienst zu SHREE's heiligen Füßen fortzusetzen.

SHREE hatte mir aufgetragen, wachsam zu sein, damit die Erziehung meiner Kinder nicht vernachlässigt werde. Am 22. September hörte ich eine laute Stimme, die aus dem Himmel zu kommen schien. „Gib besonders auf Uday acht!" Das war eine Botschaft. Ich ermunterte ihn deswegen, aufmerksam bei seinen Studien zu sein.

Am 10. Oktober träumte ich. SHREE sprach zu jemandem über mich:

Auch Tatya kann wie Wir jeden mit einer Vision segnen.

Das war der Sinn der Worte.
Am 12. November hatte ich wieder einen Traum. Ich war in Gaya.[34] SHREE fuhr mit dem Auto irgendwohin. SHREE ging zum Auto. Es war noch etwas Zeit bis zur Abreise. Ich ging zu Ihm hin und blieb stehen. SHREE führte ein Puja aus. Dann kam SHREE dorthin, wo ich stand. Fünf niedrige Schemel waren um mich herumgestellt. Meine nassen Fußabdrücke konnte man deutlich auf dem niedrigen Schemel hinter mir sehen. Ich stand vor dem niedrigen Schemel. Im ganzen waren zwei Reihen dieser niedrigen Schemel aufgestellt, aber niemand saß darauf. SHREE streute eine Handvoll Akshata[35] auf die niedrigen Schemel, die zu meiner Linken und hinter mir standen. Auf den Schemel, auf dem sich meine nassen Fußabdrücke befanden, streute SHREE nichts. Ich konnte meinen nassen Fußabdruck deutlich sehen. Später streute SHREE ein wenig Akshata auf meinen Kopf. Ich hielt meine Hände auf, um Prasad zu empfangen. Akshata, das vom Kopf herunterrieselte, sammelte sich in meiner Hand. Nur wenige ausgewählte Jünger beobachteten das. Der Tiger soll das Symbol des Yogi sein. Ich habe einige Male Tiger in meinen Träumen gesehen. Genauso sah ich viele andere wilde Tiere. Manchmal hatte ich verschiedene Träume von ihnen.
Am 9. November 1973 hatte ich einen Traum. Ich war in unserem Haus in Belgaum. Ich sah mehrere Tiger frei vor Udays Zimmer umherlaufen. Ich versuchte, sie in einen Raum zu sperren und ging dann schlafen. Ein großer Tiger betrat mein Zimmer und schlief an meiner Seite. Er hatte den größten

---

[34] Ein heiliger Platz in Nordindien.

[35] Reis mit Kumkum vermischt. Wird allgemein zu religiösen Anlässen verwendet.

Teil meines Bettes eingenommen. Ich nahm den charakteristischen Geruch seines Körpers wahr und war etwas ängstlich. Am 29. Dezember 1973 sah ich viele wilde Tiere im Traum. SHREE sagte:

Man erreicht die Stufe der Person, der man dient. Jemand der seinen Eltern dient, erreicht die Stufe seiner Eltern. Jemand, der böse Geister und Dämonen als seine Freunde behandelt und ihre Dienste gebraucht, gelangt natürlich auf ihre Stufe.

17. Vor dem letzten Schritt

हिरण्मये परे कोशे विरजं ब्रह्म निष्कलम् ।
तच्छुभ्रं ज्योतिषां ज्योतिस्तद्यदात्मविदो विदुः ॥

— मुण्डकोपनिषद् २–९

(Nur jene, die Selbstverwirklichung erreicht haben, kennen
Brahma, der der Ursprung reiner, organloser unvermischter
Materie in Form von strahlender Energie gewesen ist und
der in der höchsten feurigen Hülle enthalten ist; höchste,
weil hier Selbstverwirklichung erreicht werden kann.)

Mandakopnishad 2 - 9

Mit jedem neuen Tag erschien mir SHREE's Fotografie immer deutlicher meine eigene zu sein, wann immer ich sie
auch betrachtete. Es gelang mir, mich während der Meditation für eine längere Zeit zu konzentrieren. Ich hatte Gemüts-
ruhe erlangt. Die Atmung war während der Meditation kaum
noch wahrnehmbar. Zu diesen Zeiten blieb ich mir des Geschehens unbewußt, selbst wenn SHREE mich rief. Ich mußte mehrere Male gerufen werden, um aufmerksam zu werden.
Am 3. Januar 1974 träumte ich. Ich trug ein Elefantenbaby.
Shri Mahadevappa Shabade brachte jemanden zu mir. Ich
gab ihm einige Bücher und eine Fotografie.
Am 4. Januar 1974 hatte ich einen Traum. Ich sah viele In-
sekten. Ich war sehr vorsichtig, nicht auf sie zu treten und
sie zu töten.
Am 6. Januar 1974 erlebte ich eine Vision. Ich schlief in
unserem Haus in Belgaum und bekam plötzlich das Gefühl,
daß jemand in feinstofflicher Form den Raum betrat. Ich
fühlte auch, daß mir eine Vision bevorstand.
Ein bläuliches Licht war vor mir. Mein Blick war sofort darauf konzentriert. Ich hörte die Worte: „Tatyaji." Nochmals

wurde ich bei meinem Namen gerufen: „Tatyaji." Es schien eine weibliche Stimme zu sein, die sich sehr angenehm anhörte:

Merke dir: am 25. wird dich eine Göttin mit Sakshatkar[36] segnen. Was du auch immer sagen wirst, wird die Wahrheit sein, deshalb wähle deine Worte sehr sorgfältig.

Obwohl die Stimme weiblich zu sein schien, war die Art zu sprechen unmißverständlich die von SHREE! Ich stand auf und notierte die Zeit. Es war 2.55 am Morgen und Sonamata's Gedenktag, Poush Sudha 13. Er wurde mit Zimbelklängen gefeiert.

Ich wurde etwas unruhig wegen dieser Vision und konnte den Tag kaum erwarten. Genauso besorgt war ich, wie ich wohl die Göttin identifizieren würde!

Einmal sagte SHREE:

Wenn du gewohnheitsmäßig die Wahrheit sprichst, so wird, was immer du aussprichst, die Wahrheit werden. Die Forderungen von Dharma sind unerbittlich. Bevor du sprichst, mußt du sorgfältig deine Worte abwägen. Sprichst du gewohnheitsmäßig die Wahrheit, so steht die Kraft des Allmächtigen hinter deinen Worten, wenn du sprichst.

सत्येन लभ्यः तपसः

(Buße führt uns dahin, die Wahrheit zu praktizieren.)

Wenn du eine Sünde begehst, sollst du sie offen zugeben, um von ihr losgesprochen zu werden. Wenn du jemanden seine Sünden vergibst, wird der Allmächtige dir deine eigenen Sünden vergeben. Wenn das, was du sagst, wahr wird, solltest du nie mehr reden, als absolut notwendig

---

[36] Darshan des Allmächtigen.

ist. Wenn du dich anderen durch Zeichen verständlich machen kannst, brauchst du nicht einmal zu sprechen. Die Gewohnheit dauernden Schwätzens ist höchst bedauerlich. Wenn du anläßlich religiöser Festtage fastest wie Ekadashi oder Roza,[37] solltest du dein Bestes versuchen, durch Waschen deines Gesichtes und Pflegen der Haare usw. frisch auszusehen. Auf keinen Fall solltest du ein verdrossenes Gesicht machen und dein Fasten offenkundig machen.

Leiste niemals einen Eid. Der Allmächige schaut zu. Selbst die Wände haben Ohren. Sie sind Zeugen des Geschehens. Es gibt ein Zitat im heiligen Koran: „Ich sehe, ich höre."

SHREE, der selbst einen Eid abgelegt hatte (im Jahr 1944 zu Vijayadashami hatte Er den Eid geleistet, Vedisches Satya Sanatana Dharma in der ganzen Welt wieder aufleben zu lassen), gab den Rat:

Lege niemals einen Eid ab. Merke dir, daß du dich daran halten mußt, wenn du einen Eid ablegst. Wenn du versäumst, dein Wort zu halten, wirst du dafür zahlen müssen.

Der Allmächtige ist der Handelnde. Er ist nicht der Schöpfer deines Karma, aber der Schöpfer des ganzen Universums. Er hat dich der Zustände von Sat und Asat bewußt werden lassen. Du hast die guten und bösen Folgen deines Karmas zu tragen.

SHREE zitierte ein Beispiel von Shri Paramahansa Ramakrishna, um die Genauigkeit der Religionspraxis zu veranschaulichen.

Shri Paramahansa Ramakrishna litt an körperlichen Schmerzen. Er ging zur Ambulanz. Der Arzt war nicht da.

---

[37] Hindus fasten an Ekadashi, Moslims an Roza.

Der Gehilfe verordnete eine Tablette. Er nahm sie an und fuhr in einer Kutsche ab. Als er schon eine beträchtliche Entfernung zurückgelegt hatte, kehrte er um und gab die Tablette zurück. Denn ein Gehilfe ist nicht berechtigt, in Abwesenheit des Arztes irgendeine Medizin zu verabreichen.

Am 10. Januar 1974 hatte ich einen Traum: Ein Auto parkte an der Straßenseite, am Rande eines steil abfallenden Abhanges. Kumud stieg allein aus dem Auto aus. Die Straßenbreite dazwischen betrug noch knapp 30 Zentimeter. Wenn sie ausrutschte, bestand für sie Gefahr, den Abhang hinunterzustürzen. Sie ging jedoch vorsichtig über die Straße davon. Vielleicht war der Traum eine Versicherung, daß ich mich nicht um Haushaltsangelegenheiten zu sorgen brauchte.
Am 16. Januar sagte SHREE:

Ein reicher Mann braucht nicht zu zeigen, daß er reich ist. Doch jene, die nicht reich sind, müssen etwas vorspielen. Du sollst sein, was du bist. Es ist völlig unangebracht, über die Verhältnisse zu leben, nur um als reiche Person anerkannt zu werden.

Am 23. Januar 1974 träumte ich: Mein Vater Nana saß in einer Halle, die erleuchtet und mit einem Tisch ausgestattet war. Uday und Girish, sie möchten weglaufen. Sie hörten nicht. Dann sah ich ein starkes Licht aufblitzen und flüchtete. SHREE hatte mir versichert, daß die Göttin mich am 25. Januar 1974 mit Sakshatkar segnen würde. Ich hatte gespannt auf das Heraufkommen dieses Tages gewartet. SHREE hatte Akalkot ein paar Tage vorher verlassen. Ich war besorgt, ob ich die besondere Frau als die Göttin identifizieren würde. Um die Sache noch mehr zu komplizieren, wurde im Math eine Hochzeit gefeiert. Das machte mich noch unruhiger. Ich schaute jede vorübergehende Frau, ungeachtet ihres Alters, genau an. Der Tag ging zu Ende. Ich hatte die Göttin nicht herausgefunden.

212

Als SHREE nach Akalkot zurückkehrte, sagte ich Ihm, daß ich die Göttin nicht erkennen konnte. SHREE sagte:

Unsere Worte stimmen immer. Du hattest Sakshatkar.

Am 25. war ich sehr wachsam gewesen. Viele Frauen waren entweder zum Darshan oder zur Hochzeit gekommen. Der folgende Vorfall ist wert, in diesem Zusammenhang erwähnt zu werden. An diesem Tag kamen zwei Damen auf mich zu. Eine von ihnen mochte 45 Jahre alt sein. Sie trug einen Sechs-Meter-Sari. Die andere Frau schien jünger zu sein. Die ältere fragte mich:
„Können wir MAHARAJ sehen?"
Ich antwortete: „Er ist in eine andere Stadt gereist." Ich hatte auch den Namen der Stadt erwähnt. Unser Gespräch ging folgendermaßen weiter:
Sie: „Wann wird MAHARAJ zurückkommen?"
Ich: „Kommen Sie doch bitte in einer Woche wieder."
Sie: „Ich bin gekommen, weil MAHARAJ mich gerufen hat."
Ich: „An welchem Tag?"
Sie: „Heute."
Ich: „Woher kommen Sie?"
Sie: „Aus Tulajapur."
Einen Abend dachte ich: „Kann sie die Göttin sein?" SHREE hatte das Math verlassen. Wie konnte sie in diesem Fall heute gerufen worden sein? Ich glaube, ich hatte ihr diese Frage gestellt und hatte sie genau angesehen. Ich begriff nicht, wie ich herausfinden sollte, ob sie die Göttin war. Sie hatte Darshan im Math und rastete dann an einer der Säulen. Nach einer Weile sagte sie: „Wir werden jetzt zurückkehren." Danach gingen sie beide fort. Bevor sie das Math verließ, sagte die ältere Dame: „Bitte sagen Sie MAHARAJ, daß wir hier waren." Dabei fiel mir nicht einmal ein, sie nach ihrem Namen zu fragen.
Gleich am nächsten Tag, am 26. Januar 1974, hatte ich einen Traum, in dem ich einen riesigen Tiger sah. (Der Tiger symbolisiert die Göttin Bhavani von Tulajapur! Tulajapur

ist ein berühmtes geistiges Kraftzentrum im Staate Maharashtra.)

In einem anderen Traum saß ich bequem auf dem Rücksitz eines Autos. Der Wagen wurde auf den Gipfel eines Berges zugesteuert. Der Berg hatte sehr steiles Gefälle. Ich weiß nicht, wer das Auto fuhr.

Am 15. Februar 1974 sah ich im Traum einen sehr schönen jungen Pfau. Ich fing ihn mit den Händen und streichelte ihn eine Weile. Der Pfau erzählte mir, daß ihn jemand gefangen und aus Nordindien mitgebracht hätte.

Inzwischen hatte ich im Traum Darshan der Göttin Laxmi. Sie stand in einer Lotosblume.

Am 25. Februar 1974 sah ich SHREE im Traum. Ich war bedacht, Ihn nicht mit meinem Fuß zu berühren. SHREE nahm jedoch mein Bein zwischen Seine Beine und rieb meinen Fuß. Später wurde diese Handlung mit meinem rechten Fuß wiederholt. Dann klemmte mich SHREE ganz fest zwischen Seinen Beinen fest. An dieser Stelle wachte ich auf.

Kumud träumte, daß irgendwelche Leute in unser Haus nach Belgaum kamen und sagten, ich sei im Samadhi-Zustand. Die Sommerhitze in Akalkot machte mir zu schaffen. Ich erzählte es SHREE. SHREE sagte:

Der Vorhang wird aus diesem Grund beibehalten. Das Lüften des Vorhanges würde dir für immer den Komfort einer Klimaanlage bringen. Es ist dir möglich, an den Vorhang heranzukommen, aber du kannst ihn nicht berühren.

Sadguru ist jemand, der dir den Höchsten Zustand — die Wahrheit — schenken kann, ohne Erwartungen oder Rücksicht auf dein gutes oder schlechtes Karma. Sadgurus schenken diese Gnade nicht irgendeinem, weil das sinnlos wäre. Würde einer unwürdigen Person dieses Darshan geschenkt, so würde sie auf ihre ursprüngliche Stufe zurückkehren.

Wenn dem Präsidenten eines jeden Landes dieses Darshan geschenkt wird, würde er bestätigen: „Das ist die Wahr-

heit," aber nicht mehr als das. Die Bestätigung ist wert-
los. Wenn die Bescheinigung groß genug ist, kann man
vielleicht Chivada³⁸ darin einpacken. Folglich würde we-
der Sadguru, der das Darshan geschenkt hat, noch die
Person, die das Darshan bekommen hat, irgend etwas da-
durch gewinnen. Wird dieses Darshan in einem Theater
geschenkt, so würden sich die Zuschauer freuen und Bei-
fall klatschen. Ist das sinnvoll? Die Personen kehren auf
ihre ursprüngliche Stufe zurück.

Der Staub, der von den heiligen Füßen einer vollkom-
menen Inkarnation des Allmächtigen berührt wurde,
bleibt für Tausende von Jahren heilig, ungeachtet der Be-
rührung einer höchst unheiligen Person. In gleicher Weise
bleiben Seine Gebrauchsgegenstände unter allen Umstän-
den heilig, auch wenn sie von jemand anderem benützt
werden.

Der Neujahrstag, der dem 24. März entspricht, Chaitra Sudha Pratipada, dämmerte herauf. SHREE hatte gerade Sein
morgendliches Bad beendet. Ich bekam SHREE's Darshan,
frühmorgens um 4.45 Uhr. SHREE wandte sich mir zu und
sagte:

Heute ist Neujahrstag. Alles ist gut.

Am nächsten Tag reiste ich nach Belgaum. Vor der Abreise
sagte SHREE:

Der Vorhang ist sehr dünn. Wir haben dich bis an den
Vorhang herangeführt. Du hast hindurchgesehen. Dieses
Jahr ist von besonderer Bedeutung. Wir haben dich am
Neujahrstag ermutigt. Vergiß nicht, Wir sind nicht einen
einzigen Moment fern von dir.

Ich glaube, es waren inzwischen sieben oder acht Monate vergangen, seit ich nicht in Belgaum war. Während ich mich in

---

³⁸ Eine bekannte indische Spezialität.

Belgaum aufhielt, litt ich an einem Bruch. Ich suchte viele Ärzte auf und unterzog mich einen Monat lang einer homöopathischen Behandlung. Dies brachte keine Besserung. Ein chirurgischer Eingriff wäre die einzige Heilmethode gewesen. Jedoch sagte der behandelnde Arzt, daß die Operation derzeit nicht erforderlich sei.

Am 3. Juni 1974 ging ich im Traum in ein fernes Land und kehrte mit einem Tiger zurück. Ich hatte einen Strick um seinen Hals gebunden und ging den ganzen Weg zu Fuß. Es war ein großer gefleckter Tiger. Ich band ihn an einer Säule im Wohnzimmer fest. Vorher hatte ich bereits einen Löwen an eine zweite Säule gebunden und ein anderes wildes Tier an eine dritte. Am nächsten Tag schien der Tiger dünner geworden zu sein.

Am 17. Juni 1974 saß ich im Traum in meinem Schlafzimmer. In meiner rechten Hand hielt ich eine Schere. Ich war tief in Gedanken versunken und sah auf den Boden. In diesem Augenblick kam eine meiner weiblichen Verwandten mit ihren zwei Kindern in mein Zimmer. Eines der Kinder trug einen Turban auf dem Kopf. Es war zehn Jahre alt, das andere sieben. Kumud saß an meiner Seite. Der ältere Junge mit dem Turban sprach zu Kumud etwas von Adhyatma.[39] Sie hörte aufmerksam zu und stellte neugierig einige Fragen. Später sagte der Junge zu mir: „Wenn du nicht beschäftigt bist, solltest du wenigstens zuhören. Ich habe so viele Begebenheiten erzählt, doch du hast nicht zugehört." Jetzt kam noch eine Frau die Stiege herauf und betrat meinen Raum. Sie trat ganz nah an mich heran. Dann betrachtete sie mich sorgfältig und rief: „Oh!" Ich fragte nach ihrem Namen und ihrer Herkunft. Sie sagte: „Goa", und fuhr fort: „Haben Sie mich nicht erkannt?" Ich schüttelte verneinend den Kopf. Weiterhin sagte sie: „Ich lud Sie gestern zum Essen ein, doch Sie gingen fort." Sofort fragte ich: „Wann kommen Sie zurück, heute, morgen oder übermorgen? Wenn es Ihnen recht ist, kann ich sogar heute noch mitkommen." Sie sagte:

---

[39] Spiritualität.

„Alles ist vorbei. Ich gehe." Ich dachte: „Bedeutet das, daß sie diese Welt für immer verläßt?" Sie überprüfte ihren Sari und brachte ihn in Ordnung. Da sie mir sehr nahe gekommen war, bat ich sie, zurückzutreten. Sie stand nur 30 Zentimeter von mir entfernt und blickte mich durchdringend an. Ich versuchte, ihrem Blick standzuhalten, erkannte jedoch ihre Überlegenheit, weil sie Konzentration erreicht hatte. Ihre Augäpfel waren nach oben gerichtet. Plötzlich gab es einen lauten Knall in meinem Kopf (es hörte sich wie ein Knallfrosch an). Niemand vernahm es, doch wußte die Frau, daß das Geräusch von meinem Kopf her kam. In diesem Moment nahm sie ihren durchbohrenden Blick von mir und sagte zu meiner Verwandten: „Ich habe sein drittes (yogisches) Auge aktiviert." Meine Verwandte verstand überhaupt nichts. Sie stand entsetzt da.

Jetzt kam noch eine andere Frau die Stiege herauf und betrat den Raum. Sie sagte zu mir: „Ich bin gekommen, weil ich von Ihnen gehört habe." Ich antwortete nicht.

Die Frau, die mich vorher angestarrt hatte, rückte näher zu mir heran. Sie war mager. In kurzer Zeit schlief sie auf meinem Schoß ein und schien bereit zu sein, für immer dahinzuscheiden. Sie nickte noch kurz und tat dann ihren letzten Atemzug auf meinem Schoß. Meine Verwandte konnte diesen Anblick nicht ertragen und wurde unruhig. Sie machte nervöse Bewegungen. Da wachte ich auf.

Am 24. Juni 1974 hatte ich einen Traum, in dem ich fünf Briefe erhielt. Einer davon war an Girish adressiert. Ein anderer Umschlag war offen. Ich faßte hinein und zog eine weiche Kokosnuß und eine Girlande heraus! Diese legte ich als Gabe vor SHREE's Padukas.

Am 25. Juni 1974 befand ich mich im Traum auf der vorderen Terrasse unseres Hauses. Ich schaute zum Himmel und sah Millionen weißer Blumen wie Sterne herabfallen. Ich rief Kumud, um es ihr zu ziegen. Ein tausendfacher Blumenregen ergoß sich über unser Haus.

Am 10. Juli 1974 träumte ich, SHREE wäre anwesend. Er sagte zu mir:

Wir haben auf dich gewartet, aber bis jetzt bist du noch nicht gekommen. Nun ist es sehr wichtig, daß du kommst.

Am 13. Juli 1974 hatte ich einen Traum, in dem ich eine bestimmte Person über meine gegenwärtige Situation in Kenntnis setzte. Sie sagte: „Du mußt das noch eine Zeitlang erdulden", und machte einige Bewegungen, die denen von SHREE sehr ähnelten.

Am 21. Juli 1974 sah ich im Traum eine Frau mit dem Gesicht der Göttin Yellamma (Mutter von Lord Parsuram). Sie kam in den ersten Stock unseres Hauses. Ich schlief in der Küche. Sie stand am Fenster. Dann sah ich ihr Antlitz durch die Fensterscheibe. Ich ging hinaus und fragte sie etwas. Sie antwortete: „Sehr bald wird alles in Ordnung sein." Als sie ankam, stand sie im Garten, aber als sie niemand bemerkte, war sie in den ersten Stock heraufgekommen.

Nach einigen Tagen reiste ich von Belgaum nach Akalkot zurück. Ein neuer Abschnitt meines Lebens stand bevor. Am 11. September 1974 kam jemand ins Math. SHREE sagte zu mir:

Es kann sein, daß er sich nach deinem geistigen Fortschritt oder nach deinen Aufzeichnungen erkundigt. Du kannst ihm dann sagen: „SHREE ist in mein Haus gekommen und hat mich gerufen. Er hat mich mit Darshan beschenkt. Es war keine Täuschung. Wenn jemand zu predigen beginnt was er gelesen hat, kann ich ihn berichtigen. Nur Sadguru kann dieses Darshan schenken. Sie können ES geben, und ich habe ES erlebt. Obwohl ich ES erfahren habe, kann ich ES anderen nicht schenken. Wenn Laddus[40] in einer Schachtel aufbewahrt sind, kann die Schachtel geöffnet werden, um der gewünschten Person Laddus zu geben. Es ist zu diesem Vorhaben nicht notwendig, die Schachtel zu öffnen und die Laddus vor anderen auszubreiten. Ich weiß, wie weit ich vorangekommen bin. Ich habe dies im Vorwort erwähnt und bin jetzt an dem dünnen halbdurch-

---

[40] Eine Süßigkeit.

218

sichtigen Vorhang angelangt. Nur noch ein Schritt ist zu
tun. Vielleicht ist die Zeit für das letzte Geschenk noch
nicht reif, weil ich noch nicht erfahren genug bin, um ES
anzunehmen. Das mag der Grund sein, warum ich einen
Schritt vor dem Gipfel angehalten werde. Es kann auch
einen anderen Anlaß geben. Ich mußte jedoch nicht nach
Akalkot gehen, um ES zu erfahren. SHREE kam in mein
Haus und beschenkte mich mit Darshan. Man muß seinem
eigenen Pfad folgen, und das tue ich. Nur noch ein Schritt
ist zu tun. Diese Stufe habe ich erreicht. Ich kann durch
den Vorhang hindurchsehen, doch kann ich ihn nicht be-
rühren noch darüber hinausgehen."
Wenn jemand Sadhana praktiziert, mag er Sakshatkar von
Lord Dattatreya haben, doch das ist nicht das letzte Ziel.
Man muß darüber hinausgehen.

Ein junger Pole kam ins Math. Er war in Polen geboren, lebte
jedoch später in England. Sein Name ist Jarslaw Bizberg. Er
blieb ungefähr einen Monat im Math. Dieser junge Mann
richtete die Bitte an mich, SHREE zu sagen, Er solle ihn mit
Beej-Mantra segnen. Ich erzählte es SHREE. SHREE trug mir
auf, ihm ein Mantra zu geben. Daraufhin weihte ich ihn in ein
Mantra ein und lehrte ihn die für diese Meditationsübung einzunehmende Haltung und versicherte ihm:
„Durch die Übung dieses Mantras wirst du mit demselben
Licht (Wissen) erleuchtet werden, dem der Herr Jesus mit
Hingabe diente. Wenn du durch irgendein Geschick von dei-
nem Pfad abkommst und im dunkeln zu tappen beginnst,
wirst du von uns geführt werden, sobald du dieses Mantra
sprichst, ganz egal, wo du in diesem Moment bist."
Er äußerte SHREE gegenüber den Wunsch, einige geistige Er-
fahrungen zu machen. Bereits am nächsten Tag hatte er eine.
Er sprach zu mir darüber. Solange er im Math war, bekam er
Träume, in denen er stets SHREE und mich zusammen sah.
Zur Zeit hält er sich in Australien auf und ist die erste Person,
die in diesem Kontinent Agnihotra praktiziert. Er verbreitet
von dort aus Satya-Dharma. SHREE sagte:

Wenn jemand in Sadhana eingeweiht ist und diese fünf-
zehn Tage nicht praktiziert, schwindet die yogische
Wissenschaft dahin. Die einzige Ausnahme von dieser
Regel macht der Jeevanmukta.[41] *Wenn jemand Lord*
Krishna mit derselben Hingabe verehrt wie die Frau des
Lords,[42] *dann würde er im nächsten Leben die Frau eines*
reichen Nawab werden. Das würde nur einen weiteren Zu-
wachs für den Harem des Nawab bedeuten. Es gibt dies-
bezüglich einen Vers in der Ghita.

Am 26. Oktober 1974 fühlte ich während des Schlafs plötzlich eine kreisende Bewegung im Mooladhar-Chakra. Es war
auch im Herzen zu spüren. Ich erzählte SHREE davon.
SHREE sagte:

Jedes Gelenk, jedes Atom deines Körpers ist gereinigt
worden. Du erlebst es oft.

Am 15. November 1974 sah ich Shri Mahadevappa Shabade
im Traum. Er sagte: „Du und ich haben Poornatva[43] erreicht."
Wenn ich SHREE's Fotografie anschaute, sah sie ganz genau
wie meine eigene aus. (Das ist wieder ein Beispiel von Sakshat-Darshan). Die Ähnlichkeit war so vollkommen, daß ich
glaubte, meine eigene Fotografie sei dort aufgestellt. Ich erzählte dies SHREE.
SHREE sagte:

Wissenschaft verlangt Beweise durch alle möglichen Me-
thoden. Wenn nur eine Person eine Vision hat, könnte
dies Täuschung sein. Wenn zwei oder mehrere Personen
die gleiche Vision haben, ist es die Wahrheit.

SHREE wies mich an, zu Shri Vishwanath Deshetti zu gehen

---

[41] Jemand, der vom Kreislauf — von Leben und Tod — befreit ist.
[42] Stree-Bhava.
[43] Vollkommenheit.

und dort die Vision nachzulesen, die er von mir hatte. SHREE sagte, daß es ein direkter Beweis ist für das, was ich bisher sah. Ich ging zu ihm. Shri Deshetti hatte die Vision auf einem gewöhnlichen Stück Papier notiert. Shri Shivalingappa alias Vishwanath Deshetti ist Lehrer an der Shahaji-Hochschule in Akalkot. Er schrieb:

„Diese Vision erlebte ich am Donnerstag, dem 21. Nov. 1974, gegen 3 Uhr morgens:

In einem weiten offenen Feld erklärte ich gerade jemandem Agnihotra. Plötzlich sah ich ein riesiges Tier, etwas größer als ein Elefant. Es sah furchterregend aus. Das groteske Geschöpf flog am Himmel. Etwas derartiges ist zuvor nie gesehen worden. Es hatte einen grauen elastischen Körper ohne Flügel. Es schien, als wollte es alle Menschen töten. Ich hatte schreckliche Angst, als ich dieses Geschöpf erblickte. Es umkreiste eine Säule und landete dann auf dem Boden. Als es noch in der Luft flog, wechselte es ständig die Form seines Körpers. Nun begann es, sich die Straße entlang zu bewegen. Ein Polizist nahm die Verfolgung auf, mit Steinen in der Hand. Er dachte daran, es mit zur Polizeistation zu nehmen, um es dort zu erschießen. Er warf einen Stein auf das Ungeheuer, das den Polizisten augenblicklich tötete und dann auf mich zukam. Ich war entsetzt. Alle, ich inbegriffen, sahen sich nach einem Versteck um, unser Leben zu retten. Ich wagte nicht stehenzubleiben, solange das Ungeheuer da war.

Nach einer Weile sah ich, daß das Ungeheuer mit jemandem davonging und war froh, mein Leben gerettet zu haben. Ich war etwas beschämt über mich selbst und neidisch auf die Person, die mit ihm wegging, weil sich mir dieselbe Gelegenheit nicht geboten hatte. Als die beiden eine gewisse Strecke zurückgelegt hatten, sah ich Param Sadguru SHREE GAJANAN MAHARAJ an Stelle des Geschöpfs sich von mir entfernen. Während des Gehens sagte SHREE zu der anderen Person:

Wir offenbarten den Fünffältigen Pfad, daß man sich vor der Vernichtung durch dieses Ungeheuer retten kann.

Seit ich wußte, daß Param Sadguru den Schauplatz betreten hatte, ging ich nach kurzer Zeit los, um Ihn zu suchen. Ich war sehr begierig, Ihm zu begegnen. Eine andere Person kam mit mir. Wir gingen die Straße entlang. Zur Linken schrieb ich auf den Boden vor einem Gebäude in großen Buchstaben: „Genossenschaftsabteilung." Wir gingen weiter, doch aus dem nächsten Haus hörten wir ganz deutlich das Singen von Param Sadguru's Mantra. Ich war überzeugt, daß SHREE sich in diesem Haus befand. Freudig trat ich ein, SHREE führte Anusthan[44] aus. Vahini[45] saß Ihm zur Seite. SHREE bedeutete mir, den Hof nicht direkt zu überqueren. Darüber war ich etwas betrübt. Wir erwiesen Ihm unsere Verehrung. SHREE segnete meinen Nachbarn und überreichte ihm etwas mit eigenen Händen. Auch ich bekam eine Blume aus Seinen Händen. Später gab mir Vahini auf SHREE's Geheiß hin ein schlingpflanzenartiges Gewächs. Darüber war ich hocherfreut. Ich kniete am Boden, um meine Verehrung darzubringen. SHREE erhob sich von Seinem Platz und ging einige Schritte vor. Ich sah Tatya Nargundkar an Seinem Platz stehen. Er sah etwas heller wie sonst aus. Als SHREE von Seinem Platz herunterkam, sah Er wie jeder andere Durchschnittsmensch aus. SHREE hatte Seinen Platz zugunsten Tatyas aufgegeben. Ich fühlte mich zutiefst traurig. Noch am Boden liegend weinte ich mein Herz aus. Mit beiden Händen bemühte ich mich, meine kurzen Hosen, die verrutscht waren, wieder richtig anzuziehen. Später saß ich bei SHREE im unteren Teil des Hofes. Jetzt hatte SHREE die Gestalt einer einfachen alten Frau. Sie sagte zu mir (aber für Tatya bestimmt):

Wir wollen sehen, ob Tatya stolpert und abstürzt.

Ich vergoß die ganze Zeit Tränen, sogar als SHREE an meiner Seite saß. Ich war betrübt, weil SHREE Seinen Platz aufgegeben hatte." – Soweit die Vision.

[44] Ein Ritual.
[45] Mrs. Shavada Mata, SHREE's Frau.

Dieser Vorfall erinnert mich an einen meiner christlichen Freunde. Er ist Arzt. Am 6. Juni 1973 kam er ohne Grund zu mir und sagte plötzlich: „Ich bin zur Vorhersage inspiriert worden. Du wirst lange leben und Tausende Menschen geistig emporheben. Du wirst Religion verbreiten." SHREE sagte:

Wenn jemand täglich Agnihotra praktiziert, dann kann er, ohne etwas anderes zu tun, den höchsten Bewußtseinszustand erreichen. Sogar vor dem Ersteigen der ersten Stufe erreicht er Ashta-Siddhi. Auf der vierten Stufe kann er nach Belieben Wunder tun. Auf der sechsten Stufe kann er ein neues Universum erschaffen.

Am 4. Dezember 1974 saß ich bei SHREE. SHREE sagte:

Wir trugen dir auf, nur dann zu schreiben, wenn du die Stufe erreicht hast, wo der Vorhang so dünn und durchsichtig geworden ist, daß du sagen kannst, er wäre fast nicht da. Wir haben deinen Aufzeichnungen weder Beschränkungen auferlegt, noch irgendwelche Vorbedingungen gestellt. Du hättest noch viel mehr schreiben können. An jeder Ecke kannst du einen Zauberer finden, der einer Henne den Kopf abschlägt und sie dann wieder zum Leben erweckt. Inder nehmen von diesen Tricks keine Notiz. Die Welt ist voller Unwissenheit, und dein Buch „Sadguru's Bestowal" ist das einzige Buch in der Welt, das diese Unwissenheit beseitigen kann. Keiner der Gurus hat seinen Schülern aufgetragen, seine Biographie zu schreiben. Der Sadguru, der die Anweisung gab und der Schüler, der die Biographie schrieb, bilden beide Ausnahmen. „Ich habe geschrieben, was ich erlebt habe."
Es gibt ein Zitat in der Bibel: „Ich und der Vater sind Eins." Du hast nicht beschrieben, was du aus irgendeinem Buch erfahren hast, sondern was du selbst erlebt hast. Du hast nicht erwähnt „in diesem Buch steht . . ." und „in dem Buch steht . . ." Wenn jemand Fragen stellt,

kannst du antworten: „Ich kann nicht sagen, warum die yogischen Transformationen an mir vollzogen wurden. Du kannst SHREE nicht fragen, und Er würde es mir auch nicht sagen. Ich habe keine Bemerkungen dazu gemacht, sonst wären meine Aufzeichnungen ein Kommentar. Vielleicht wären sie auch falsch. Du magst es auf eigene Weise auslegen. Jemand anders mag wieder eine andere Bedeutung darin finden. Letzten Endes ist es eine Wissenschaft."

„Was ich sehe, ist keine Täuschung. Shri Vishwanath Deshetti, den ich noch nicht einmal kannte, hat in einfacher Sprache niedergeschrieben, was er gesehen hat. Er ist ein Graduierter. Darin liegt die Echtheit der Vision."

„Nichts wurde von mir erwartet, weder Geld noch strenge Buße. Ich wurde mit dem Darshan beschenkt, ohne etwas dafür zu tun. Nachher tat ich Buße, als ich veranlaßt wurde, mich hinzusetzen und nur noch zu meditieren. Ich durfte nicht aufstehen. Niemand durfte mich stören. Ich hatte ein körperliches Handicap, das ignoriert wurde. Manchmal war ich unschlüssig, Deshalb wurde eine Maus in den Samadhi-Zustand versetzt, zuerst für 24 Stunden und dann für 36 Stunden. Das ist bekannt als Sankalpa Siddhi.[46] Jemand kann den Beschluß fassen und in den Samadhi eingehen. Ein Yogi kann nicht nur ein Jahr, sondern sogar hundert Jahre in so einem Zustand bleiben."

Wäre ich im Samadhi-Zustand, so könnte sich ein zweifelnder Thomas überzeugen, indem er mich rüttelte oder mir einen Stoß versetzte, in der Weise wie die Maus getestet wurde. Da ich zuerst mein Buch beenden mußte, wurde mir schon vorher der Darshan geschenkt.

Am 18. Dezember 1974 sah ich SHREE im Traum. Er sagte zu mir:

---

[46] Erfolgreicher Höhepunkt der Loslösung.

Wir sagten dir schon früher: Für Heilige ist es nicht notwendig, Geschäfte zu betreiben.

Ich arbeitete als Lebensversicherungsagent. Mein Wesen machte jedoch große Veränderungen durch. Ich war daher nicht sonderlich daran interessiert, Leute zu diesem Zweck zu treffen. Wenn jemand von selbst zu mir kam, bearbeitete ich den Fall. Ich spürte, daß ich meine Versicherungsagentur in diesem Jahr verlieren würde. So kam es auch. SHREE sagte:

Nichts hängt von den dir gegebenen Mitteln ab. Tatsächlich hängt alles von deiner Fähigkeit ab. Du kannst Sandhya[47] sogar mit verbeultem Zubehör durchführen. Das würde das Sandhya-Ritual nicht hemmend beeinflussen. Wenn du in dieser Welt gutes Karma für materielles Glück tust, kannst du in die Himmel gelangen. Doch dann mußt du wiedergeboren werden.
Wenn du einer anderen Person begegnest, die bezüglich yogischer Errungenschaften tiefer steht als du, kannst du ihre Gedanken lesen. Du kannst sogar deren Bewußtsein kontrollieren. Daan ist nicht so einfach wie man meint. Jemand predigt von Daan, hat aber zur selben Zeit beide Taschen voller Geld. Du solltest Daan einer Person geben, die es wert ist. Ein einziges Daan an eine würdige Person kann dir ewigen Nutzen bringen. Wenn du einem Trinker fünf Rupien als Daan gibst, wirst du Teilhaber an seinen Sünden. Der von Uns offenbarte Fünffältige Pfad — Yagna, Daan, Tapa, Karma und Swadhyaya — ist nicht leicht zu praktizieren. Daan ist schwieriger als Yagna.

Da fügte ich hinzu: „Und Tapa ist schwieriger als Daan." SHREE sagte:

Ja.

---

[47] Ein Ritual.

Am 23. Dezember 1974 hatte ich einen Traum. Ich schlief fest. SHREE winkte mich mit Seinem Zeigefinger heran. Da ich in tiefem Schlummer war, stand ich nicht auf. Noch einmal winkte SHREE in derselben Weise, jedoch ärgerlich. Ich erhob mich, schaltete die Taschenlampe an, zog das Moskitonetz weg und kam heraus. Ich öffnete die Tür meines Raumes und ging hinunter, nur um zu erkennen, daß es ein Traum war.

Eine junge Schweizer Theologiestudentin namens Marianne war ins Math gekommen. Zu dieser Zeit waren auch Oscar Marcel Hinze und sein Bruder Chris, ein Flötist, anwesend. Ich begegnete ihnen allen. Frau Marianne erzählte ich einige Geschichten von Lord Parsuram und Lord Ashwathama.

Frau Marianne traf eine Verabredung mit mir, um einige Zweifel zu klären, die sie bezüglich meiner Aufzeichnungen hatte. Sie hatte sich Notizen gemacht, welche Fragen sie stellen wollte. Bei unserer Zusammenkunft schlug sie ihr Buch auf. Sobald ihr eine Frage in den Sinn kam, stieg auch die Antwort in ihr auf. Schließlich stellte sie mir keine einzige Frage. Am nächsten Tag rief sie mich wieder. Sie bat mich, einen Punkt von SHREE's Gesprächen zu klären. Ich zog SHREE zu Rate und zerstreute ihre Zweifel.

Sie beobachtete mein Gesicht und sagte: „Ihre Stirn scheint zu strahlen." Ich erinnerte sie sofort an die Vision, in der SHREE heilige Asche[48] auf meine Stirn streute, um meine Zukunft zu ändern. SHREE's Auftrag gemäß sagte ich ihr auch: „Warum nur die Stirn? Sie werden in der Zukunft viele bahnbrechende Ereignisse sehen."

Minoo Khambatta und ich plauderten viel mit Frau Marianne. Shri Khambatta, ein Parse, ist ein treuer Ergebener von SHREE. Er sucht Akalkot sei vielen Jahren auf.

---

[48] Bhasma.

18. Der Vollendung entgegen

Am 10. Januar sah ich SHREE im Traum. Er sagte:

Wo immer du auch bist, du wirst dein Ziel erreichen, selbst wenn du beschließt, deine Sadhana-Übung nicht mehr fortzusetzen.

In den frühen Morgenstunden des 14. Januar 1975 hatte ich eine Vision: SHREE segnete mich und präsentierte mir einen „Poorna Kumbha".[49] Ich folgte SHREE die ganze Zeit und hielt den Poorna Kumbha in meiner Hand und mag ihn auch auf den Kopf gesetzt haben. SHREE sagte:

Selbst wenn du aus Versehen in Feuer trittst, mußt du dafür leiden. Du weißt nicht, daß der Allmächtige alles sieht. Sogar Wände haben Ohren. Du sollst nicht annehmen, daß deine Taten unbemerkt geblieben sind.

Am 3. März 1975 sagte SHREE:

Glaube nicht, daß du an einer Geistesstörung leidest. Der Sakshat-Darshan, den du siehst, ist keine Täuschung. Es ist Tatsache. Vishwanath Deshetti kann für die Wahrheit bürgen. Er ist ein unparteiischer Zeuge. Er beschrieb in einfachen Worten, was er sah.
Du weißt wie fein und durchsichtig der Vorhang geworden ist. In der Bibel steht geschrieben: „Ich und mein Vater sind Eins." Duch tausendfaches Wiederholen dieses Ausspruches werden keine Resultate erzielt. Die Menschen aus den westlichen Ländern sollten versuchen, diese Wissenschaft zu entfalten. Du wurdest veranlaßt, sie zu

---

[49] Kumbha ist ein Topf. Die Vision ist ein Hinweis auf Poornatva oder Vollkommenheit.

beschreiben. Dein Buch ist ein Epos. Einer, der nicht wußte, wie er einen einfachen Brief aufsetzen soll, wurde erhoben, um dieses Epos zu schreiben. Du hast Briefe aus dem In- und Ausland erhalten. Eine Deutsche äußerte den Wunsch, es in die deutsche Sprache zu übersetzen. Du hast die Stufe erreicht, in der du erfährst: „Ich und der Vater sind Eins."

Nach etwa einer Stunde kam Mrs. Radhabai Karbhase alias Taimavashi und erzählte mir ihre Vision:

„Gestern hatte ich eine Vision. Draußen war irgendeine Bewegung. Mehrere Male ging ich, um zu sehen, was los war. Jedes Mal, wenn ich wieder zurückkam, sah ich dich und SHREE. Wann immer ich ‚Tatya' ausrief, um deine Aufmerksamkeit auf mich zu lenken, konnte ich SHREE's Antlitz an deiner Stelle sehen. Einmal rief ich dich hinter deinem Rücken. Als du dich umdrehtest, sah ich in SHREE's Antlitz. SHREE's Padya-Puja wurde durchgeführt. Überall sah ich dich und SHREE. Wann immer ich dich rief, sah ich SHREE."

Während des Erzählens dieser Vision stand sie unbewußt mit gefalteten Händen da. Sie setzte fort: „Ich verstehe dieses Phänomen nicht. Ich werde dies niemandem gegenüber erwähnen. Nicht einmal Vahini werde ich es sagen. Einige mögen mir glauben, andere nicht. Ich weiß nicht, was das für ein Mysterium ist."

Ich antwortete nicht, erzählte aber SHREE davon. SHREE bemerkte:

Sie rief dich in der besonderen Absicht, das ausführlich zu wiederholen, was Wir dir vor einer Stunde gesagt haben. Dadurch warst du zum zweiten Mal Zeuge der Unumstößlichkeit der Wahrheit. Der erste Beweis kam von Deshetti. Das ist eine andere Art von Wissenschaft. Es kann als Geschenk gegeben werden, und ES ist verschenkt worden. Du weißt, daß du „Ich und der Vater sind Eins" erlebst. Im Vergleich dazu ist das Vollbringen von Wundern unbedeutend.

228

Shri V. B. Kanade aus der Gold-Finch-Road in Sholapur schrieb mir einen Brief über folgende Vision, die er hatte: „Am 7. Febr. 1974 hatte ich gegen 4 Uhr morgens eine Vision. Ich war in der heiligen Stadt Ganagapur und bekam dort Darshan von Lord Dattatreya's Nirgun Paduka. Dann kam ich heraus und begann Pradakshinas[50] rund um den Tempel. Auf der Westseite stand ein riesiger Oudumberbaum, um den eine steinerne Plattform gebaut war. Ich sah jemanden hell strahlend in weißer Kleidung dort stehen und ging hin, um zu sehen, ob ich ihn erkennen konnte. Ich dachte, ich hätte ihn schon irgendwo gesehen. Ich blieb hinter ihm und führte mit ihm zusammen Pradakshina rund um den Oudumberbaum aus. In diesem Moment war ich von seiner göttlichen Erscheinung überwältigt. Er hatte drei Gesichter, ganz ähnlich denen auf dem Bild von Narsinha Saraswati Swami. Noch während ich ihn betrachtete, hörte ich die Worte: „Es ist eine Inkarnation von Lord Dattatreya." Dann stand ich auf.

Danach begann ich mich zu wundern. „Wer könnte diese Person sein?" An Chaturthi[51], als ich ins Math kam und Sie sah, war ich überzeugt, daß Sie die Person sind, die ich in der Vision sah."

SHREE sagte:

„X" wünscht wie Tatya zu werden. Tatya wurde nicht über einen Stacheldrahtzaun gezerrt. Ihm wurde ein Samtteppich zum Beschreiten gegeben. Er wird nur jenen gegeben, die vorbereitet sind, jedes Opfer zu bringen. Man muß bereit sein, jeder Schwierigkeit zu begegnen. Jene, die nicht dazu bereit sind, werden sich eng an die Regeln und Vorschriften halten müssen. Viele Hürden werden auftauchen, die zu meistern sind. Nachher kannst du ungeheure Reichtümer erwerben, um sie anderen zu verteilen. Dieser Errungenschaft sind nur von deinen Fähigkeiten her Grenzen gesetzt. Tatya war vorbereitet,

---

[50] Um die Gottheit von rechts herumgehen.
[51] Vierter Tag nach Vollmond.

jedes Opfer zu bringen und jeder Schwierigkeit zu begegnen.

Am 12. März 1975 sagte SHREE:

Jemand der „Sadguru's Bestowal" gelesen hat, mag fühlen, daß du geistigen Fortschritt gemacht hast. Aber du weißt, daß das darin Geschriebene weit hinter deiner jetzigen Bewußtseinsebene zurückbleibt. Du bist weit über deine früheren Aufzeichnungen hinausgewachsen. Was du siehst, ist die Wahrheit!

(Wenn ich SHREE's Fotografie betrachte, sieht sie vollkommen wie meine eigene aus.)

Taimavashi und Deshetti wurden veranlaßt, die Wahrheit zu bezeugen. Deshetti schrieb sie in einfachen Worten nieder. Wir versichern dir nochmals: „Was du siehst, ist keine Täuschung."

Am 13. März 1975, Chaitra Shudra Pratipada[52], fuhr ich über Gulbarga und Chitapur nach Belgaum. Ich hatte mir SHREE's Einwilligung geholt. Ich fuhr mit Shri Gopalrao Hanchate. Am Nachmittag ging ich zum Darshan in SHREE's Zimmer hinauf. SHREE übergoß mich mit Liebe, segnete mich und sagte:

Jetzt wo du eine bestimmte Stufe erreicht hast, magst du den Vorhang noch nicht einmal mehr fühlen. Der Vorhang ist nur um des Namens willen da.

In Gulbarga blieb ich für einen Tag in Shri Gopalrao Hanchates Haus. Dann fuhr ich mit ihm nach Chitapur. Diese Nacht verbrachten wir in einem Gästehaus, wo besondere Vorberei-

---

[52] Neujahrstag.

tungen für mich getroffen worden waren. Hier erlebte ich einen ausdrucksvollen Traum. Jemand schenkte mir einen jungen Pfau. Ich gab ihn SHREE.

Für zwei Tage war ich Shri Gopalrao's Gast, danach kehrte ich nach Belgaum zurück.

Am 29. März 1975 träumte ich, ich wäre in einem Gebäude, in dem auch SHREE anwesend war. SHREE schloß meine Augen mit Seinen Händen und sagte:

Wir beschenken dich mit Darshan.

Ich sah ein schwaches bläuliches Licht. Dann sah ich einige Zeit nichts. Später sah ich sehr undeutlich SHREE's Füße. Nach einer Weile betrat ich wieder das Gebäude. Die Anwesenheit einer Frau ließ mich umkehren. Deshalb ging sie. Als sie fort war, kam SHREE zu mir. SHREE hielt meinen Kopf fest und berührte meine Stirn mit Seiner Stirn. Ich fühlte mich in sehr gehobener Stimmung. Ich erkannte, daß SHREE etwas Duft lieben würde. Ich dachte, ich würde etwas Parfüm in mein Haar gegeben haben, hätte ich das vorher gewußt. In diesem Moment wachte ich auf.

Das erinnert mich an einige Verse aus dem Gyaneshwari:

न्हदया न्हदय येक जालें । ये न्हदयींचे ते न्हदयीं घातलें ।
द्वैत न मोडितां केले । आपणा ऐसें अर्जुना ॥
दीपें दीप लाविला । तैसा परिष्वंगु तो जाला ।
द्वैत न मोडितां केला । आपणपे पार्थु ॥

— ज्ञानेश्वरी १८, १४२१–२२

(Lord Krishna vereinte Sein Herz mit Arjunas Herz. Durch Übertragung Seines Wissens an Arjuna hob er Arjuna empor, um mit ihm zu verschmelzen. Zur selben Zeit bewahrte Er den Dualismus von Lord und Jünger. Wenn eine Kerze die andere entzündet, wird der Dualismus bewahrt, ohne die Natur des Feuers zu verändern. Hier besteht Einheit in der Verschiedenheit. Der Herr übertrug Seine Eigenschaften und Sein Wissen auf Arjuna und machte damit Arjuna Ihm gleich. Trotzdem blieben beide voneinander verschieden.)

Gyaneshwari 18, 1421-22

Am 5. April 1975 hatte ich eine Vision, in der ich drei oder vier Bilder des Lords sah. Eines davon war das von Lord Shri Krishna. Er erschien in bläulicher Farbe. Sie hatte einen Ton des schönen Pfauenblaus. Lord Shri Krishna hatte Seinen Blick meditativ nach innen gerichtet. Als ich die Fotografie betrachtete, hatte ich Darshan des Poorna Kumbhas darin. Ich konnte gleichzeitig den Poorna Kumbha und die Fotografie sehen. Der Poorna Kumbha war pfauenblau. Die ganze Zeit glänzte er strahlend.

Am 2. Mai 1975 hatte ich einen Traum. SHREE ging ins Badezimmer. Er wies mich an, etwas zu lesen, das irgendwo geschrieben stand. Es war ein Sanskritvers. Die Buchstaben waren undeutlich. Ich hatte Schwierigkeiten, sie zu entziffern. SHREE zitierte einen Vers über Brahma, Vishnu und Mahesh und wiederholte ihn. Dann sagte SHREE zu mir:

Sobald du dein Körperbewußtsein verlierst, werden Tausende von Gurus an dich herantreten.

Noch einmal versuchte ich, den Vers zu lesen, doch gelang es mir nicht. Ich hörte die Uhr unten zweimal schlagen und wachte auf. Ich fühlte, daß derselbe Traum weitergehen würde, und so geschah es! Ich bemühte mich, den bestimmten Vers zu lesen. SHREE zitierte ihn noch einmal schnell. Es gelang mir einfach nicht, ihn nachzusprechen. Ich verließ den Platz, als Mainkar ein Insekt (ähnlich einem Kakerlaken) nach mir warf. Ich wurde nicht ärgerlich auf ihn. Ich wollte mir diesen Vers notieren und ins Gedächtnis einprägen. Daher fragte ich ihn, ob er den Vers kenne. Er hatte ihn in einem Notizbuch niedergeschrieben. Er nahm sein Notizbuch heraus. Ich saß auf einem offenen Feld. Ich war dabei, den Vers zu lesen, als ich vor mir ein Insekt kriechen sah, und ich erwachte.

232

Lord Krishna riet Arjuna, ein Yogi zu werden. Da äußerte Arjuna Zweifel über die schwierige Aufgabe, das unruhige Gemüt unter Kontrolle zu halten. Lord Krishna gab Arjuna einen Rat, wie er diese Schwierigkeiten meistern könne!

अभ्यासेन तु कौन्तेय वैराग्येण च गृह्यते ।

– गीता, ६–३५

Arjuna, du kannst dein Gemüt durch anhaltende Übung und Entsagung bemeistern.)

Ghita 6-35

Sant Gyaneshwar Maharaj hat den Yogi so beschrieben:

अगा योगी जो म्हणिजे । तो देवांचा देव जाणिजे ।
आणि सुख सर्वस्व माझें । चैतन्य तो ॥

जया भजता भजन भजावें । हें भक्तिसाधन जे आघवें ।
तें मीचि जाहलों अनुभवें । अखंडित ॥

मग तया आम्हां प्रीतिचें । स्वस्वरुप बोली निर्वचें ।
ऐसे नव्हे गा तो साचें । सुभद्रापती ॥

तया एकवटलिया प्रेमा । जरी पाडें पाहिजे उपमा ।
तरी मी देह तो आत्मा । हेंचि होय ।

– ज्ञानेश्वरी, ६, ४८२ ते ४८५

(Arjuna, der Yogi ist der Gott der Götter. Er ist die Gesamtheit meiner Freude und mein geistiges Licht. Im Yogi wirst du finden, daß der Verehrer, die Verehrung und die Gegenstände der Verehrung sich alle auf ewig mit MIR vereint haben. Arjuna, unsere beiderseitige Liebe ist jenseits jeder Beschreibung. Du kannst es für wahr nehmen, daß der Yogi meine erste Form ist. Dieser Einklang kann, wenn überhaupt, nur so beschrieben werden : „Ich verkörpere die äußere Form, und Er ist meine Seele.")

Gyaneshwari, 6, 482-485

SHREE sagte :

Der Vorhang, der anfänglich halbdurchsichtig war, hat sich abgenützt und ist um so viel feiner geworden, daß du an seiner tatsächlichen Existenz zweifeln magst.

Shri Ramakrishna Paramahamsa hat diesen dünnen Vorhang sehr gewählt beschrieben. Er sagt : „Wenn ein Gegenstand in einen Glasschrank gestellt wird, kann man ihn wohl sehen, aber nicht wegnehmen. Wenn jemand in seine Heimatstadt gehen will, muß er auch nach dem Erreichen der Stadt noch immer die Entfernung bis zu seinem Haus zurücklegen. Sogar wenn die Sonne mittags direkt über dem Kopf steht, ist unter den Füßen noch immer Schatten. Wenn jemand verlobt ist, mag er seine zukünftige Partnerin als ‚Frau' ausgeben. In Wirklichkeit ist sie noch nicht seine Frau. Das ist der Adwait Zustand[53]." SHREE sagte:

Als Tukaram Maharaj auf seinem Weg nach Vaikuntha[54] war, meinte er, daß die Leute vielleicht sagen: „Wir sind glücklich. Wir hatten Darshan von Tukaram, der den Höchsten Bewußtseinszustand erreichte." Dann kann man sich die Glückseligkeit vorstellen, der sich Tukaram erfreute, als er wirklich im Sadchidanand Zustand war.

धन्य म्हणवीन इह लोकी लोकां ।
भाग्य आम्हीं तुका देखियेला ॥

—तुकारामांची गाथा, ३८०६

(Wir sind glücklich, Tukaram gesehen zu haben, der den Höchsten Zustand in dieser Welt erreichte, folglich sind wir gesegnet worden.)

Tukaram Gatha 3806

Ein Mensch, der seiner Frau wegen bekannt ist — der Ehemann von Frau So-und-so — ist der Niedrigste der Niedri-

---

[53] Monismus.
[54] Himmlische Wohnstätte.

234

gen. Ein Mensch, der seines Vaters wegen bekannt ist, ist mittelmäßig. Aber ein Mensch, der wegen seiner Verdienste bekannt ist, ist höher als alle.

Nach Veröffentlichung meines Buches kam Major Abdul Gafar, ein treu Ergebener von Bhagwan Raman Maharshi, um mich zu sehen. Ich hatte ihm ein Exemplar meines Buches geschickt. Er sagte zu mir : „Sie sind in sichersten Händen. Ihr GAJANAN MAHARAJ und Lord Parsuram sind ein und derselbe. Sie und ihr GAJANAN MAHARAJ sind auch ein und derselbe. Sagen Sie bitte MAHARAJ, daß ich das gesagt habe."

Am 1. Juli 1975 hatte ich einen Traum. Saibaba von Sirdhi saß auf einem Platz. Nachdem ich mich vor ihm verneigt hatte, sah ich ihn an. Er sah mich auch an. Einige Schüler saßen um ihn. Ich sah ganz klar Saibabas Gesicht. Obwohl viele Leute anwesend waren, betrachtete er nur mich. Später erhob ich mich und ging näher zu ihm hin. Er gab mir Udee[55] auf einem Stück Papier. Holkar kam dazu und fragte : „Bekommst du den Anteil aller, was die Asche betrifft?" Ich gab keine Antwort. Saibaba bedeutete mir, mich zwischen die Schüler zu setzen, aber in seine Nähe. Ich erhob mich, um den Platz einzunehmen, als Holkar zu Saibaba sagte : „Er hat ein Buch geschrieben." Ich erkannte, daß er „Sadguru's Bestowal" meinte. Da wies mich Saibaba an, zu seiner Rechten zu sitzen. Eine große Anzahl von Schülern saß um ihn herum. Ich erwachte.

Am 18. Juli 1975 sah ich im Traum einen Heiligen, der ein Stück Papier verbrannte. Eine dünne Aluminiumfolie kam aus dem Feuer zum Vorschein! Auf einer Seite war eine Person abgebildet, auf der anderen drei Personen. Ich betrachtete den Heiligen, aber ich konnte nur seinen Kopf sehen. Er war duchsichtig und enthielt die Welt! Das versetzte mich in Erstaunen!

In Belgaum litt ich unter einer Schwellung des linken Knies,

---

[55] Heilige Asche.

die als Arthritis gedeutet wurde. Ich unterzog mich zwei Monate lang medizinischer Behandlung, doch schwand die Schwellung nicht ganz. Trotzdem kehrte ich nach Akalkot zurück, weil mir Minoo Khambatta oft geschrieben und mich dorthin gerufen hatte.

Am 25. Juli 1975 konnte ich nachts nicht einschlafen. Es war zehn Minuten nach Mitternacht. Plötzlich begann der Bhramari Naad in meinem Herzen zu erklingen. Ich konnte ihn deutlich mit meinen Ohren hören. Mein Geist war in Glückseligkeit versunken.

Am 1. August 1975 hatte ich einen Traum. Ich fuhr bequem in einem Auto. Das Erstaunliche dabei war, daß sich das Auto ohne Fahrer fortbewegte.

Am 19. August 1975 hatte ich wieder einen Traum. SHREE erschien und sagte:

Du hast die letzte Stufe erreicht.

Sofort fühlte ich in meinem Herzen, daß ich den Zustand von ,,Ich und mein Vater sind Eins" erreicht habe.

Ich saß vor SHREE, um zu meditieren. SHREE fragte :

Fühlst du, daß deine Sadhana beendet ist?

Ich : ,,Ist die Frage an mich gerichtet?"
SHREE:

Ja.

Ich: ,,Mit dem Vergehen der Tage erscheint die oben aufgestellte Fotografie immer deutlicher. Jetzt sieht sie vollkommen wie meine eigene aus. Manchmal, wenn ich meditiere, fühle ich, daß ich vielleicht in den Samadhi eingehen könnte. Genau in solchen Momenten geschieht es, daß Ihr mich ruft und mir irgendeine Arbeit zuweist.

(Die Konzentration war so tief, daß Tatya nahe daran war, in den Höchsten Bewußtseinszustand zu gehen und Poornatva

236

zu erlangen. Wäre er in diesen Zustand eingegangen, so hätte dies das Schreiben des Zweiten Teiles unmöglich gemacht. SHREE mußte ihn deswegen kurz vor der Vollendung zurückhalten, um die Fertigstellung des Buches zu ermöglichen. — Der Indische Herausgeber)
SHREE lächelte und sagte :

Es ist alles richtig. Zur Zeit mußt du diesen Unterschied erdulden. Der Vorhang ist beträchtlich dünner geworden. Du magst ihn als vorhanden betrachten oder auch nicht.

Am 28. August 1975 sagte SHREE:

Mein Sadhana ist vollendet. Es gibt nichts mehr zu tun. Ich bin bereit, in diesem Augenblick zu gehen. Dein Bewußtsein muß sich bis zu diesem Grad vollenden, nur dann kann dir das Letzte geschenkt werden. ES wurde dir zugesichert, den Zeitpunkt jedoch wählen Wir. Garantiert ist ES dein, doch jetzt wird ES dir nicht in die Hände gegeben.
Ohne dein Zutun wurde dir plötzlich Darshan geschenkt. Du hast ES zu einer Zeit erfahren, als du von Sadhana noch gar nichts wußtest.
Jetzt hast du eine bestimmte Stufe erreicht. Du hast unsere Versicherung. Du bist fortgeschritten und hast diese Stufe erreicht. Es gibt verschiedene Bücher auf dem Markt. In einem Brief, den du erhalten hast, steht: „Deinen Aufzeichnungen gibt es nicht Gleichwertiges gegenüberzustellen." Die Welt ist in ein Meer von Unwissenheit getaucht. Dein Buch wird diese Unwissenheit beseitigen. Du hast geschrieben, um verständlich zu machen, was man erreichen sollte.
Deine Aufzeichnungen sprechen von den Erfahrungen, die du auf jeder Stufe gemacht hast. Das Ziel ist schon vorher beschrieben worden.
Du bist vom Glück sehr begünstigt. Deine Aufzeichnungen sind beispielhaft für einen Param-Yogi, der durch keine Katastrophe aus der Ruhe gebracht wird.

Nur wenn du die Einstellung hast „Ich will nichts ande-
res", kannst du ES erlangen. Diese Vorstellung mußt du
erreichen. Wenn jemand sagt: „Ich überreiche dir die Zü-
gel des Universums", solltest du ihn bedauern. Die Stufe
des Param-Yogi ist in diesem Punkt vollkommen. Er ist
durch keine Schwierigkeit abzuschrecken.
Solange du eine wesentliche Botschaft zu übermitteln
hast, mußt du den Unterschied erdulden. Denn sobald
du den Höchsten Bewußtseinszustand erreicht hast, wärst
du nicht mehr fähig, etwas zu schreiben.

Das erinnert mich an einen Rat Shri Mahadevappa Shabade's,
der sich der vollkommenen Gnade SHREE's erfreut. Ich ging
mit ihm von Akalkot nach Shivapuri, um die Grabstätte von
Swami Shivanand Maharaj (SHREE's Vater) zu besuchen. Das
war 1964.
Er erzählte mir : „Du wirst nur Fortschritte machen, wenn du
erfährst, daß du von allen Bindungen an deine Verwandten
frei bist." Ich antwortete ihm : „Ich bin nicht derselben Ansicht. Ich habe nicht die geringste Absicht, irgendeinen
Nutzen aus meinen Verwandten zu ziehen. Wir sind alle froh
vereint." Shabade Kaka bemerkte : „Selbst wenn das so ist,
würden absichtlich Mißverständnisse geschaffen werden,
und du wirst dadurch vorwärtskommen. Später würde jeder
seinen Fehler erkennen." Shri Shabade erinnert sich nicht
mehr an diesen Vorfall. Ich erinnere mich sehr gut daran.
Seine Worte sind buchstäblich Wahrheit geworden. Dies war
eine meiner Prüfungen.
SHREE wollte mich von meinen Familienmitgliedern trennen und Sein Plan arbeitete bereits. Die Zeichen waren zu
sehen. Hin und wieder hatte ich ungünstige Träume in dieser
Richtung. In meinen Träumen konnte ich unser Haus wak-
keln oder zusammenstürzen sehen oder in Flammen stehen
oder Ziegel brachen aus usw. Mehrmals faßte ich Mut, um mit
SHREE darüber zu sprechen. SHREE lächelte meistens oder
ignorierte die Angelegenheit, als ob Er mich nicht gehört hätte. Einerseits gelangte ich zu geistiger Erhebung, während

238

andererseits SHREE sanft die materiellen Banden an meine Verwandten löste. Ich träumte oft, daß jemand in einem kleinen Flugzeug kam und Bomben warf. Ich konnte deutlich erkennen, daß es seine Absicht war, unser Haus zu bombardieren. Sie verfehlten jedoch knapp das Ziel. Die Fesseln lösten sich eine nach der anderen. Ich hatte alle schon früher davor gewarnt, aber ohne Erfolg. Jedesmal entstand ein Mißverständnis. SHREE hatte ihre Gemüter hypnotisiert. Sie waren sich der Tatsache nicht bewußt, daß SHREE beschlossen hatte, mich von meinen Familienbanden zu befreien. Mit jeder Person ergab sich ein anderer Vorfall.

Schließlich hatte ich wieder diesen Traum. Derselbe Mann kam in seinem kleinen Flugzeug, um unser Haus zu bombardieren. Ich konnte sein Gesicht deutlich sehen. Er brachte das Flugzeug tief herunter und landete einen Volltreffer auf unser Haus. Es gab gewaltige Rauchwolken. Dieser Traum paßt zu dem Vorfall, wo meine Mutter mich zur Trennung gerufen hatte. Vorher war ich mit den übrigen Verwandten aus diesem oder jenem Grund auseinander gegangen. Diese letzte Verbindung zerriß ebenfalls. Das ist Sadguru's Spiel. Die Ereignisse waren zeitlich genau aufeinander abgestimmt. Die Gemüter wurden mit Vorurteilen belegt. Mein Pfad war plötzlich offen — frei von allen Fesseln. Das war notwendig für meinen Fortschritt.

In diesem Zusammenhang braucht es niemand leid zu tun, mir grobe Briefe geschrieben zu haben. Niemand braucht sich unangenehmer Zwischenfälle zu schämen. Das war unvermeidlich.

Man wird nicht so leicht von den Banden der Maya[56] befreit. Das kann nur durch die Gnade eines Sadguru's geschehen. Ich war von den starken Banden mehrerer Geburten gefesselt. SHREE hatte sie mit einem einzigen Hieb gelöst. Nun hatte ich außer SHREE keine andere Unterstützung. Nur zu Seinen Füßen konnte ich Trost suchen. Ich wurde davon überzeugt, wie trügerisch das Leben als Gefangener der Maya ist. Das

---

[56] Täuschung, die durch Unwissenheit entsteht.

wurde mir verständlich gemacht. Man sollte nicht sagen: „Ich habe keine Verwandtschaft. Selbst dieser Körper gehört nicht mir", nur um des Redens willen. Das Gefühl muß von innen heraus kommen. Man muß es erleben. SHREE hatte in meinem Fall dafür gesorgt.

भिद्यते हृदयग्रन्थिश्छिद्यन्ते सर्वसंशयाः ।
क्षीयन्ते चास्य कर्माणि तस्मिन्दृष्टे परावरे ॥

—मुण्डकोपनिषद, २-८

(Nach dem Darshan des Para-State[57] lösen sich die Sehnen des Herzens und die Knoten des Unwissens. Alle Zweifel sind geklärt und das Karma ist aufgelöst.)

Mundakopnishad 2-8

Ich hörte, daß die Reise der gewöhnlichen Seele zur Höchsten Seele als Reise von der Erde zu den Himmeln bezeichnet wird. SHREE hatte mich mit Sakshatkar einer Göttin gesegnet. SHREE hatte mehrere yogische Umwandlungen in meinen Träumen an mir vollzogen, mich mit Visionen und Sakshat Darshans gesegnet. SHREE kann mit niemand verglichen werden. SHREE hebt Seinen Jünger auf Seine Ebene. Er führte mich, indem Er meine Hand hielt und mich auf die Stufe von „Ich und mein Vater sind Eins" erhob. Ich stand unzähligen Schwierigkeiten gegenüber, begegnete mehreren Hindernissen, litt unter vielen körperlichen Unzulänglichkeiten, überwand sie jedoch alle allein durch SHREE's Gnade. Ich kam unversehrt aus allen Schwierigkeiten heraus.
„Wenn dir der Schlüssel zum Zuckervorrat anvertraut ist, bist du nicht berechtigt, jemand anderem Zucker zu geben. Wenn du dies tust, wird dir der Schlüssel weggenommen."
Diese Worte erinnern mich an SHREE's Warnung. SHREE sagte, daß die Zuckerdose nur einer würdigen Person gegeben werden kann. Man muß zu diesem Zweck Mouna erreicht

---

[57] Höchster Zustand.

haben. Aus diesem Grund vollzog SHREE in meinen Träumen Transformationen an mir. Sie sind bereits früher in allen Einzelheiten beschrieben worden. SHREE sagte:

Ramdas[58] gelangte zur selben Herrlichkeit wie Lord Rama. Sie war um nichts geringer. Moropant hat darüber ein Gedicht verfaßt.

SHREE zitierte es mir. SHREE klärte auch einige Punkte meiner zukünftigen geistigen Aufgabe. SHREE sagte:

Belgaum ist das Zentrum von Karnatak. Dein Tätigkeitsbereich wird Mysore, Karnatak, Andhra, Kerala und Madras sein.

In Bikaner kennt man ein Epos „Bhargavarchan Chandrika", geschrieben von Shri Sabaji Pratapraj. Er hat darin geschrieben, daß der Sadguru, der yogische Transformationen an seinem Schüler während des Schülers Traum vollzieht, der Höchste von allen ist. Es ist der Param Sadguru. Ich wurde vom Glück äußerst begünstigt, daß ich von solch einem Sadguru, der auch ein Poornavater ist, eingeweiht, gesegnet und geführt worden bin. Lord Patanjali hat unabhängig davon einen Vers darüber verfaßt:

स्वप्ननिद्राज्ञानावलंबन वा ।

(Wissen dringt nur durch Träume ein.)

Diese Biographie zeigt meine Reise im Licht von Sadguru's Führung und Gnade zu Sadguru's Ewigem Licht der Glückseligkeit. Allen anderen Jüngern, die Sadguru's Gunst genießen und diesem Pfad folgen, wünsche ich alles Gute.

Ich habe geschrieben, was ich erlebt habe.

---

[58] Ein Jünger von Rama.

हिरण्मयेन पात्रेण सत्यस्यापिहितं मुखम् ।
तत्त्वं पूषन्नपावृणु सत्यधर्माय दृष्टये ॥

– ईशावास्योपनिषत्, १५

(Ein goldener Schleier verdeckte das Gesicht der Wahrheit, der ich ergeben bin. Lord Sonne, flehend wende ich mich an Euch, den Schleier zu entfernen und mir zu ermöglichen, die Wahrheit zu schauen.)

Ishavasyopnishad 15

Oh Gott der Götter, Sadgurunath, mit dieser inständigen Bitte zu Euren heiligen Füßen, daß ich im Zustand Ewiger Glückseligkeit bleibe, legt dieser Ramdas seinen Federhalter zur Seite.

19. Verzeichnis der indischen Begriffe

Agni: Heiliges Feuer.

Asat: Unwahrheit, Unwissenheit.

Asta Satvik
Bhava: Acht Körperzustände, die durch starke innere Empfindung erzeugt werden.
1. Stambha: Betäubt sein.
2. Romancha: Beben vor Glückseligkeit.
3. Swara Bhanga: Umschlagen der Stimme.
4. Kampa: Zittern.
5. Sweda: Schwitzen.
6. Vivarnata: Bleich werden.
7. Ashrupata: Unaufhörlich weinen.
8. Mrutyu: Tod.

Asta Siddhi: Acht übernatürliche Fähigkeiten
1. Anima: Die Kraft, sich so klein wie ein Atom zu machen.
2. Laghima: Die Kraft, sich willentlich extrem leicht zu machen.
3. Prapti: Die Kraft, alles zu erreichen.
4. Prakamya: Die Kraft des unwiderstehlichen Sieges.
5. Mahima: Die Kraft, sich willentlich zu vergrößern.
6. Vashita: Die Kraft, andere willentlich zu unterwerfen.
7. Ishitwa: Die Kraft der Überlegenheit anderen gegenüber.
8. Garima: Die Kraft, den Körper so schwer wie möglich zu machen.

Balappa
Maharaj: Der Schüler von Swami Samarth, der sich in Akalkot niederließ.

Bhagavat
Gita: (Sanskrit = Gesang des Erhabenen): religionsphilosophisch orientierte Dichtung aus 18 Gesängen, in das 6. Buch des Volksepos Mahabharata verflochten: gehört zur Weltliteratur.

Chidananda

State: Zustand anhaltender Glückseligkeit.

Darshan: Begegnung mit dem Meister.

Dhyana: Zustand, der in der 7. Stufe der insgesamt 8 Stufen des Raja-Yoga erreicht wird. Ein Inbeziehungtreten der Höchsten Seele mit der individuellen Seele.

Kala, Nad, Kala bedeutet Licht und seine Schwingung.

Bindu: Nad bedeutet Laut (Klang) und seine Schwingung. Bindu bedeutet Form und seine Schwingung.

Kumkuma: Rotes Pulver, das auch beim Puja Verwendung findet.

Kundalini: Subtile, mächtige Kraft, die an der Basis der Wirbelsäule ruhende geistige Kraft des Menschen. (Wörtlich: Schlangenkraft)

Mantra: Wortverbindung mit starker Kraft und besonderem Schwingungseffekt wie sie beispielsweise bei Agnihotra verwendet wird.

Math: Wohnsitz einer heiligen Person.

Mouna: Schweigen.

Nirvikalpa

Samadhi: Überbewußter Zustand. Höchster und letzter Zustand des Yoga. Subjekt und Objekt der Meditation verschmelzen miteinander.

Paduka: Schuhe, meist Sandalen eines Heiligen.

Pandit: Eine gelehrte, weise Person.

Param Sadguru: Höchster aller vollkommenen Meister.

Prasad: Geschenk von einer heiligen Person als Ausdruck des Wohlwollens und als Zeichen der Liebe.

Puja: Anbetung, Verehrung, Huldigung darbringen in Form eines religiösen Rituals.

Sadguru: Vollkommener Meister.

Sadhana

Übung: Spezielle vom Meister gegebene Disziplin und Übung zur Erlangung geistigen Fortschritts.

Samadhi: Überbewußtsein, achte und letzte Stufe des Raja-Yoga;

Swami Samarth: Die Inkarnation von Lord Dattatreya.

Sanyasi: Eine Person, die allem Weltlichen entsagt hat.

Sat: Wahrheit, höchste Erkenntnis.

Satya Dharma: Ewige Wahrheit, universelles Gesetz, ewig gültige Religion.

Savikalpa Samadhi:	Überbewußter Zustand, in dem der Unterschied zwischen dem Subjekt und Objekt der Meditation erkannt wird.
Shambava Mudra:	Meditationsposition.
Shastri:	Eine in der traditionellen Wissenschaft ausgebildete Person.
Siddha Yogi:	Eine Person, die das höchste Stadium der Yoga-Praxis vollendet hat.
Soma Yaga:	Eine besondere Art von Yajnya, bei der der Saft einer Pflanze, die „Soma" genannt wird, im Feuer geopfert wird.
Sushumna:	„Kanal" in der Wirbelsäule, durch den die Kraft Kundalini (siehe Kundalini) strömt.
Tretagni:	Form eines speziellen Yajnyas mit 3 Feuerstellen.
Unmani:	Der Gemütszustand, der erreicht wird, wenn Übereinstimmung im Geistigen erreicht ist. Einswerdung mit dem Allmächtigen Vater.
Veda Mehrz. = Veden:	Das Wort stammt von der Sanskrit-Wurzel VID, was Wissen heißt. Die Veden beinhalten das älteste Wissen, das den Menschen offenbart wurde.
Yajnya; (Yagna)	Ritual in Verbindung mit Feueropfern zur Reinigung der Atmosphäre. Agnithotra ist die kürzeste Form von Yajnya.

Verlag Horst Lozynski
(Horst Edition)
7770 Überlingen

ISBN 3-89316-003-5